Mon autobiographie,

un fragment

F. Max Müller

Writat

Cette édition parue en 2024

ISBN : 9789359948225

Publié par
Writat
email : info@writat.com

Contenu

PRÉFACE

DEPUIS quelques années, mon père, entre ses travaux plus sérieux, occupait ses moments de loisir à noter des souvenirs de sa jeunesse. En 1898 et 1899, il publia les deux volumes d' *Auld Lang Syne* , qui contenaient des souvenirs de ses amis, mais très peu de choses sur sa propre vie et sa carrière. Dans le chapitre introductif de l'Autobiographie, il explique en détail les raisons qui l'ont poussé, à son âge avancé, à entreprendre la tâche d'écrire sa propre Vie, et il a commencé, mais hélas ! trop tard, pour rassembler les fragments qu'il avait écrits à différentes époques. Mais même au cours des deux dernières années de sa vie, et après la première crise de maladie qui s'avéra finalement fatale, il ne se consacra pas entièrement à ce qu'il considérait comme une simple récréation, comme le montre un ouvrage tel que ses *Six Systèmes de Indian Philosophy* publié en mai 1889, ainsi que des nombreux articles qui ont continué à paraître jusqu'au moment même de sa mort.

Durant les dernières semaines de sa vie, alors que nous savions tous que la fin ne serait pas loin, l'Autobiographie était constamment dans ses pensées, et son grand désir était d'en laisser le plus possible prêt à être publié. Même lorsqu'il était au lit, bien trop faible pour s'asseoir sur une chaise, il a continué à travailler sur le manuscrit avec moi. Je lui lisais des parties à haute voix, et il suggérait des modifications et dictait des ajouts. Je vois que nous avons effectivement travaillé là-dessus jusqu'au 19 octobre, et le 28, il a été conduit à son repos bien mérité. L'une des dernières lettres que je lui ai lu était une lettre de MM. Longmans, ses éditeurs de toujours, demandant instamment la publication des fragments de l'Autobiographie qu'il avait alors écrit.

Le but de mon père en écrivant son Autobiographie était double : premièrement, montrer ce qu'il considérait comme sa mission dans la vie, mettre à nu le fil qui reliait tous ses travaux ; et deuxièmement, encourager les jeunes savants en difficulté en leur faisant voir comment il avait été possible à l'un d'eux, sans fortune, étranger dans un pays étranger, d'arriver à la position à laquelle il est parvenu, sans jamais sacrifier son indépendance, ni abandonner les sujets peu rentables et peu populaires auxquels il avait décidé de consacrer sa vie.

Malheureusement, le dernier chapitre ne nous emmène guère au-delà du seuil de sa carrière. Il y en a cependant assez pour nous permettre de voir comment, dès ses premiers jours d'étudiant, ses tendances étaient philosophiques et religieuses plutôt que classiques ; comment l'étude de la philosophie de Herbart l'a encouragé dans le travail dans lequel il était engagé en tant que simple étudiant, la science du langage et de l'étymologie ; comment son désir de connaître quelque chose de spécial, qu'aucun autre philosophe ne saurait, l'a amené à explorer les domaines vierges de la littérature et des religions orientales. C'est dans ce but qu'il commença l'étude de l'arabe, du persan et enfin du sanskrit, se consacrant plus particulièrement à ce dernier sous Brockhaus et Rückert, puis sous Burnouf, qui le persuada d'entreprendre le travail colossal de rédaction du Rig-veda.

L'Autobiographie s'interrompt avant la fin de la période pendant laquelle il se consacre exclusivement au sanskrit. Il est vain de spéculer sur la direction qu'aurait prise l'œuvre de sa vie s'il avait été élu à la chaire Boden de sanskrit ; mais il vécut assez longtemps pour se rendre compte que son refus de cette chaire en 1860, si difficile à supporter à l'époque, était en réalité une bénédiction déguisée, car elle lui permettait de tourner son attention vers des sujets plus généraux et de se consacrer à des sujets plus généraux. ces études philologiques, philosophiques, religieuses et mythologiques, qui trouvèrent leur expression dans une série d'ouvrages commençant par ses *Conférences sur la science du langage* , 1861, et se terminant par ses *Contributions à la science de la mythologie* , 1897, « le fil qui relie l'origine de la pensée et du langage avec l'origine de la mythologie et de la religion.

Quant aux conseils qu'il donnait aux universitaires en difficulté, l'autodérision, qui, comme le disait le professeur Jowett, est l'un des plus grands dangers d'une autobiographie, incite mon père à cacher les véritables causes de sa réussite dans la vie. Il va même jusqu'à dire : « tout dans ma carrière s'est fait le plus naturellement, non pas par mes propres efforts, mais grâce à ces circonstances ou à cet environnement dont on a tant entendu parler ces derniers temps » : ou encore : « ce sont vraiment mes amis qui ont tout fait pour moi et m'ont aidé à franchir de nombreux obstacles et de nombreux fossés. Cela est sans doute vrai dans un sens, mais pas dans le sens où cela aurait été vrai s'il avait, lorsqu'il était à l'université, accepté l'offre que lui a faite, nous dit-il, un riche cousin, de l'adopter et de l'envoyer dans le pays. le service diplomatique autrichien, et même pour lui procurer une épouse et un titre par-dessus le marché. Les amis qui l'ont aidé, des hommes comme Humboldt, Burnouf, Bunsen, Stanley, Kingsley, Liddell, pour n'en citer que quelques-uns, étaient des hommes dont l'amitié même était la preuve la plus sûre des mérites de mon père. Le véritable secret de son succès ne résidait pas dans ses amis, mais en lui-même ; dans la connaissance que son succès ou son échec dans la vie dépendait entièrement de ses propres efforts ; dans la fixité du dessein qui lui faisait refuser toutes les offres qui le mèneraient hors du chemin qu'il s'était tracé ; et dans l'industrie infatigable avec laquelle il s'efforçait d'atteindre le but de son ambition. « Mes luttes mêmes, écrit-il, m'ont certainement été d'une grande aide. »

Lorsque je suis venu examiner le manuscrit en vue de l'envoyer sous presse, j'ai constaté qu'il y avait beaucoup de travail à faire avant qu'il puisse être publié sous forme de livre. Les fragments étaient dans de nombreux cas incomplets ; il n'y avait aucune division en chapitres, aucun lien entre les différentes périodes et épisodes de sa vie ; des incidents importants ont été omis ; tandis que, en raison de la manière intermittente avec laquelle il écrivait, il y avait de fréquentes répétitions. Mon père était toujours très critique à l'égard de son propre style et, lorsqu'il corrigeait ses épreuves, il modifiait souvent une page entière, parce qu'un mot ou une phrase lui déplaisait, ou parce qu'une idée nouvelle, un mode d'expression plus heureux lui venait à l'esprit. lui; mais dans le cas de son Autobiographie, la seule révision qu'il a pu donner, c'était sur son lit de mort, pendant que je lui lisais le manuscrit à haute voix.

Mon père fait remarquer combien rarement les fils de grands musiciens ou de grands peintres se distinguent eux-mêmes dans le même genre. « Il semble, dit-il, presque comme si le talent artistique était épuisé par une génération ou un individu » ; et je crains que, dans mon cas en tout cas, la même remarque ne s'applique au talent littéraire. J'ai fait de mon mieux pour enchaîner les fragments en un tout connecté, en effectuant uniquement les insertions, élisions et modifications qui semblaient strictement nécessaires. Toute lacune dans le style littéraire qui pourrait être perceptible dans certaines parties du livre doit être attribuée à l'inexpérience de l'éditeur.

J'ai pensé qu'il était bon d'insérer le dernier chapitre, que j'appelle « Une confession », même si je ne suis pas sûr que mon père ait eu l'intention de l'inclure dans son Autobiographie. Cela expliquera cependant l'attitude qu'il a observée tout au long de sa vie, se tenant à l'écart, autant que possible, de l'arène des querelles académiques à Oxford. Il n'a jamais été choisi membre du Conseil Hebdomadal, il a rarement assisté aux réunions de la Convocation ou de la Congrégation ; il sentait que d'autres personnes, disposant de plus de loisirs, pourraient y être plus utiles ; mais il n'a jamais refusé de travailler pour son université, lorsqu'il s'estimait capable de rendre de bons services, et il a agi pendant des années comme conservateur de la bibliothèque Bodleian et de l'Institut taylorien, et comme délégué de la Clarendon Press.

En ce qui concerne les illustrations, il peut être intéressant pour les lecteurs de savoir que les portraits de mon grand-père et de ma grand-mère sont tirés de dessins au crayon d'Adolf Hensel, le mari de Fanny, la sœur de Mendelssohn, elle-même grande musicienne, qui, comme mon père nous raconte dans *Auld Lang Syne* , qui a effectivement composé plusieurs des airs que Mendelssohn a publiés sous le titre de *Chansons sans paroles* . Le dernier portrait de mon père est tiré d'une photographie prise peu après son arrivée à Oxford par son grand ami Thomson, devenu archevêque d'York.

Il ne me reste plus qu'à reconnaître la dette que je dois personnellement à ce livre. « Le travail, me disait souvent mon père, est le meilleur remède au chagrin. Dans le chagrin ou la déception, essayez de travailler dur ; cela ne vous fera pas défaut. Et certainement, au cours de ces trois tristes mois, j'ai prouvé la véracité de cette parole.

Il ne pouvait me laisser un réconfort plus sûr ni une distraction plus bienvenue que le devoir de préparer à la presse ces pages, derniers fruits de cet esprit resté actif et fertile jusqu'à la fin.

W.G. MAX MÜLLER.

OXFORD , *janvier* 1901.

CHAPITRE I

INTRODUCTION

APRÈS la publication du deuxième volume de mon *Auld Lang Syne* , 1899, j'ai eu beaucoup de correspondance, de critiques publiques et de communications privées également avec moi-même, pour savoir si je devais continuer mes archives biographiques sous la forme adoptée jusqu'ici, ou donner un caractère plus personnel à mes souvenirs. Certains de mes amis étaient visiblement mécontents. « Les souvenirs de vos amis et le récit de l'influence qu'ils ont exercé sur vous, dirent-ils, sont sans doute intéressants en ce qui concerne leur portée, mais nous en voulons davantage. Nous voulons connaître les ressorts, les aspirations, les luttes, les échecs et les réalisations de votre vie. Nous voulons savoir quel regard vous portez sur vous-même, sur votre vie passée et ses divers incidents. Ce qu'ils voulaient vraiment, c'était en fait une autobiographie. "Personne", comme l'a dit un de mes amis, pas un Irlandais, "ne pourrait faire cela aussi bien que vous, et vous n'échapperez jamais à un biographe." J'avoue que cela ne m'a pas beaucoup effrayé. Je ne pensais pas que le danger d'une biographie soit très imminent. D'ailleurs, j'avais déjà révisé deux biographies et plusieurs notices biographiques même de mon vivant. Aucun homme sensé ne devrait se soucier des louanges ou des reproches posthumes. C'est assez pour le jour, c'est le mal. Nos contemporains sont nos justes juges, nos pairs doivent donner leur voix dans les grandes académies et les sociétés savantes, et s'ils ne sont pas dans l'ensemble mécontents du peu que nous avons fait, souvent dans des difficultés bien plus grandes que ce que le monde avait conscience, pourquoi devrions-nous nous soucier d'un avenir lointain ? Qui était un plus grand géant en philosophie que Hegel ? Qui était plus haut que Darwin dans les sciences naturelles ? Pourtant, dans une des meilleures revues allemandes [1] , on cite, non sans une certaine approbation, les mots suivants d'un jeune biologiste allemand [2] : « Le darwinisme appartient désormais à l'histoire, comme cette autre *curiosité* de notre siècle, la philosophie hégélienne. . Les deux sont des variations sur le thème : Comment une génération peut-elle être dirigée par le nez ? et ils ne sont pas calculés pour élever notre siècle qui s'en va aux yeux des générations futures.

Si quelque chose me faisait peur, ce n'était pas tant la sévérité des futurs juges que l'extrême gentillesse et l'indulgence qui caractérisent la plupart des biographies de nos jours. Il est vrai qu'il ne serait pas facile à ceux qui devront désormais rendre compte de nos travaux de découvrir le fil rouge qui les traverse tous, depuis nos premiers balbutiements jusqu'à nos derniers murmures. On pourrait dire que dans mon propre cas, le fil qui relie tous mes travaux est très visible, à savoir le fil qui relie l'origine de la pensée et des langues à l'origine de la mythologie et de la religion. Tout ce que j'ai fait était sans doute subordonné à ces quatre grands problèmes, mais mettre à nu les liens entre ce que j'ai écrit et ce que j'avais envie d'écrire et que je n'ai jamais trouvé le temps d'écrire n'est en aucun cas facile, même pour quelqu'un. l'auteur lui-même. D'ailleurs, quel auteur a jamais dit le dernier mot qu'il voulait dire, et qui n'a pas eu à fermer les yeux pour pouvoir écrire Finis à son œuvre ? Il y a encore beaucoup de choses que je voudrais dire, mais je suis fatigué, et d'autres les diront bien mieux que moi et continueront sans doute l'œuvre là où je devais la laisser inachevée. Nous devons beaucoup aux autres et nous devons leur laisser beaucoup. Pour éclairer de tels points, une autobiographie est sans doute mieux adaptée que n'importe quelle biographie écrite par un étranger, pour peu qu'on puisse en même temps oublier complètement que l'homme qui est décrit est le même que celui qui décrit.

« Les amis », comme l'a dit le professeur Jowett, « pensent toujours qu'il est nécessaire (sauf Boswell, ce grand génie) de mentir sur leur ami décédé ; ils laissent de côté tous ses défauts, de peur que le public ne les exagère. Mais nous voulons connaître ses défauts, c'est probablement ce qu'il y a de plus intéressant chez lui.

Jowett savait très bien, et il n'hésitait pas à le dire, que pour faire beaucoup de bien dans ce monde, il fallait être un homme très capable et honnête, ne pensant à rien d'autre jour et nuit ; et il ajoute : « Vous devez aussi être un voyou considérable, ayant de nombreuses réticences et dissimulations ; et je crois qu'une bonne sorte de friponnerie consiste à ne jamais dire un mot contre qui que ce soit, même s'il le mérite.

Le professeur Jowett a certainement fait du bon travail à Oxford, mais si quelqu'un disait qu'il était aussi un grand voyou, quel tollé parmi les fils de Balliol ! Jowett pensait que la seule chance d'avoir une bonne biographie était pour un homme d'écrire ses mémoires, et quel dommage qu'il ne l'ait pas fait dans son propre cas. Mais ses amis qui ont dû écrire sa Vie ont été sages et il a échappé à ce qui est arrivé récemment à plusieurs hommes éminents. Il échappait aux témoignages de ceci et aux témoignages d'une autre vie, tels qu'ils sont souvent publiés de nos jours.

Les témoignages sont déjà assez mauvais dans cette vie, où nous devons sélectionner parmi de nombreux candidats celui qui est le mieux adapté à un poste, et il est tout à fait naturel que les électeurs ne les regardent presque jamais, mais essaient d'obtenir leurs informations par d'autres moyens. canal. Mais ce qu'on appelle les témoignages *post nécrologiques* vont réellement au-delà de tout ce que l'on connaît encore dans les panégyriques funéraires. Bien entendu, comme on ne demande de tels témoignages qu'à ceux qui sont connus pour avoir été des amis des défunts, ces témoignages ne contiennent presque jamais un seul mot de reproche. On a honte d'écrire de tels témoignages, mais si on vous le demande, que pouvez-vous faire sans offenser ? Nous sommes complètement placés dans une fausse position. Que chacun essaie de dire la vérité et rien que la vérité, et il découvrira qu'il est presque impossible de réprimer quoi que ce soit qui puisse sembler, le moins du monde, avoir une incidence sur le défunt. La mention des manquements les plus innocents dans une notice nécrologique offensera certainement quelqu'un, la veuve ou les enfants, ou un ami cher. Je pensais que mes Souvenirs n'avaient jusqu'ici rien contenu qui pût offenser qui que ce soit, rien qui n'ait pu être publié du vivant de celui auquel il se référait. Mais non; J'ai eu de très nombreuses plaintes et j'ai volontiers laissé de côté, dans les éditions ultérieures, des noms qui, dans bien des cas, n'avaient vraiment aucune importance comparés à ce qu'ils disaient et faisaient.

Assurément, chaque homme a ses défauts et ses petites faiblesses souvent ridicules, et ces faiblesses appartiennent tout autant au caractère d'un homme qu'à sa force ; bien plus, avec la suppression du premier, le second deviendrait souvent presque inintelligible.

J'aime les biographies de mes amis comme Dean Stanley, Charles Kingsley et Baron Bunsen. Mais même ceux-là manquent de ces ombres qui ne feraient que contribuer à faire ressortir d'autant plus clairement les points lumineux de leur caractère. Nous devrions nous rappeler les paroles du Dr Wendell Holmes : « Nous voulons tous dessiner des idéaux parfaits, et toutes les pièces de monnaie qui proviennent de la monnaie de la nature sont plus ou moins coupées, limées, « transpirées » ou meurtries, pliées et usées, même s'il s'agissait de métal pur une fois estampé, ce qui est plus que ce que nous pouvons prétendre, je suppose, pour quoi que ce soit d'humain. C'est vrai, très vrai ; et que dirait le défunt lui-même de ces biographies qui ne sont que trop courantes aujourd'hui, des images très flatteuses sans doute, mais des images sans une tache ni une ride ? En Allemagne, il n'était autrefois pas rare que l'auteur d'un livre rédige une auto-évaluation (Selbst-Kritik), et celle-ci était généralement bien meilleure que les critiques rédigées par des amis ou des ennemis. Car qui connaît aussi bien que l'auteur les points forts et les points faibles d'un livre ? Vrai; mais une vie entière est plus difficile à revoir et à critiquer qu'un seul livre. Néanmoins, il faut admettre qu'une autobiographie présente de nombreux avantages, et il serait peut-être bon que tout homme remarquable, voire même tout homme qui a quelque chose à dire pour lui-même et qu'il souhaite que la postérité sache, le dise lui-même. Cela constituerait avec le temps une merveilleuse archive pour l'étude psychologique. Quelque chose de semblable a déjà été fait à Berlin pour conserver les correspondances privées. Bien sûr, il est difficile de conserver de telles archives dans des limites raisonnables, mais là encore, je n'ai pas tant peur de l'auto-éloge que de l'auto-dévalorisation.

Le professeur Jowett, qui n'a pas écrit sa propre biographie, avait tout à fait raison de dire qu'il existe un grand danger qu'une autobiographie soit plutôt autodépréciée ; il y a certainement quelque chose de si nauséabond dans l'auto-éloge que la plupart des gens reculeraient bien plus devant l'auto-éloge que devant l'auto-accusation. Il peut y avoir une sorte d'auto-admiration subtile, même dans les critiques d'un autobiographe au franc-parler ; mais qui peut plonger dans les profondeurs les plus profondes de l'âme humaine ? Il me semble que si un honnête homme se prend par le cou et se secoue, il peut le faire bien mieux que quiconque, et le châtiment, s'il est bien mérité, vient certainement de lui avec une bien meilleure grâce que s'il était administré par un homme honnête. autres.

Peu d'hommes, je crois, connaissent leur véritable bonté et leur grandeur. Certaines des plus belles femmes, nous assure-t-on, traversent la vie sans jamais savoir de leur miroir qu'elles sont belles. Et il est bien vrai que les hommes, par une triste expérience, connaissent bien mieux leurs points faibles que leurs points forts, qu'ils considèrent comme tout simplement naturels.

Les Autos, par exemple, décrites par John Stuart Mill, n'ont aucune raison d'être reconnaissantes envers les Autos qui ont écrit sa biographie. Mill avait été menacé par plusieurs futurs biographes et il a donc écrit ce court récit biographique de lui-même presque en état de légitime défense. Mais outre les réalisations véritablement miraculeuses et, si quelqu'un d'autre les raconte, peu crédibles de sa première enfance et de sa jeunesse, ses grandes réalisations plus tard dans sa vie, l'influence qu'il a exercée à la fois par ses écrits et plus encore par son caractère personnel et public, aurait trouvé un interprète bien plus éloquent et véridique chez un étranger que chez Mill lui-même. Je me souviens d'un autre cas où un auteur très distingué a tenté d'échapper à l'huile et aux bénédictions, peut-être aussi le contraire, des mains de ses futurs biographes. Froude détruisait toute sa correspondance, et il souhaitait particulièrement que toutes les lettres qui lui étaient écrites en toute confidentialité soient brûlées, et elles le furent. Je trouve que c'était dommage, car je sais quelles lettres de valeur ont été détruites dans cet *autodafé* ; et pourtant, après avoir fait tout cela, il semble avoir été saisi de peur, et juste avant de retourner à Oxford en tant que professeur Regius d'histoire moderne, il commença à écrire une esquisse de sa propre vie, qui fut trouvée parmi ses papiers. C'était certainement intéressant, mais heureusement, ses meilleurs amis ont empêché sa publication. Cela n'aurait rien ajouté à ce que nous savons de lui dans ses écrits, et n'aurait jamais mis ses véritables mérites sous leur juste jour. Il s'achève d'ailleurs avec sa jeunesse et ne nous apprend que peu de choses sur sa vie réelle.

Je me flattais d'avoir trouvé la véritable issue à toutes ces difficultés, en écrivant non pas exactement ma propre vie, mais les souvenirs de mes amis et connaissances qui m'avaient le plus influencé et m'avaient guidé dans mon passage pas toujours facile à travers la vie. Comme pour décrire le cours d'une rivière, on ne peut faire mieux que de décrire les rives qui encerclent, détournent la rivière et se reflètent sur ses vagues, j'ai pensé qu'en décrivant mon environnement, mes amis et collègues de travail, je pourrais mieux décrire le cours de ma propre vie. J'espérais aussi qu'ainsi je pourrais moi-même garder autant que possible à l'arrière-plan, et pourtant, en décrivant les rivages boisés ou rocheux avec leurs troupeaux, leurs chaumières et leurs églises, décrire leur image réfléchie sur le passage de la rivière.

Mais maintenant on me demande de donner un compte rendu beaucoup plus complet de moi-même, non seulement de ce que j'ai vu, mais aussi de ce que j'ai été, quels étaient les objets ou les idéaux de ma vie, dans quelle mesure j'ai réussi à les réaliser, et, comme je l'ai dit, combien de fois je n'ai pas réussi à accomplir ce que j'avais esquissé comme ma tâche dans la vie. Les gens voulaient savoir comment un garçon, né et élevé dans une petite ville presque inconnue du centre de l'Allemagne, aurait pu venir en Angleterre, y aurait été choisi pour éditer le livre le plus ancien du monde, le Veda des Brahmanes, jamais publié auparavant, que ce soit en Inde ou en Europe, aurait dû passer la meilleure partie de sa vie en tant que professeur dans l'université la plus célèbre et, comme on le pensait, la plus exclusive d'Angleterre, et aurait dû en fait terminer ses jours comme un Membre du très honorable Conseil privé de Sa Majesté. Je l'avoue moi-même, cela semble être une carrière très étrange, et pourtant tout s'est produit très naturellement, non pas par mes propres efforts, mais encore une fois grâce à ces circonstances ou à cet environnement dont nous avons tant entendu parler ces derniers temps.

Des hommes jeunes et en difficulté m'ont également écrit et m'ont demandé comment j'avais réussi à garder la tête hors de l'eau dans cette lutte acharnée pour la vie qui se poursuit toujours dans le tourbillon du monde savant anglais. Ils savaient, car je ne l'avais jamais caché, combien j'étais pauvre en biens du monde et comment, comme je l'ai dit à Glasgow, je n'avais plus de quoi dépendre après avoir quitté l'Université, mais ces doigts avec lesquels je tiens encore ma plume et j'écris si mal que je peux à peine lire mon manuscrit moi-même. A mon arrivée, je n'avais aucun lien familial en Angleterre, ni aucun ami influent, « et pourtant, m'a-t-on dit, dans un pays étranger, on parvenait à atteindre le sommet de sa profession. Dites-nous comment vous avez fait ; et comment vous avez conservé en même temps votre indépendance et n'avez jamais abandonné les sujets peu populaires, comme la langue, la mythologie, la religion et la philosophie, sur lesquels vous avez continué à écrire jusqu'à la fin de votre vie.

J'ai généralement dit que la plupart de ces questions trouveraient la meilleure réponse dans mes livres, mais ils ont répondu que peu de gens avaient le temps de lire tout ce que j'avais écrit, et beaucoup seraient reconnaissants d'avoir un fil conducteur pour les guider à travers ce labyrinthe de livres, d'essais, et des brochures, sorties de mon atelier au cours des cinquante dernières années. [3]

Tout ce que je pouvais dire, c'est que chaque homme doit trouver sa propre voie dans la vie, mais s'il y avait un secret dans ma réussite, c'était simplement dû au fait que j'avais une foi parfaite et que je continuais sans douter même quand tout paraissait gris et gris. noir à mon sujet. J'étais convaincu que ce qui me tenait à cœur et ce que je pensais digne de toute une vie de travail acharné devait en fin de compte être également reconnu par les autres comme ayant de la valeur et comme digne d'un certain soutien de la part du public. Layard n'avait-il pas obtenu une audience pour les taureaux assyriens ? Darwin n'a-t-il pas incité le monde à s'intéresser aux vers et à la fertilisation des orchidées ? Et le livre le plus ancien et les pensées les plus anciennes du monde aryen devraient-ils rester méprisés et négligés ?

Pendant de nombreuses années, je n'ai jamais pensé à des rendez-vous ni à une expérience dans le monde d'un point de vue pécuniaire. Mes amis se moquaient souvent de moi, et quand j'y pense maintenant, j'avoue que j'ai dû paraître très chimérique à beaucoup de ceux qui ont essayé ceci et cela, ont obtenu des nominations lucratives, ont épousé des femmes riches, sont devenus juges et évêques, ambassadeurs et ministres. , et je pouvais à peine comprendre où je voulais en venir avec mes manuscrits sanskrits, mes épreuves et mes révisions. Peut-être que je ne le savais pas moi-même. Pourtant, je n'étais pas aussi stupide qu'ils l'imaginaient. Il est vrai que j'ai décliné plusieurs offres qui me semblaient très avantageuses au sens mondain, mais qui m'auraient entièrement séparé de mon œuvre préférée.

Quand enfin une chaire de littérature moderne m'a été offerte à Oxford, je me suis décidé, même si ce n'était pas exactement ce que j'aurais souhaité, à consacrer la moitié de mon temps aux études exigées par cette chaire, en gardant la moitié de mon temps pour le Veda et pour le sanskrit en général. Ce n'était finalement pas si mal. Les gens se moquaient souvent de moi parce que j'étais professeur des langues les plus modernes et que je consacrais une grande partie de mon temps et de mon travail à la langue et à la littérature les plus anciennes du monde. Ce n'était peut-être pas tout à fait juste de consacrer autant de temps aux langues modernes, un sujet si éloigné de mon travail, mais c'était une concession que je pouvais faire en toute bonne conscience, ayant toujours considéré que la langue était une et indivisible, et qu'il n'y a jamais eu de rupture entre le sanskrit, le latin et le français, ou entre le sanskrit, le gothique et l'allemand. L'une de mes premières conférences à Oxford était « Sur l'antiquité des langues modernes », de sorte que j'ai pleinement informé l'Université de la manière dont j'allais traiter mon sujet, et dans l'ensemble, l'Université semble avoir été satisfaite de mon travail professoral. travail, de sorte que lorsque par la suite, pour de très bonnes raisons, qu'elles soient financières, théologiques ou nationales, moi-même, ou plutôt mes amis, n'avons pas réussi à obtenir une majorité à la convocation pour une chaire de sanskrit, l'Université a en fait fondé pour moi une chaire de philologie comparée. , un honneur auquel je n'avais jamais rêvé, et pour lequel je n'avais certainement jamais entrepris aucune démarche.

Voici tout mon secret. Au début, comme je l'ai dit, cela exigeait de la foi, mais cela exigeait aussi pendant de nombreuses années une parfaite indifférence à l'égard de la réussite dans le monde. Et là encore, dans ma carrière d'érudit sanskrit, de simples circonstances étaient d'une grande importance. C'étaient des circonstances que j'étais heureux d'accepter, mais que je n'aurais jamais pu créer moi-même. Ce n'est sûrement qu'un simple hasard si les directeurs de l'ancienne Compagnie des Indes orientales ont voté une grosse somme d'argent pour l'impression des six grands in-quartos du Rig-veda d'environ mille pages chacun. C'était à l'époque où le sort de la Compagnie était en jeu et où Bunsen, le ministre prussien, se faisait *persona grata* en prononçant un discours lors d'un des dîners publics de la ville, exposant en termes éloquents les mérites indéniables de la Compagnie. de l'Ancienne Compagnie et du merveilleux travail qu'ils avaient accompli. C'est également par hasard que Bunsen m'a connu et qu'il m'a montré tant de bonté dans mon travail littéraire. Il s'était lui-même efforcé d'aller en Inde pour découvrir le Rig-veda, et même pour découvrir s'il existait encore une chose telle que le Veda en Inde. Le même Bunsen, Son Excellence le baron Bunsen, ministre de Prusse à Londres, se rendit ensuite de son propre gré voir le président et les directeurs de la Compagnie des Indes orientales et leur expliqua ce qu'était le Rig-veda et ce qu'il serait. ce serait une véritable honte si un tel ouvrage était publié en Allemagne ; et ils convinrent de voter une somme d'argent telle qu'ils n'avaient jamais voté auparavant pour aucune entreprise littéraire. Même si, après la mutinerie, rien n'a pu les sauver, j'ai eu au moins la satisfaction de consacrer le premier volume de mon édition du Rig-veda au président et aux directeurs de la Compagnie des Indes orientales, très maltraitée, bien que magnifiquement défendue également par pas moins un homme que John Stuart Mill.

C'est ce que j'entends par amis et circonstances, et c'est le milieu que j'ai voulu décrire dans mes Souvenirs au lieu de toujours m'attarder sur ce que j'avais l'intention de faire moi-même et ce que j'ai fait moi-même. Les petites et les grandes choses fonctionnent à merveille ensemble. C'est le changement qui menaçait le gouvernement de l'Inde, et c'était un changement puissant, qui m'a donné la chance de publier le Veda, une affaire très insignifiante aux yeux de la plupart des gens, et pourtant destinée à provoquer un résultat tout aussi important. un changement considérable dans notre vision des peuples anciens du monde, en particulier de leurs langues et de leurs religions. Cela aussi — le développement de la langue et de la religion — semble être important pour certaines personnes qui ne se soucient pas de la Compagnie des Indes orientales, en particulier si cela nous aide à apprendre ce que nous sommes vraiment nous-mêmes et comment nous sommes parvenus à devenir ce que nous sommes. sont.

Dans un certain sens, les biographies et les autobiographies comptent certainement parmi les documents les plus précieux pour l'historien. La biographie, comme le disait Heinrich Simon, et non Henri Simon, est la meilleure forme d'histoire, et la vie d'un homme, si elle est exposée devant nous avec tout ce qu'il a pensé et tout ce qu'il a fait, nous donne un meilleur aperçu de l'histoire de son plus de temps que n'importe quel récit général de ce sujet ne peut le faire.

Or, il est tout à fait vrai que la vie d'un érudit discret n'a pas grand-chose à voir avec l'histoire, sauf qu'il s'agit peut-être de l'histoire de sa propre branche d'études, que certains considèrent comme sans importance, tandis que pour d'autres elle semble primordiale. Il en sera ainsi jusqu'à ce que l'historien universel trouve la bonne perspective et assigne à chaque branche d'étude et d'activité la place qui lui revient dans le panorama du progrès de l'humanité vers ses idéaux. Même un érudit discret, s'il garde les yeux ouverts, peut voir de temps en temps quelque chose qui est important pour l'historien. Alors que je vivais dans de petites pièces à Leipzig, ou que je logeais *au cinquième* rue Royale à Paris, ou que je copiais des manuscrits dans une pièce sombre de l'ancienne Maison des Indes orientales dans Leadenhall Street, j'entrevoyais de temps en temps le puissant courant de l'histoire. alors qu'il passait à toute vitesse. A Leipzig, j'ai beaucoup vu Robert Blum qui fut ensuite *fusillé* à Vienne par Windischgrätz au mépris de tout droit international, car il était membre de la Diète allemande, alors siégeant à Francfort. De mes fenêtres à Paris, je regardais du côté du *boulevard de la Madeleine*, et en bas à droite jusqu'à la *Chambre des Députés*, et j'apercevais de mes fenêtres le trône de Louis-Philippe porté par ses quatre jambes par quatre femmes à cheval, avec des Phrygiens. casquettes et foulards rouges, et j'ai vu le lendemain matin, depuis les mêmes fenêtres, les civières transportant les morts et les blessés des boulevards vers un hôpital au fond de ma rue. Dans mon petit bureau à la Maison des Indes orientales, j'ai vu plusieurs des directeurs, le colonel Sykes et d'autres, et je les ai entendus discuter du sort de la Compagnie des Indes orientales et du vaste empire de l'Inde aussi, et en même temps des intérêts privés de l'Inde. ceux qui espéraient devenir membres du nouveau Conseil indien et ceux qui désespéraient de cette distinction. J'apportai le premier à Londres la nouvelle de la Révolution française en février et présentai une balle qui avait brisé les fenêtres de ma chambre à Paris à Bunsen, qui la porta le soir à Lord Palmerston. Après avoir vu la Révolution à Paris et la fuite du roi et de la duchesse d'Orléans, j'étais à temps pour voir à Londres la députation chartiste au Parlement et la police rassemblée à Trafalgar Square, lorsque Louis Napoléon servait de conseiller spécial. Constable, et j'ai entendu le duc de Wellington expliquer à Bunsen que, bien qu'aucun soldat ne soit vu dans les rues, il y avait de l'artillerie cachée sous les ponts, et prête à agir si on le voulait. Je pourrais en ajouter davantage, mais je ne dois pas anticiper, et après tout, tous ces grands événements me paraissaient bien petits comparés à un nouveau manuscrit du Veda envoyé d'Inde, ou à une meilleure lecture d'un passage obscur. *Diversos diversa iuvant*, et il est heureux qu'il en soit ainsi.

Toutes ces choses, pensai-je, devraient faire partie de mes Souvenirs, et mon propre petit moi devrait disparaître autant que possible. Même le pronom je ne rencontrais que rarement le lecteur, bien que dans Souvenirs il soit aussi impossible de le laisser de côté que de retirer l'objectif d'un appareil photo. Maintenant, je crois que j'ai toujours été très disposé à céder à mes amis, et je leur céderai également dans cette affaire, dans la mesure où dans les Souvenirs qui suivront, il y aura davantage de mes luttes intérieures et extérieures ; mais je dois, dans l'ensemble, m'en tenir à mon ancien plan. Je ne pouvais pas, si je le voulais, négliger l'environnement de ma vie et les nombreux amis qui m'ont conseillé et aidé et qui m'ont permis de réaliser le peu que j'ai pu accomplir dans mon propre domaine d'études.

Si mes amis avaient été différents de ce qu'ils étaient, ne devrais-je pas devenir moi-même un homme différent, que ce soit pour le bien ou pour le mal ? Et cela s'applique également à notre environnement naturel. Et ici, je dois faire appel à la patience de mes lecteurs, si j'essaie d'expliquer en aussi peu de mots que possible ce que je pense de *l'environnement*, et qu'en est-il *de l'hérédité* ou *de l'atavisme*.

J'étais un darwinien convaincu en attribuant l'orientation de ma carrière à l'environnement, même si j'ai toujours été très opposé à l'atavisme, dont nous avons tant entendu parler ces derniers temps dans la plupart des biographies. Même en ce qui concerne l'environnement, cependant, je ne pourrais pas aller aussi loin que certains de nos amis darwiniens, qui soutiennent que tout est le résultat de l'environnement, ou traduit en langage biographique, que tout le monde est une créature des circonstances. Non, je ne pourrais pas aller aussi loin. L'environnement peut façonner notre parcours et nous façonner, mais il doit y avoir quelque chose qui soit façonné et qui se laisse façonner. Un jour, quelqu'un qui se considère comme un darwinien m'a sérieusement demandé si je ne savais pas que le mammouth était poussé par le froid extrême du Pléiocène à développer une épaisse fourrure dans sa lutte pour la vie. Je savais qu'il avait alors une fourrure plus épaisse, mais cela n'explique sûrement pas l'ensemble du mammouth, avec et sans fourrure épaisse, avant et après la fourrure. Il est vraiment dommage de voir combien de ces absurdités pures et simples sont rendues responsables par les darwiniens. Il a clairement montré comment, dans de nombreux cas, l'individu peut être modifié au point de devenir presque méconnaissable par l'environnement, mais l'individu doit toujours avoir été là en premier. Avant que nous ayons un épagneul et un chien de Terre-Neuve, il devait y avoir une sorte de chien, ni aussi petit que l'épagneul ni aussi grand que le Terre-Neuve, et personne ne douterait maintenant que ces deux-là appartenaient à la même espèce et présupposaient une sorte de chien de Terre-Neuve. une créature canine moins modifiée. Il est également vrai que chaque individu a été modifié par son environnement, sinon dans la même mesure que certains animaux, du moins de manière très considérable, comme dans le cas de Kaspar Hauser, de l'homme au masque de fer ou des mutins de le *Bounty* dans les îles Pitcairn. Mais il a dû y avoir d'abord l'homme, avant qu'il puisse être ainsi modifié. Or, c'était cet individu même, mon propre moi en fait, le moi spirituel encore plus que le moi physique, qui intéressait mes critiques, alors que je pensais que les circonstances qui ont façonné ce moi seraient d'un bien plus grand intérêt que le moi lui-même. Bien entendu, toutes les modifications que subissent aujourd'hui les hommes ne sont rien si on les compare aux premières modifications qui ont produit ce que nous appelons des particularités raciales, linguistiques ou même nationales. Que nous soyons Anglais ou Allemands, que nous soyons blancs ou noirs, voire, si vous préférez, que nous soyons des êtres humains, tout cela a modifié notre moi, ou notre plasma germinatif, bien plus puissamment que tout ce qui peut arriver à nous. nous en tant qu'individus maintenant.

Lorsque mes amis et mes lecteurs m'ont assuré qu'un récit de mes premiers combats dans la bataille pour la vie serait utile à de nombreux jeunes hommes en difficulté, tout ce que je pouvais dire, c'est que là encore, ce sont vraiment mes amis qui ont tout fait pour moi, et m'a aidé à franchir bien des obstacles et bien des fossés, et même, sans qui je n'aurais jamais fait ce que j'ai fait pour les sciences du langage, de la mythologie et de la religion, en fait pour l'anthropologie au sens le plus large de ce mot. Mes luttes elles-mêmes m'ont certainement été d'une aide, même mes adversaires m'ont été très utiles. Les sujets sur lesquels j'écrivais avaient à peine été abordés en Angleterre, du moins du point de vue historique que je prenais, et il me fallait non seulement surmonter l'indifférence du public, mais désarmer autant que possible les préjugés souvent ressentis. , et parfois exprimé aussi, contre tout ce qui est fabriqué en Allemagne ! Or, j'avoue que je n'ai jamais pu comprendre un tel préjugé parmi les hommes de science. Ai-je plutôt raison ou plutôt tort parce que je suis née en Allemagne ? La vérité scientifique est-elle la propriété exclusive d'une seule nation, de l'Allemagne ou de l'Angleterre ? Si je dis que deux et deux font quatre en allemand, est-ce moins vrai parce que c'est un Allemand qui le dit ? et si je dis : pas de langage sans pensée, pas de pensée sans langage, cela a-t-il quelque chose à voir avec mon pays natal ? Les préjugés contre les étrangers, et particulièrement contre les Allemands, sont sans aucun doute beaucoup plus forts aujourd'hui qu'ils ne l'étaient à l'époque où je suis arrivé pour la première fois en Angleterre. J'avais passé près de deux ans à Paris, et là aussi il y avait si peu de sentiments hostiles envers l'Allemagne, que l'une des meilleures revues auxquelles contribuèrent les savants et les meilleurs écrivains parisiens s'appelait en fait *Revue Germanique*. Qui oserait désormais publier à Paris une telle revue et sous un tel titre ? Si un tel sentiment anti-allemand existait quelque part en Angleterre lorsque je suis arrivé ici en 1846, on pourrait supposer qu'il existait le plus fortement à Oxford. Et c'est ce qui s'est produit, sans aucun doute, en particulier parmi les théologiens. Pour eux, l'allemand signifiait à peu près la même chose que peu orthodoxe, et peu orthodoxe suffisait à cette époque pour tabouer un homme à Oxford. Dans l'un des sermons prêchés à ces débuts à St. Mary's, on parlait de théologiens allemands tels que Strauss et Neander (*sic*) *comme étant aptes seulement à se noyer dans l'océan allemand, avant d'atteindre les côtes de l'Angleterre.* Je n'ajoute pas ce qui suivit : l'histoire est trop connue. J'étais surtout amusé par la juxtaposition de Strauss et de Neander, dont j'avais assisté à Berlin aux conférences les plus orthodoxes sur l'histoire de l'Église chrétienne. Néander était certainement pour nous à Berlin le modèle même de l'orthodoxie, et les gens s'étonnaient que j'assiste à ses conférences. Mais c'étaient des conférences bonnes et honnêtes. C'était tout un personnage, et je suis tenté de m'écarter un peu en parlant de lui. De naissance juive, il devint l'un des théologiens chrétiens les plus érudits. De très nombreuses histoires ont été racontées à son sujet, certaines vraies, d'autres sans doute inventées. Je l'ai vu souvent se rendre à l'université et en revenir pour donner ses conférences, vêtu d'un grand manteau de fourrure, avec de hautes bottes noires cirées en dessous, mais apparaissant de temps en temps pendant qu'il marchait. On a raconté qu'il avait envoyé chercher un médecin parce qu'il était boiteux. Le médecin, en examinant ses pieds, vit qu'une botte était couverte de boue, tandis que l'autre était parfaitement propre. Le professeur avait marché un pied sur le trottoir, l'autre dans le caniveau, et était bien trop absorbé par ses idées pour découvrir la véritable cause de son malaise. Il vivait avec sa sœur, qui s'occupait entièrement de lui et s'occupait également de sa garde-robe. Elle savait qu'il portait un pantalon et qu'un certain jour de l'année, le tailleur lui en apportait un nouveau. Grande fut sa surprise lorsqu'un jour, alors que son frère était parti à l'Université, elle découvrit son pantalon posé sur une chaise près de son lit. Elle envoya aussitôt un domestique dans la salle de cours du professeur pour s'enquérir s'il portait son pantalon. On imagine l'hilarité de sa classe. En fait, c'était le jour même où le tailleur avait l' habitude d'apporter le nouveau pantalon que le professeur avait enfilé, laissant derrière lui son vêtement habituel.

De nombreuses autres histoires sur sa distraction étaient *en vogue* à propos du Dr Neander, mais que cet homme, un pilier de force pour les orthodoxes en Allemagne, qui était considéré comme un pape infaillible, devait avoir son nom associé à celui de Strauss. cela a certainement donné un petit choc. Pourtant, c'est à Oxford que j'ai planté ma tente, principalement pour superviser l'impression de mon Rig-veda à l'University Press, et sans jamais rêver qu'une bourse, encore moins une chaire dans cette ancienne université conservatrice, serait un jour offerte. tome.

Pour moi, aller à Oxford pour obtenir une bourse ou une chaire aurait semblé aussi absurde que d'aller à Rome pour devenir cardinal ou pape ; et pourtant, avec le temps, j'ai été choisi comme membre de All Souls et comme premier membre marié du Collège, et même une chaire m'a été offerte au moment où je m'y attendais le moins. Le fait est que je n'y ai jamais pensé, et personne n'a été plus surpris que moi lorsqu'on m'a demandé d'agir comme adjoint, puis comme professeur taylorien titulaire ; personne n'aurait pu se méfier de ses yeux plus que moi, lorsqu'un des membres de All Soul m'a informé par lettre que le Collège avait l'intention de m'élire parmi ses membres. Mon ambition n'avait jamais été aussi élevée. Je pensais retourner à Leipzig comme *professeur privé* , pour accéder ensuite à un poste de professeur extraordinaire et, si tout allait bien, à un poste de professeur ordinaire.

Mais après que ces deux nominations à Oxford m'eurent assuré ce que je considérais comme une situation sociale et financière équitable en Angleterre, je ne me sentais pas justifié d'essayer de recommencer la vie en Allemagne. Je n'avais pas demandé de chaire ou de bourse. On me les proposa, et mon ambition ne dépassa jamais le nécessaire à mon indépendance. En Allemagne, j'étais censé être devenu assez riche ; en Angleterre, les gens savaient à quel point mes revenus étaient minimes et se demandaient comment j'arrivais à en vivre. Ils ne pensaient pas que je devais dépendre principalement de ma plume pour vivre comme on attend d'un professeur qu'il vive à Oxford. Je ne voyais rien d'anormal chez un Allemand titulaire d'une chaire en Angleterre. Il y a eu plusieurs cas du même genre en Allemagne. Lassen (1800-1876), notre grand professeur de sanskrit à Bonn, était norvégien de naissance et personne n'a jamais pensé à sa nationalité. Qu'est-ce que cela avait à voir avec sa connaissance du sanskrit ? Je n'ai jamais non plus été traité comme un étranger ou un intrus à Oxford, du moins pas à cette époque. Quant à moi, j'avais désormais obtenu ce qui me paraissait un revenu modeste mais suffisant avec une parfaite indépendance. La vie tranquille d'un étudiant tranquille était depuis mes premiers jours mon idéal de vie. Même à l'école de Dessau, lorsque nous, les garçons, parlions de ce que nous souhaitions devenir, je me souviens que mon idéal était celui d'un moine tranquille dans son monastère, entouré de livres et de quelques amis. L'idée que je devrais un jour devenir professeur dans une université, ou qu'une carrière comme celle de mon père, de mon grand-père et d'autres membres de ma famille me serait un jour ouverte, ne m'est jamais venue à l'esprit à l'époque. Il me semblait presque déloyal de songer à jamais prendre leur place. Même lorsque je vis qu'il n'y avait plus de moines protestants, ni de bénédictins, la place d'assistant dans une grande bibliothèque, assis dans un coin tranquille, était ma plus haute ambition.

Je ne vois pas pourquoi il en aurait été ainsi, car tous mes parents et amis occupaient de hautes places dans le service public, mais comme je n'avais pas de père pour m'ouvrir les yeux et stimuler mon ambition, étant mort avant mes quatre ans vieille - mes idées sur la vie et ses possibilités étaient évidemment empruntées à ma jeune mère veuve, dont le seul désir était de rester seule, bien que le monde la tentât, alors âgée de pas encore trente ans, d'abandonner son deuil et de retourner à société. C'est ainsi que je devins bientôt ma propre philosophie de vie : rester seul, libre de suivre mon propre chemin, ou comme Diogène, vivre dans ma propre baignoire. Nous voyons ici ce que j'appelle l'influence des circonstances, de l'environnement ou, comme d'autres l'appellent, de l'environnement. Ceci est cependant très différent de l'atavisme, comme nous le verrons tout à l'heure. L'atavisme a aussi été appelé une sorte d'environnement, nous attaquant et nous influençant depuis le passé, et pour ainsi dire, depuis derrière, depuis le Nord en fait au lieu du Sud, de l'Est et de l'Ouest, et depuis tous les points du monde. la boussole.

Mais l'atavisme signifie en réalité une chose très différente, voire quelque chose.

Je dois me donner bonne conscience une fois pour toutes sur ce point et dire ce que je ressens par rapport à l'atavisme et à l'environnement. L'environnement, sous la forme d'amis, de localité et d'autres circonstances matérielles, a certainement beaucoup influencé ma vie, et je n'ai jamais compris pourquoi un mot aussi hybride qu'environnement devrait être utilisé à la place d'environnement ou de circonstances. Les créatures des circonstances seraient bien mieux comprises que les créatures de l'environnement ; mais l'environnement, je suppose, semblerait plus scientifique. L'atavisme est également un nouveau mot, au lieu de l'air de famille, mais à moins d'être soigneusement défini, le mot est très susceptible de nous induire en erreur.

Lorsqu'on dit [4] que les enfants ressemblent souvent plus à leurs grands-pères ou à leurs grands-mères qu'à leurs parents immédiats, et que cette propension est appelée atavisme, cela ne semble pas tout à fait exact, même étymologiquement, car atavus en latin ne signifie pas père ou grand-père, mais d'abord arrière-arrière-arrière-grand-père, puis seulement ancêtres ; et ce qui doit être bien clair, c'est que ce mystérieux atavisme ne doit pas être utilisé par des orateurs prudents pour exprimer l'influence supposée des parents ou même des grands-parents, mais celle d'ancêtres plus lointains uniquement, et éventuellement de toute une famille.

De nombreux biographes, comme c'est la mode maintenant, commencent leurs ouvrages par un long récit non seulement de leur père et de leur mère, mais aussi de leurs grands-parents et d'un nombre incalculable d'ancêtres, afin de montrer comment ceux-ci ont déterminé le caractère extérieur et intérieur de l'homme dont la vie doit être écrit. Qui nierait qu'il y ait une part de vérité, ou du moins une part de plausibilité, dans l'atavisme, même si personne n'a encore réussi à en donner une explication intelligible ? Il est censé affecter les particularités morales et physiques de la progéniture, et on ne peut nier que, ici aussi, les qualités physiques et morales vont souvent de pair. Un aveugle, par exemple, est généralement prudent, mais heureux et tout à fait à l'aise dans les grandes sociétés. Une personne sourde est souvent méfiante et malheureuse en société. En héritant de la cécité, on pourrait donc bien dire qu'un homme a hérité de la prudence ; en héritant de la surdité, la méfiance semble lui être venue par héritage.

Mais la cécité est-elle vraiment héréditaire ? Le fils d'un père ayant perdu la vue est-il aveugle, et nécessairement aveugle ? Il faut distinguer les influences ataviques et parentales. Les influences parentales signifieraient l'influence des qualités acquises par les parents, et directement léguées à leur progéniture ; les influences ataviques feraient référence à des qualités héritées et transmises, peut-être, à travers plusieurs générations, et ancrées dans toute une famille. En séparant ces deux classes, nous ne devrions que suivre l'exemple de Weismann, qui nie catégoriquement que les qualités acquises soient jamais héréditaires. Ses exemples sont des plus intéressants et des plus importants, et de nombreux darwiniens ont dû accepter son amendement. En outre, il faut toujours se demander si certaines particularités sont constantes ou inconstantes dans une famille. Si un père est un ivrogne, cela ne signifie certainement pas que ses fils doivent être des ivrognes. Il ne s'ensuit pas non plus que tous les enfants doivent être sobres si les parents le sont. Bien sûr, dans une conversation ordinaire, les influences parentales et ancestrales semblent assez claires. Mais si l'on dit d'un enfant qu'il favorise sa mère parce qu'il a comme elle les yeux bleus et les cheveux blonds, que devient l'héritage du père qui peut avoir les yeux bruns et les cheveux foncés ? Quoi qu'il arrive aux enfants, il y a toujours une excuse, seule une excuse n'est pas une explication. Si la fille d'une belle femme grandit très simplement, le Français avait sans doute raison lorsqu'il disait : *C'était alors le père qui n'était pas bien* , et si le fils d'un abstinent devenait plus tard un ivrogne, la conclusion serait encore pire. En fait, ce genre d'influence atavique ou parentale est un sujet de ragots très agréable, mais d'un point de vue scientifique, c'est parfaitement futile. Si ce n'est pas le père, c'est la mère ; si ce n'est pas la grand-mère, c'est le grand-père ; en fait, les influences familiales peuvent toujours être attribuées à une source ou à une autre, si l'on peut déterrer et fouiller l'ensemble du pedigree. Mais c'est précisément pour cette raison qu'ils n'ont aucune valeur scientifique. Ils ne peuvent ni être pris en compte, ni être utilisés pour rendre compte de quoi que ce soit eux-mêmes. Même parmi les jumeaux, bien que très semblables à bien des égards, l'un peut être flegmatique, l'autre passionné. Certains scientifiques, comme Weismann et d'autres, ont donc nié, et je crois à juste titre, que les caractères acquis, qu'ils soient physiques ou mentaux, puissent jamais être hérités par les enfants de leurs parents. Quelle que soit la similitude qui existe, et il y en a beaucoup, il la fait remonter à ce qu'il appelle le plasma germinatif, travaillant continuellement en dépit de tous les changements individuels. Si ce plasma germinatif est sujet à certaines modifications particulières chez le père ou le grand-père, il est sujet à des modifications identiques ou similaires chez la progéniture, c'est-à-dire que si le père pouvait devenir ivrogne, le fils le pourrait aussi, seulement nous ne devons pas Je pense que le *post hoc* est ici le même que le *propter hoc* . Si l'on compare le matériel génétique aux molécules constituant la tige ou les sarments d'une vigne, ses raisins et ses feuilles dans leur similitude et leur variété seraient comparables aux individus appartenant à la même famille, et issus du même arbre généalogique. Mais alors le raisin que nous voyons ne serait pas ce que le raisin de l'année dernière, ou le raisin qui le précédait immédiatement sur la même branche, l'avait fait, bien qu'il ne puisse y avoir aucun doute que les possibilités antérieures du nouveau raisin étaient les mêmes que celles de l'année dernière. du dernier. Si un raisin est bleu, le suivant sera bleu aussi, mais personne ne dira qu'il était bleu parce que le dernier raisin était bleu. La véritable cause serait que les molécules du protoplasme ont été tellement affectées par une génération prolongée que certaines des qualités particulières de la vigne sont devenues constantes.

L'enfant d'un nègre doit toujours être un nègre ; ses particularités sont constantes, bien qu'il puisse être tout à fait vrai que les nègres et les autres races ne soient pas des espèces différentes, mais seulement des variétés rendues constantes par d'immenses périodes de temps. Quelle peut être la cause de ces particularités constantes et inconstantes, même Weismann n'a pas encore pu l'expliquer de manière satisfaisante.

La surdité de ma mère et la prévalence du malheur chez de nombreux membres de sa famille ont agi sur moi comme une sorte d'influence extérieure, comme quelque chose appartenant au milieu de ma vie ; cela ne m'a jamais effrayé en tant que mal atavique. Cela m'a justifié d'être prudent et de me préparer au pire, et jusqu'à présent, on peut dire que cela a contribué à façonner ou à rétrécir le cours de ma vie. Mais heureusement, cette tendance à la surdité semble désormais s'être épuisée. Dans ma propre génération, il n'y a qu'un seul cas, et les deux générations suivantes, mes enfants et petits-enfants, n'en montrent aucun signe. Si, en revanche, mon fils a été félicité, lors de son entrée dans le service diplomatique, d'être le fils de son père, il est clair que la différence entre qualités héritées et acquises, si fortement insistée par Weismann, n'avait pas été pleinement appréciée par ses amis. En outre, ma propre capacité à parler des langues étrangères a toujours été très limitée, et j'ai souvent décliné le compliment d'être un deuxième Mezzofanti. [5] J'ai travaillé sur les langues comme un musicien étudie la nature et les capacités des instruments de musique, sans toutefois essayer de jouer sur chacun d'entre eux. Il ne me restait plus de temps pour acquérir une familiarité pratique avec les langues, si je voulais poursuivre mes recherches sur l'origine, la nature et l'histoire du langage. Ma propre étude des langues aurait donc pu m'être de très peu d'utilité, et mon fils lui-même ne percevait pas un tel avantage à apprendre à converser en français, en espagnol, en turc, etc. Les faits étaient erronés et la théorie de l'atavisme était parfaitement déraisonnable lorsqu'elle était appliquée à un tel cas.

Si la théorie de l'atavisme était poussée aussi loin, elle éliminerait bientôt complètement le libre arbitre. Que l'hérédité ait quelque chose à voir avec notre caractère moral, personne ne le nierait qui connaît l'influence de notre caractère national, voire même racial. Nous sommes aryens par hérédité ; nous pourrions être des Noirs ou des Chinois et partager leurs tendances. Les animaux ont aussi leur instinct. Seulement, alors que les animaux, comme les serpents par exemple, n'hésiteraient jamais à suivre leur propension innée, l'homme, lorsqu'il ressent la puissance de ce que l'on pourrait appeler l'instinct humain hérité, sent aussi qu'il peut lutter contre lui et préserver sa liberté, même s'il portant les chaînes de son esclavage. Cela a peut-être éliminé certains des scrupules du Dr Wendell Holmes lors de l'écriture de son histoire puissante, *Elsie Venner*, et peut également apaiser les craintes de ses nombreux critiques.

Je crois que la langue également – notre propre langue héritée – exerce l'influence la plus puissante sur notre raison et notre volonté, bien plus puissante que nous ne le pensons.

Un Grec parlant grec et un Romain parlant latin auraient certainement été des êtres très différents des descendants romans et français d'un Horace ou d'un Cicéron, et cela simplement à cause de la langue qu'ils devaient parler, qu'elle soit grecque, latine, française, ou espagnol. On ne peut dire si la différenciation originelle du langage, symbolisée par l'histoire de la Tour de Babel, a eu lieu avant ou après la différenciation raciale des hommes. Quoi qu'il en soit, cela a dû avoir lieu à des époques tout à fait primordiales. Sans parler positivement sur ce point, je soutiens certainement, plus que jamais, que le langage fait l'homme et que, par conséquent, à des fins de classification, le langage est également bien plus utile que la couleur de la peau, les cheveux, les particularités crâniennes ou gnathiques. S'il est vrai qu'avec chaque nouvelle langue que nous parlons, nous devenons de nouveaux hommes, il est certain que la langue nous prépare des canaux dans lesquels nos pensées doivent circuler, à moins qu'elles ne soient assez puissantes pour briser tous les barrages et toutes les digues et creuser pour y parvenir. eux-mêmes de nouveaux lits.

Pendant longtemps, les gens ne verraient pas que les langues peuvent être classées ; et comme les langues présupposent toujours des locuteurs de la langue, ces locuteurs peuvent également être classés en conséquence. Il est tout à fait vrai que certains de ces locuteurs aryens peuvent dans certains cas avoir du sang noir et des traits noirs, comme lorsqu'un Noir devient évêque anglais. Les tribus conquises ont peut-être aussi appris avec le temps à parler la langue de leurs conquérants, mais cela aussi est exceptionnel, et si nous les appelons Aryas, nous ne nous engageons à aucune opinion quant à leur sang, leurs os ou leurs cheveux. Ceux-ci ne se soumettront jamais à la même classification que leur discours, et pourquoi le devraient-ils ? Il ne faut pas non plus oublier que partout où se produit un mélange de langues, les mariages mixtes auront très probablement lieu en même temps. Mais quelle que soit la confusion qui ait pu surgir plus tard dans la langue et dans le sang, aucune langue n'aurait pu naître sans locuteurs, et nous entendons par Aryas pas plus que les locuteurs de langues aryennes, quels qu'aient pu être leur crâne ou leurs cheveux. Un Octoroon, et même un Quadroon, peuvent avoir des cheveux blonds ondulés, mais s'il parle anglais, il sera classé comme aryen, s'il est berbère, comme nègre. Mais qui est lésé par une telle classification ? Que le sang, les crânes, les cheveux et les mâchoires soient classés par tous les moyens, mais ne parlons plus des crânes aryens ni du sang sémitique. Autant parler de langage prognathique.

Tout en admettant donc pleinement l'influence que la famille, la nationalité, la race et la langue exercent sur nous, il faut clairement voir que les habitudes acquises par nos parents ne sont pas héréditaires, que les fils d'ivrognes ne doivent pas nécessairement être ivrognes, aussi peu que les fils d'ivrognes. les fils de gens sobres doivent être sobres. Mais bien que les biographes puissent en général être d'accord avec cela, ils semblent enclins à s'appuyer très fortement sur ce que l'on appelle *des talents spéciaux dans certaines familles* . Ce sujet est décidément amusant, mais il ne se prête à aucun traitement scientifique, à ce que je sache.

Le grand-père de Felix Mendelssohn Bartholdy, par exemple, bien que n'étant pas compositeur, était évidemment un homme de génie, un philosophe doté d'une capacité intellectuelle et d'une force morale considérables. Le père du compositeur était un riche banquier à Berlin et il disait : « Quand j'étais jeune, j'étais le fils du grand Mendelssohn, maintenant que je suis vieux, je suis le père du grand Mendelssohn ; alors qu'est-ce que je suis ? Même un homme pauvre, pour devenir un riche banquier, doit être une sorte de génie, et jusqu'à présent, on peut dire que le fils est issu d'une bonne souche. Mais le grand talent musical qui s'est développé au cours de la troisième génération, tant chez Félix que chez ses sœurs, a complètement échoué chez son frère, qui, pour sauver sa vie, n'aurait jamais pu chanter « God save the Queen ». Dans les petites représentations théâtrales de toute la famille pour lesquelles Félix composait la musique et sa sœur Fanny (Hensel) certaines des chansons, le frère non musicien – n'était-ce pas Paul ? – devait généralement se voir attribuer un rôle tel que celui de veilleur de nuit, et il réussit à accomplir sa chanson avec autant de crédit que les *Nachtwächter* dans la petite ville d'Allemagne, où il chantait ou répétait, je m'en souviens bien, de sa voix cassée :

« Hört, ihr Herren, and last euch sagen,
Die Glock' hat zwölf geschlagen ;
Wahret das Feuer und auch das Licht,
Dass Keinem kein Schade geschicht.

« Écoutez, messieurs, et laissez-moi vous dire :
l'horloge a sonné midi son dernier glas ;
Veillez sur le feu et sur la lumière
afin que personne ne soit confronté à un quelconque sort.

J'ai connu dans ma vie de nombreux musiciens et leurs familles, mais je me souviens en effet de très peu de cas où le fils d'un musicien distingué était lui-même un grand musicien. Si les enfants s'adonnent à la musique, ils peuvent devenir de très bons musiciens, mais jamais rien d'extraordinaire. La famille Bach peut être citée contre moi, mais la musique, avant Sébastien Bach, était presque comme un métier et s'apprenait comme n'importe quel autre métier.

Les cas de peintres fils de grands peintres ou de poètes fils de grands poètes ne sont pas non plus plus nombreux. Il semble presque que le talent artistique ait été épuisé par une génération ou un individu, de sorte que nous voyons souvent les fils de grands hommes qui ne sont en aucun cas grands, et s'ils font quelque chose dans la même lignée que leurs pères, nous devons nous rappeler qu'il C'était beaucoup pour les inciter à suivre leurs traces sans admettre aucune influence atavique.

Pour le moment, je ne peux que répéter la conclusion à laquelle je suis arrivé après avoir pesé tous les arguments de mes amis et critiques, à savoir continuer mes Souvenirs comme je les ai commencés, essayer d'expliquer ce qui a fait de moi ce que je suis, décrire, en fait, mon environnement ; cependant, à mesure que mes années avancent et que mes travaux et mes projets s'élargissent de plus en plus, je devrai sans aucun doute en dire beaucoup plus sur moi-même que dans les volumes d' *Auld Lang Syne* . En fait, mes Souvenirs deviendront de plus en plus une autobiographie, et le Moi et les Autos apparaîtront plus fréquemment que je n'aurais pu le souhaiter.

Dans une autobiographie, le peintre est bien sûr supposé être le même que le modèle, mais indépendamment des difficultés métaphysiques d'une telle supposition, il y a la difficulté physique lorsque l'écrivain est un vieil homme et le modèle est un jeune garçon. Le vieil homme est-il susceptible d'être un juge équitable du jeune homme, que ce soit lui-même ou quelqu'un d'autre ? En règle générale, les hommes âgés sont très indulgents, tandis que les jeunes hommes ont tendance à être sévères et stricts dans leurs jugements. Le fait même qu'ils s'inventent souvent des excuses montre qu'ils sentent qu'ils veulent des excuses. Les paroles du prédicateur, vii. 16 : « Ne soyez pas juste pour beaucoup ; et ne te rends pas trop sage : pourquoi te détruirais-tu ? Ne sois pas trop méchant et ne sois pas insensé : pourquoi mourrais-tu avant ton heure ? sont évidemment les paroles d'un vieil homme lorsqu'il juge de lui-même ou des autres. Un jeune homme aurait parlé différemment. Il n'aurait fait aucune concession ; car tout ce qui ressemble à de la compassion pour un ami égaré lui est encore inconnu. Dans une autobiographie écrite par un vieillard, il y a donc un double danger, d'abord l'indulgence du vieillard, et ensuite la bienveillance de l'écrivain envers l'objet de ses remarques.

Toutes ces difficultés se dressent devant moi comme un mur de montagne. Et il semble préférable d'admettre d'emblée qu'un vieil homme qui écrit sa propre vie ne peut jamais être tout à fait juste, aussi honnête qu'il s'efforce d'être. Il est peut-être trop indulgent, mais il peut aussi être trop strict et sévère. Dire, par exemple, d'un homme qu'il n'a pas tenu sa promesse, serait une accusation très grave si on la portait contre quelqu'un d'autre. Pourtant, mon plus vieil ami au monde sait combien de fois il s'est fait une promesse et non seulement il ne l'a pas tenue, mais il a même trouvé des excuses pour ne pas la tenir. Plus notre conscience devient sensible, plus de nombreux actes de notre vie semblent être répréhensibles, et ce qui, pour une conscience ordinaire, n'est absolument pas une faute, devient presque un péché sous une lumière plus crue.

Cela change l'atmosphère morale de la jeunesse lorsqu'elle est peinte par un vieil homme, mais l'atmosphère physique prend aussi nécessairement une teinte différente. Que cela nous plaise ou non, la distance enchantera toujours la vue. Si la teinte azur est indissociable des montagnes lointaines et du ciel lointain, il n'est pas étonnant qu'elle voile le paradis lointain de la jeunesse. Un homme qui tient un journal depuis son plus jeune âge et qui, en tant que vieil homme, se contente de copier à partir de ses pages jaunes, peut nous donner une image en noir et blanc très précise de ce qu'il a vu étant enfant, mais comme dans les vieilles photographies décolorées, le la vie et la lumière en ont disparu, tandis que la mémoire non assistée peut souvent conserver les teintes de leur ancienne réalité. Il y a de la vie et de la lumière dans de tels souvenirs, mais je suis prêt à admettre que la mémoire peut aussi être très perfide. Ainsi, dans mon propre cas, je peux garantir que tout ce que je raconte est soigneusement et précisément transcrit à partir des tablettes de ma mémoire, telles que je les vois maintenant, mais bien que je puisse prétendre à la véracité de mes propos et de ceux de ma mémoire, je ne peux prétendre à une exactitude photographique. Je compatis en effet avec l'historien qui utilise de tels matériaux à moins qu'il n'ait appris à tenir compte du faible regard des narrateurs, même les plus véridiques.

Je doute qu'un historien puisse accepter une déclaration faite trente ans après les événements sans confirmation indépendante. Je ne pouvais pas donner la date de la bataille de Sadowa, même si je me souviens bien d'en avoir lu le récit complet dans le *Times* de jour en jour. Je peux bien sûr obtenir la date à partir de livres historiques et de ce genre de mémoire artificielle qui surgit d'elle-même sans aucune *mémoire technique* . Il existe un jeu de cartes allemand préféré appelé Soixante-six, et il a été rapporté que lorsque les Français en 1870 criaient *À Berlin* , le prince héritier de l'époque qui avait gagné la bataille de Sadowa, ou Königgrätz, a déclaré : « Ah, ils veulent une autre partie de soixante-six ! » c'est qu'ils veulent une bataille comme celle de Sadowa. De cette façon, je me souviendrai toujours de la date de cette bataille décisive. Mais je ne pouvais pas donner la date des batailles de Crimée ni un récit fiable des étapes successives de cette guerre. Je doute que même mon vieil ami, Sir William H. Russell, puisse faire cela maintenant sans faire référence à ses lettres dans le *Times* . Après trente ans, personne, je crois, ne pouvait prêter serment sur l'exactitude d'une déclaration sur ce qu'il avait vu ou entendu il y a tant d'années.

Tout ce dont je peux donc garantir, c'est que je lis ma mémoire comme je le ferais avec les feuilles d'un vieux manuscrit. d'où bien des lettres, voire des mots et des lignes entières ont disparu, et où je suis souvent amené à déchiffrer et à deviner, comme dans un palimpseste, quelle a pu être l'écriture onciale originale. Je suis le premier à avouer qu'il peut y avoir des défauts dans ma mémoire, il peut y avoir sous mes yeux cet azur magique qui entoure le passé lointain ; mais je peux promettre qu'il n'y aura pas d'invention, pas *de Dichtung* à la place de *Wahrheit* , mais toujours, autant qu'il est en moi, la vérité. Je sais bien que même une certaine dislocation des faits n'est pas toujours à éviter dans une mémoire ancienne. Je le sais par une triste expérience. De même que les flèches d'une ville, d'Oxford par exemple, se disposent différemment lorsque nous passons devant l'ancienne place sur la voie ferrée, de sorte que tantôt l'une, tantôt l'autre se dresse au centre et semble s'élever au-dessus des têtes des autres, de même il est avec nos amis et connaissances. Certains qui semblaient géants à un moment donné prennent des proportions plus petites alors que d'autres apparaissent au-dessus d'eux. L'ensemble du paysage change d'année en année. Qui ne se souvient pas des arbres de notre jardin qui semblaient géants dans notre enfance, mais quand nous les revoyons dans notre vieillesse, ils ont rétréci, et pas seulement à cause de la vieillesse ?

Et dois-je faire encore une confession ? Il est bien connu que Georges IV a si souvent décrit la bataille de Waterloo qu'il finit par se persuader qu'il y avait assisté, voire qu'il avait gagné cette bataille. Je me souviens aussi du Dr Routh, vénérable président du Magdalen College, décédé dans sa centième année, et qui avait si souvent répété toutes les circonstances de l'exécution de Charles Ier, que lorsque Macaulay exprima le désir de le voir, il refusa. parce que ce jeune homme a donné un récit tout à fait erroné des derniers moments du roi », ce qu'il a ensuite raconté, comme s'il en avait été un témoin oculaire tout au long.

Ne sommes-nous pas sujets à la même hallucination, quoique, espérons-le, sous une forme plus atténuée ? N'avons-nous jamais raconté une histoire comme si c'était la nôtre, non pas par volonté de tromper, mais simplement parce que cela nous paraissait plus court et plus facile que d'expliquer étape par étape comment elle nous est parvenue ? Et après avoir fait cela une ou deux fois, n'y a-t-il pas un grand danger que nous soyons surpris que quelqu'un d'autre revendique l'histoire comme la sienne, ou prétende que c'est lui qui nous l'a racontée ?

Il n'y a pas très longtemps, je me souviens avoir lu dans un journal une histoire sur le duc de Wellington. Son domestique avait été envoyé auparavant pour lui commander un dîner dans un hôtel isolé, et afin d'impressionner le propriétaire avec la dignité de son prochain invité, il avait récité un certain nombre de titres du duc, qui étaient très nombreux. Le propriétaire, pensant que le duc de Vittoria, le prince de Waterloo, le marquis de Torres Vedras et tous les autres étaient des amis invités à dîner avec le duc de Wellington, ordonna en conséquence un banquet très somptueux, au grand désarroi du réel. Duc. Il se peut que ce soit ou non une histoire très ancienne et très vraie ; tout ce que je sais, c'est qu'à Oxford, le Dr Bull, qui était chanoine de Christ Church, chanoine d'Exeter, prébendaire d'York, vicaire de Staverton et enfin, le révérend Dr Bull lui-même, a dit à Oxford la même chose. Le dîner était prévu pour chacune de ces personnes, et on nous dit que le révérend pluraliste devait manger tous les plats sur la table et les payer. Il se peut aussi qu'il ne s'agisse que d'un des nombreux « Common-roomers » qui abondaient à Oxford lorsque les salles communes étaient plus fréquentées qu'elles ne le sont aujourd'hui. Mais ce que je sais, c'est que le doyen Stanley a reçu pas moins de quatre invitations dans une salle de Blenheim, adressées à A. P. Stanley, Esq., au révérend A. P. Stanley, au chanoine Stanley, au professeur Stanley, toutes évidemment copiées de certains livres. de référence.

Je pourrais peut-être revendiquer un avantage en essayant de décrire ce qui m'est arrivé au cours de mon passage dans la vie. Dès les premiers jours dont je me souvienne, je me sentais comme un double être : en tant que sujet et objet, en tant que spectateur et en tant qu'acteur. Je suppose que nous nous parlons tous à nous-mêmes et disons à nos meilleurs et à nos pires moi : ô imbécile ! ou, Bravo, mon garçon ! Eh bien, cette conversation intérieure a commencé très tôt avec moi et a laissé l'impression que j'étais le cocher, mais en même temps le cheval qu'il conduisait et parfois fouettait très cruellement. Et cette phase de pensée, ou plutôt cet état de sentiment, semble m'avoir rapidement conduit à une autre vision, qui date également d'une époque très ancienne, bien qu'elle ait disparu par la suite. Quand j'étais petit garçon, quand je ne pouvais pas avoir les mêmes jouets que les autres garçons possédaient, je pouvais pleinement profiter de ce qu'ils appréciaient, comme s'ils avaient été les miens. Il existe une expression allemande « Ich freue mich in deiner Seele » qui exprime exactement ce que je ressentais souvent. Ce n'était pas le résultat d'un enseignement, encore moins d'un raisonnement, c'était un sentiment qui m'avait été donné et dont la certitude ne m'a quitté que bien plus tard dans la vie, lorsque la concurrence, la rivalité, la jalousie et l'envie semblaient accentuer mon propre moi contre tous. autre je ou tu. Je suppose que nous nous rappelons tous comment la vue de la blessure d'un semblable, voire même d'un chien, nous provoque une vive contraction dans la même partie de notre corps. Cette sympathie corporelle ne m'a jamais quitté, j'en souffre encore aujourd'hui comme il y a soixante-dix ans. Et y a-t-il quelqu'un qui n'ait pas senti ses yeux s'humidifier devant le bonheur soudain de ses amis ? Tout cela me semble expliquer, dans une certaine mesure au moins, ce sentiment d'identité avec les soi-disant étrangers, qui m'est apparu dès mes premiers jours et qui est revenu avec une force renouvelée dans ma vieillesse. Le «connais-toi toi-même», attribué à Chilon et à d'autres sages de la Grèce antique, gagne chaque année un sens plus profond, jusqu'à ce qu'enfin le Je que nous considérions comme le fait le plus certain et le plus incontestable disparaisse de notre emprise pour devenir le Soi, libre des divers accidents et limitations qui composent le Je, et donc un avec le Soi qui sous-tend tous les Je individuels et donc en voie de disparition. Ce que peut être ce Soi commun est une question à réserver pour des temps ultérieurs, même si je peux dire d'emblée que la seule vraie réponse qui lui est donnée me semble être celle des Upanishads et de la philosophie du Vedanta. Seulement, nous devons prendre garde à ne pas confondre le Soi moral, qui critique le Soi actif, avec le Soi le plus élevé qui ne connaît plus les bonnes ou les mauvaises actions.

Bien avant que j'aie travaillé et pensé ce problème comme la vérité fondamentale de toute philosophie, il s'est présenté à moi comme par intuition, bien avant que j'aie pu l'approfondir dans son sens métaphysique. Je venais d'apprendre la mort d'un cher petit enfant, et j'étais debout dans notre jardin, regardant un rosier couvert en été de centaines de boutons de roses et de fleurs de roses. Pendant que je regardais, j'ai cassé un petit bouton flétri au milieu d'une grande grappe de roses, et après cela, une question m'est venue et je me suis dit : Que s'est-il passé ? Est-ce seulement qu'un petit bouton est mort et disparu, ou toutes les autres roses n'ont-elles pas été touchées par le souffle de la mort qui est tombé sur lui ? N'ont-ils pas tous souffert de la mort de leur sœur, car ils sont tous issus de la même souche, ils ont tous leur vie de la même source ? Et si une rose souffre, toutes les autres ne doivent-elles pas souffrir avec elle ? Alors tous les boutons et les fleurs de la grappe me semblèrent ne faire qu'un, comme s'il s'agissait d'une famille de roses, et chaque bouton ne me parut que la répétition de la même chose, la manifestation de la même pensée, à savoir la pensée de la rose. . Mais mes yeux étaient portés encore plus loin, et la tige d'où jaillissait le bouquet de roses se perdait avec d'autres tiges dans une branche, et c'était cette branche dont dépendaient toutes les roses des rameaux et des tiges, et sans laquelle elles ne pouvaient pas fleurir ou exister. Les roses simples s'identifiaient ainsi à la branche d'où elles étaient issues et par laquelle elles vivaient. Je m'étonnais de plus en plus, et après un autre regard, toutes les branches avec tous leurs rameaux furent absorbées dans la tige, et la tige était l'arbre, et l'arbre jaillit d'une graine, ou comme on l'appelle maintenant, du protoplasme ; mais au-delà de cette graine, il n'y avait rien d'autre que l'œil puisse voir ou que l'esprit puisse saisir. Et tandis que cette vision flottait devant mes yeux, je pensais à ma petite amie et à la maison dont elle avait été éloignée, et à la même vision qui avait changé le rosier avec toutes ses fleurs, ses boutons, ses rameaux et ses branches. , en une tige et un arbre, et enfin en un germe et une graine invisibles, semblait maintenant changer ma petite amie et ses frères et sœurs, ses parents aussi et toute sa famille, en un seul être qui, comme un vieux chêne, est parti d'une tige invisible, ou d'une graine invisible, ou d'une pensée invisible, et cette pensée divine était l'homme, comme l'autre pensée divine était née.

Peut-être ne l'ai-je pas vu alors aussi complètement qu'aujourd'hui, et je n'ai certainement pas réfléchi à ce sujet. J'ai simplement senti que dans la mort de ma petite amie, quelque chose de moi-même avait disparu, même si elle n'était pas un parent, mais seulement une amie humaine errante. Nous voyons beaucoup de choses en tant qu'enfants que nous ne pouvons pas voir en tant qu'hommes et femmes adultes, car, comme le disait Longfellow, « les pensées de la jeunesse sont de longues et longues pensées ». Bien plus, je suis convaincu que Celui qui a prononcé la parabole de la vigne avait eu la même vision lorsqu'Il a dit : « Je suis la vigne, vous êtes les sarments. Demeurez en Moi, et Moi en vous. De même que le sarment ne peut porter de fruit par lui-même s'il ne demeure dans la vigne, vous non plus ne le pourrez pas si vous ne demeurez en moi. Et c'est sur cette vision, ou cette parabole de la vigne, qui suit immédiatement après la leçon : « Aimez-vous les uns les autres, comme je vous ai aimés ». En nous aimant les uns les autres, nous aimons en vérité les autres comme nous-mêmes, comme un avec nous-mêmes ; et pendant que nous aimons Celui qui est la vigne, nous aimons les sarments, nous-mêmes – oui, même notre propre petit moi.

De telles visions ou intuitions vagues nous accompagnent souvent toute la vie, mais même si elles semblent être les mêmes, elles varient à mesure que nous varions nous-mêmes. Nous imaginons avoir vu dès le début leur signification la plus profonde, mais, comme une parabole, elles gagnent en sens à chaque fois qu'elles nous reviennent.

NOTES DE BAS DE PAGE :

[1] *Deutsche Rundschau* , février 1900, p. 249.

[2] Driesch, *Biologisches Centralblatt* , 1896, p. 335.

[3] Pour donner un résumé clair et complet de mes écrits, je peux maintenant recommander *L'origine de la Pensée et de la Parole* de M. Montcalm , Paris, 1900.

[4] *Dictionnaire Oxford* , art. v.; J. Rennie, *Science du jardinage* , p. 113.

[5] *Science du langage* , vol. IP 24 (1861).

CHAPITRE II

ENFANCE À DESSAU

DANS une petite ville comme Dessau, lorsque j'y vivais quand j'étais enfant et quand j'étais petit garçon, on vivait comme dans une île enchantée. L'horizon était très étroit et rien ne venait troubler la paix de la petite oasis. Le duché était en effet une petite oasis dans le grand désert de l'Allemagne centrale. Le paysage était magnifique : il y avait des rivières, petites et grandes, la Mulde et l'Elbe ; il y avait de magnifiques forêts de chênes ; il y avait des régiments de sapins disposés en colonnes régulières comme autant de grenadiers ; il y avait des parcs comme on n'en voit qu'en Angleterre. La ville, capitale du duché d'Anhalt-Dessau, avait été entretenue par des dirigeants successifs – des hommes pour la plupart très en avance sur leur temps – qui avaient lu et voyagé et ramené chez eux le meilleur qu'ils pouvaient trouver à l'étranger. Leur vieux château, vieux de plusieurs siècles, impressionnait la ville ; c'était de loin le plus grand bâtiment, bien qu'il y ait plusieurs autres locaux plus petits dans la ville pour les membres de la famille ducale. Tous les édifices publics, théâtres, bibliothèques, écoles et casernes, avaient été érigés par les ducs, ainsi que plusieurs résidences privées destinées à quelques-uns des plus hauts fonctionnaires. La ville entière était, en fait, la création des ducs ; tout le terrain sur lequel il se trouvait était à l'origine leur propriété, mais il était en grande partie détenu en pleine propriété par ceux qui y avaient construit leurs propres maisons privées. Personne n'aurait construit une maison sur un terrain à bail, et plusieurs de ces maisons étaient si imposantes qu'on voyait qu'elles étaient destinées à durer plus de quatre-vingt-dix-neuf ans. La même famille restait souvent dans sa maison pendant des générations, et les différentes histoires étaient occupées par trois générations à la fois : les grands-parents, les parents et les enfants. Je suis né dans cette petite ville le 6 décembre 1823. Mon père, Wilhelm Müller, était bibliothécaire de la Bibliothèque ducale et l'un des poètes les plus populaires d'Allemagne. Un monument national fut érigé à sa mémoire à Dessau en 1891, près de cent ans après sa naissance.

MON PÈRE

Quelle bénédiction ce serait si une telle règle était suivie par tous les grands hommes, qui paraissent si grands au moment de leur mort, et qui, cent ans plus tard, sont presque oubliés, ou du moins appréciés d'un petit nombre d'hommes. admirateurs seulement. Cette manie des monuments et de la société devient en effet très répréhensible, car si depuis quelque temps il n'y a plus de place pour les tombeaux et les statues dans l'abbaye de Westminster, il n'y en aura bientôt plus dans les rues de Londres. Le résultat est que beaucoup de gens qui marchent le long de la Tamise, en particulier les étrangers, demandent souvent : « Cur ? en regardant les idoles humaines en bronze et en marbre qui y sont érigées ; tandis que les historiens, se souvenant des très grands hommes d'Angleterre, demandaient tout aussi souvent : « Cur non ? Il existe une race curieuse de gens qui, dès qu'un homme de quelque importance meurt, sont prêts à fonder n'importe quoi pour lui — un monument, un tableau, une école, un prix, une société — pour garder vivant sa mémoire. Bien entendu, ces sociétés ont besoin de présidents, de membres de conseils, de comités, de secrétaires, etc., et enfin de cotisations aussi. Il est ainsi arrivé que le nom du fondateur (*Gründer*) ait pris, notamment en Allemagne, un parfum loin d'être doux. Ceux à qui l'on demande de souscrire à de tels témoignages savent combien il est désagréable de refuser de donner ne serait-ce que leur nom, car ils ont profondément le sentiment qu'en le donnant, ils contreviennent à toutes les règles de la perspective historique. Je ne devrais pas dire que mon père était l'un des grands poètes d'Allemagne, même si Heine, qui n'était pas un mauvais critique, déclarait qu'il plaçait sa poésie lyrique à côté de celle de Goethe. D'ailleurs, il avait à peine trente-trois ans lorsqu'il mourut. Il avait été un élève préféré de F. A. Wolf et avait prouvé son érudition classique par son *Homerische Vorschule* et d'autres publications. Ses poèmes sont devenus populaires dans le vrai sens du terme, et il en est que les gens dans la rue chantent encore aujourd'hui sans connaître le nom de leur auteur. Les compositions de Schubert ont également beaucoup contribué à la grande popularité de sa *Schöne Müllerin* et de son *Winterreise* , de sorte que même si l'on pouvait vraiment dire de lui qu'il ne voulait aucun monument en bronze ou en pierre, il semblait naturel qu'une petite ville comme Dessau souhaite de s'honorer en honorant la mémoire d'un de ses fils. En compagnie du philosophe Mendelssohn et de F. Schneider le compositeur, monument de mon père dans la rue principale de sa ville natale et devant l'école où il avait été élève et professeur, ne pouvait guère paraître pas à sa place. Le fait que le Parlement grec ait voté le marbre pentélican pour le poète des *Griechenlieder* , comme il l'avait fait pour Lord Byron, était une autre incitation pour ses concitoyens à faire honneur à leur poète honoré. Il est mort quand j'avais à peine quatre ans, de sorte que mon souvenir de lui est très faible et vague, composé, je crois, en grande partie, de photos et de choses que ma mère m'a racontées. Il me semble me souvenir de lui comme d'un homme brillant, ensoleillé et profondément joyeux, ravi de nos petites méchancetés. Je possède encore un livre qu'il m'a acheté et qui devait être le premier livre de ma bibliothèque. C'était un petit volume d'Horace, imprimé par Pickering en 1820. Il a presque disparu parmi les 12 000 gros volumes qui composent ma bibliothèque, mais je suis ravi de pouvoir encore, à soixante-seize ans, le lire sans lunettes. Je pense que je me souviens que mon père nous prenait, ma sœur et moi, à genoux et nous racontait les histoires les plus délicieuses, qui nous faisaient réfléchir, rire et pleurer jusqu'à ce que nous ne puissions plus rire et pleurer. Il avait travaillé avec les frères Grimm et les histoires qu'il racontait étaient pour la plupart tirées de leur collection, même s'il savait les embellir avec tout ce qui pouvait faire pleurer et rire un enfant.

Les gens n'ont aucune idée de l'influence grande et durable de ces histoires populaires sur les rois et les reines, les princesses et les chevaliers, sur les ogres et les sorcières, sur les hommes transformés en animaux et sur les animaux qui parlent et se comportent comme des êtres humains, font de l'exercice. sur l'imaginaire des jeunes enfants. Pendant que nous écoutions, un nouveau monde semblait s'ouvrir devant nous, et aucun doute quant à la réalité de ces êtres n'a jamais existé. Qu'est-ce que la réalité ou l'irréalité pour les jeunes enfants de quatre et cinq ans ? Combien peu de gens savent ce qu'est la vraie réalité, même après avoir atteint l'âge de cinquante ou soixante ans. Pour les enfants, les noms de réalité et d'irréalité n'existent pas, ni les idées qu'ils expriment. Ils écoutent ce que leur dit leur père, et ils ne voient aucune différence entre ce qu'il leur raconte de Frédéric Barberousse, de Romulus et Remus allaités par une louve, ou des nains qui gardaient le cercueil de Schneewittchen.

Certains ont cependant pensé que, d'un point de vue pédagogique, croire en ce monde imaginaire devait être malicieux. J'en doute, et il serait facile de montrer qu'à l'origine ces histoires et fables étaient réellement destinées à inculquer de bons et justes principes. Luther a déclaré qu'il ne perdrait pas pour quelque somme d'argent ces merveilleuses histoires de sa tendre enfance, et Camerarius (*Fabulae Aesopeae* , p. 406, Lipsiae, 1570) parle de ces fables allemandes comme remplissant l'esprit du peuple, et en particulier de enfants, avec terreur, espoir et religion. Les recueils les plus anciens dans lesquels apparaissent certaines de ces fables ésopéennes, le Pantschatantra et l'Hitopadesa en sanskrit, étaient clairement destinés à l'éducation des princes, et bien qu'ils puissent inciter les jeunes auditeurs à être superstitieux, cette superstition ne risque pas de durer longtemps. Les enfants se réjouissent de *Märchen* comme d'une sorte de pantomime, et lorsque le rideau est tombé sur ce monde féerique, ils y pensent souvent comme à un beau rêve disparu. Les histoires sont certainement plus impressionnantes que les proverbes et les sages scies que nombre d'entre elles étaient censées illustrer, sans toujours dire : *haec fabula docet* . Même si certaines de ces histoires touchent parfois à ce qui peut ne pas nous paraître tout à fait correct, c'est fait pour faire rire les enfants plutôt de la bêtise que de pleurer devant la pure méchanceté de certains héros. Il n'est pas rare, par exemple, qu'un bon à rien réussisse, tandis que ses compagnons vertueux échouent. Mais soit il y a une raison à cela, soit l'injustice provoque l'indignation des enfants, bien avant qu'ils aient appris que dans la vraie vie aussi la vertu ne reçoit pas toujours sa récompense, tandis que le mensonge prospère souvent, au moins pour un temps. Il n'y a, je pense, aucun mal à une certaine rêverie chez les enfants. Je me souviens que j'ai souvent ri de tout mon cœur à Rumpelstilzchen et versé des larmes amères à Brüderchen et à Schwesterchen. Il me sembla voir frère et sœur chassés dans la forêt, le frère transformé en cerf, et la sœur dormant la tête sur sa fourrure chaude, jusqu'à ce qu'enfin le cerf soit tué par un chasseur, et la petite sœur dut voyager. tout seul dans la forêt. Bien sûr, à la fin, elle est devenue une princesse et son frère un prince qui a épousé une reine, et tout s'est terminé dans une grande joie et une grande jubilation à laquelle nous nous sommes tous joints. Comme c'est bien pour les enfants qu'ils aient vécu au moins pendant un certain temps dans un tel pays de rêve, dans lequel la vérité était en règle générale récompensée et le mensonge finit par être puni.

C'était comme un souvenir d'un paradis, et un tel souvenir, même s'il faisait ressortir le contraste entre le monde des rêves et le monde réel, incitait souvent les enfants à réfléchir sur ce qui devrait être et ce qui ne devrait pas être. Ils n'ont pas cru longtemps au Dornröschen et au Schneewittchen, ils ont appris trop vite que Dornröschen et Schneewittchen appartenaient à un autre monde. Ils ont peut-être même appris que Dornröschen (rose épineuse) et Schneewittchen (blanche comme neige) étaient destinés à l'origine au sommeil ou à la mort de la nature dans son linceul blanc comme neige et au retour du soleil ; mais malheur au garçon qui, après avoir appris ces histoires, aurait dû déclarer qu'elles n'étaient que de la foutaise ou, comme le dit Sir Walter Scott, des détritus de mythes naturels.

Le père de mon père, que je n'ai jamais connu, ne semble avoir été distingué d'aucune façon. Il était cependant un commerçant utile et un citoyen respecté de Dessau et, comme je le vois, le fondateur de la première bibliothèque de prêt de cette petite ville. Il s'est marié une seconde fois, une riche veuve, principalement, m'a-t-on dit, pour lui permettre de donner à son fils, mon père, une éducation libérale. Elle est devenue très vieille et je me souviens très bien de son apparence rébarbative et terrifiante. Elle appartenait bien à une génération passée, et quand je la revis après avoir été en Angleterre, elle me demanda si j'avais vu Napoléon, fait prisonnier et envoyé en Angleterre, mais qui s'était évadé dernièrement et avait repris son trône à Paris. Elle a évidemment confondu les deux Napoléon, et je ne l'ai pas contredite. Pour moi, sa conversation était intéressante car elle montrait à quel point on pouvait peu compter sur les traditions du peuple et avec quelle facilité, à côté de l'histoire réelle, une histoire populaire pouvait se développer. Après tout, les poèmes de Charlemagne assiégeant Jérusalem devaient très probablement leur origine à une confusion similaire dans l'esprit de vieilles femmes. Ma sœur et moi étions toujours terrifiées lorsqu'on nous envoyait lui rendre visite, car avec ses cheveux gris ébouriffés, son visage maigre et blanc et ses yeux perçants, elle était pour nous la vieille grand-mère ou la sorcière des contes de Grimm ; et le langage qu'elle employait était tel que, si nous le répétions à la maison, nous étions sévèrement réprimandés. Elle savait très peu de choses sur mon père, mais ses souvenirs de son premier mari et de sa propre jeunesse et de son enfance étaient très clairs, bien que pas toujours édifiants. Ses histoires de fantômes, de sorcières, d'ogres, de nickels et de toute cette race avaient certainement de quoi effrayer un enfant, et certaines d'entre elles me sont restées très longtemps accrochées. Du côté de ma mère, mes relations étaient plus civilisées et elles avaient peu de relations sociales avec ma grand-mère et ses parents. Le père de ma mère était von Basedow, président, c'est-à-dire Premier ministre du duché d'Anhalt-Dessau, poste dans lequel son fils aîné, mon oncle, lui a succédé. Il était le premier homme de la ville ; le duc et lui gouvernaient réellement le duché exactement à leur guise. Il n'y avait aucun contrôle d'aucune sorte sur eux, et pourtant personne, à ma connaissance, ne s'est jamais plaint d'une quelconque tyrannie. Le père de mon grand-père était également le célèbre réformateur de l'enseignement public en Allemagne. Il (1723-1790) dut braver les partis conservateurs et cléricaux dans tout le pays. Sa maison à Hambourg fut incendiée lors d'une émeute et c'est alors qu'il émigre à Dessau pour devenir le fondateur du *Philanthropinum* et en même temps le pionnier d'hommes tels que Pestalozzi (1746-1827) et Froebel (1782-1852). Compte tenu de ses luttes de toute une vie, il méritait un meilleur monument à Dessau que celui qu'il y a trouvé. Sans doute fut-il un homme passionné et violent, et ses éclats restent dans les mémoires à Dessau, tandis que son activité bienfaisante est presque oubliée. On m'a souvent dit que je tenais de la famille de ma mère, quoi que cela puisse signifier, et c'était certainement le cas en apparence extérieure, mais j'espère que pas en termes d'humeur. Mon arrière-grand-père, le Pédagogue comme on l'appelait, était un ami de Goethe et est mentionné dans ses poèmes.

Mon enfance à la maison a souvent été très triste. Ma mère, devenue veuve à vingt-huit ans avec deux enfants, ma sœur et moi, avait le cœur brisé. Les quelques années de sa vie conjugale avaient été des plus brillantes et brillantes. Mon père était un poète émergent, et sa popularité était telle qu'il pouvait assouvir ses goûts à sa guise, que ce soit en voyageant ou en faisant de sa maison un agréable centre de vie sociale. Les contemporains et les amis de mon père, en particulier le baron Simolin, ami très intime, qui passa les Noëls de 1825 dans notre maison, ont écrit sur la gaieté éclatante, la joie de vivre pleine de cœur qui y régnait, et ont raconté comment, malgré tout, ses revenus étaient pour le moins modestes, la maison de Wilhelm Müller était le point de ralliement de toute la société cultivée, scientifique et artistique de Dessau, attirée par le caractère simple et sans affectation mais vraiment génial du maître de maison. .

Il serait intéressant de savoir combien un auteur pouvait gagner à cette époque grâce à sa plume. Les éditeurs semblent avoir été bien plus libéraux à l'époque qu'ils ne le sont aujourd'hui. Les circonstances étaient différentes. Le nombre d'écrivains était bien entendu beaucoup plus restreint et la vente de livres très populaires était probablement beaucoup plus importante. Quoi qu'il en soit, mon père, dont le salaire était infime, semble avoir pu profiter dans un grand confort des quelques années de sa vie conjugale. Cependant, l'idée d'économiser de l'argent ne semble jamais être entrée dans son esprit poétique, et après sa mort inattendue, due à une paralysie cardiaque, il s'est avéré que pratiquement aucune provision n'avait été prise pour sa famille. Même l'assurance-vie, obligatoire pour tout fonctionnaire, et la pension accordée par le duc, ne donnaient à ma mère qu'un très petit revenu, fabuleusement petit, quand on considère qu'elle devait y élever deux enfants. Depuis, je me demande comment elle a pu le faire.

Cependant, cela a été fait, et cela n'aurait pu être fait que dans une petite ville comme Dessau, où l'éducation était aussi bonne que bon marché et où la société n'attendait que très peu de choses. Il faut aussi tenir compte des prix très bas qui régnaient alors à Dessau pour presque tous les produits de première nécessité. Je vois dans les vieux journaux que le bœuf se vendait à environ trois pence la livre (deux groschen), le mouton à environ deux pence. Le vin était vendu à sept à huit groschen la bouteille, une meilleure sorte à douze à quatorze groschen – un groschen valant environ un sou. Les gens buvaient principalement de la bière, et celle-ci était vendue sous inspection gouvernementale à deux ou trois groschen le litre. Le poisson était également bon marché, et telle, au début du siècle, l'abondance des saumons pêchés dans l'Elbe et même dans la Mulde à Dessau, était telle qu'il était stipulé, comme en Ecosse, que les domestiques ne devraient pas avoir de saumon plus de deux fois. ou trois fois par semaine. Le prix le plus bas pour le saumon était alors de deux pence et demi la livre. Quand j'étais enfant, je me souviens avoir vu un grand nombre de saumons sauter par-dessus un barrage dans la ville même de Dessau, et bien qu'ils aient parcouru tant de kilomètres à l'intérieur des terres, le poisson était très bon, mais pas aussi bon que le saumon de Severn. Le gibier était également très bon marché et ne se vendait pas beaucoup plus cher que le mouton, et même, à certaines époques, il était donné ; il ne pouvait pas être exporté. Le maïs était vendu à trois shillings par *Scheffel* , et par maïs, on entendait principalement le seigle. Personne ne prenait du pain de froment, et le pain était donc appelé pain brun et pain noir. Le pain blanc n'était pris qu'avec le café, et les paysans des villages n'y auraient pas touché, car il n'était pas censé produire des os aussi solides que le pain de seigle. Avec de tels prix, on peut comprendre qu'un salaire de 300 £ était considéré comme suffisant pour les plus hauts fonctionnaires de l'État.

Les parents de ma mère, qui étaient tous hauts fonctionnaires, mon grand-père, comme je l'ai dit, étant le premier ministre du duc, nous rendaient la vie plus facile et plus agréable ; mais pendant de nombreuses années, ma mère n'est jamais entrée dans le monde, et notre société se composait uniquement de membres de notre propre famille. Tout ce dont je me souviens de ma mère à cette époque, c'est qu'elle emmenait jour après jour ses deux enfants dans le magnifique *Gottesacker* (God's Acre), où elle restait des heures près de la tombe de notre père, sanglotant et pleurant. C'était un endroit magnifique et reposant, couvert de vieux acacias. L'inscription au-dessus de la porte a été l'une de mes premières énigmes. *Tod ist nicht Tod, ist nur Veredlung menschlicher Natur* (La mort n'est pas la mort, c'est seulement l'ennoblissement de la nature de l'homme). De chaque côté se tenait une figure représentant le génie du sommeil et le génie de la mort. Tout cela était l'œuvre du vieux duc Léopold Friedrich Franz, qui essayait d'éduquer son peuple comme il l'avait fait lui-même, en partie par les voyages, en partie par les relations avec les meilleurs hommes qu'il pouvait attirer à Dessau.

MA MÈRE

À la maison, l'atmosphère était certainement déprimante pour un garçon. J'ai entendu et pensé davantage à la mort qu'à la vie, même si je savais bien sûr peu de choses sur ce que signifiait la vie ou la mort. Je n'avais que peu de plaisirs, et mon principal bonheur était d'être avec ma mère. J'ai partagé son chagrin sans y comprendre grand-chose. Elle était passionnément dévouée à ses enfants et je l'aimais passionnément. Ce qui lui restait de vie, elle nous le donnait, elle ne vivait que pour nous et s'efforçait de ne pas priver notre enfance de tout éclat. Elle était certainement très belle et très différente de toutes les autres dames de Dessau, non seulement aux yeux de son fils, mais, à mon avis, à ceux de tout le monde. Ensuite, elle avait une voix des plus parfaites, et lorsque j'ai commencé la musique, elle m'a aidé et encouragé de toutes les manières possibles. Nous jouâmes *à quatre mains* , et bientôt elle me fit accompagner quand elle chantait. D'aussi loin que je me souvienne, je n'ai jamais été aussi heureux que lorsque je pouvais être avec elle. Elle nous lisait tellement que j'étais très satisfait et que je voyais peut-être moins de mes jeunes amis que je n'aurais dû. Lorsque ma mère a dit qu'elle souhaitait mourir et être avec notre père, je suis sûr que ma sœur et moi désirions seulement qu'elle nous emmène avec elle, car il y avait peu de chaînes d'or qui nous liaient encore à cette vie. Je la vois maintenant, assise un soir d'hiver près du poêle bien chaud, une bougie sur la table et un livre qu'elle nous lisait dans les mains, tandis que le rouet que la servante du coin faisait tourner tournait. fredonnant tout le temps. Elle a lu la traduction de Saint-Bernard par Paul Gerhard :

"Salve caput cruentatum
, Totum spinis coronatum,
Conquassatum, vulneratum,
Arundine verberatum,
Facies sputis illita."

« Ô Haupt voll Blut und Wunden,
Voll Schmerz et voller Hohn !
O Haupt zu Spott gebunden
Mit einer Dornenkron,
O Haupt sonst schön gezieret
Mit höchster Ehr et Zier,
Jetzt aber hoch schimpfiret :
Gegrüsset seist du mir !

Bien que la traduction allemande ne s'approche pas de la majesté puissante de l'original, l'effet produit sur moi était tel que j'ai vu la tête qui saignait devant mes yeux et j'ai pleuré et pleuré jusqu'à ce que ma mère doive me réconforter en m'assurant que la victime était maintenant au paradis et que ce n'était qu'un chant à chanter à l'église. Comme de telles scènes semblent profondément gravées dans la mémoire ; avec quelle vivacité ils reviennent lorsque les décombres de tant d'années sont balayés et que tout redevient comme avant, et que le *caput cruentatum* nous regarde une fois de plus, comme il le faisait alors, avec des yeux humains pleins d'amour divin, si véritablement humain. qu'on pourrait dire avec saint Bernard : « Tuum caput huc inclina, in meis pausa brachiis ». Mais alors que j'écoutais volontiers ces lectures à la maison, et aussi plein que mon cœur était d'amour pour le Christ, j'ai souffert intensément quand j'ai été emmené à l'église quand j'étais un jeune garçon. C'était une très grande église et, en hiver, il faisait un froid glacial. Même si j'aimais le chant, le long sermon était pour moi une véritable torture. Je n'en comprenais pas un mot, et, étant à peine vêtu, j'aurais claqué des dents si on ne m'avait pas dit que c'était mal de « faire du bruit à l'église ». Oh! quelle misère est infligée à l'enfance par cette fréquentation forcée de l'église. Lorsqu'une église peut être chauffée, la souffrance est moins intense, mais une immense église blanchie à la chaux qui ressemble à une cave à glace constitue la pire torture que l'ingéniosité humaine aurait pu inventer pour inciter les enfants à détester le nom même de l'église. Ces premières impressions restent souvent à vie, et le pire est que l'idée reste dans l'esprit des enfants, et aussi des adultes, qu'en allant à l'église et en répétant encore et encore les mêmes prières et en écoutant de longs et souvent mornes sermons, ils rendent en réalité un service à Dieu (*Gottesdienst*). Pourquoi aucun nouveau prophète ne se lève-t-il et ne dit-il au nom de Dieu, comme David l'a fait au nom de Jéhovah : « Tu ne voulais pas de sermons et de longues prières » ?

Plusieurs années plus tard, j'ai dû discuter de la même question avec Keshub Chunder Sen, le réformateur indien. Il voulait savoir quel genre de service devrait être adopté par sa nouvelle église, la Brahmo Somaj ; ses amis pensaient aux sermons, aux chants et aux processions avec des drapeaux et des fleurs dans les rues. « Non, lui dis-je, le service de Dieu doit être le service des hommes ; si vous voulez un service divin, que ce soit un service réel, tel que Dieu l'approuverait. Laissez les autres aller à l'église, à leurs mosquées ou à leurs temples, mais emmenez vous, vos propres amis, certains jours de la semaine, au lieu que vous voudrez appeler votre lieu de rencontre, et après une courte prière ou quelques conseils, envoyez-en quelques-uns. certains dans les rues les plus pauvres de la ville, d'autres dans les prisons, d'autres dans les hôpitaux. Qu'ils prient avec tous ceux qui le souhaitent, mais qu'ils prononcent également des paroles de véritable amour et de réconfort, et quand ils le peuvent, qu'ils les aident avec leurs aumônes. Ce serait pour vous un véritable service divin et un dimanche divin, et vous rentreriez tous à la maison, ce serait peut-être des hommes plus tristes, mais certainement plus sages et meilleurs.

Je crains qu'il ne soit pas d'accord avec moi. Il ne pensait pas que la vraie religion consistait à rendre visite aux pauvres et aux affligés. Cela pourrait convenir à un peuple pratique comme les Anglais, mais les Hindous voulaient autre chose, il voulait un spectacle extérieur et une cérémonie pour le peuple, et en même temps une communion silencieuse avec Dieu. Qui peut dire ce que différentes personnes entendent par religion ? et qui peut leur prescrire la nourriture spirituelle qui leur convient le mieux ? « Seulement, dis-je, ne trouvez pas pratique d'encourager des millions de gens à perdre des heures et des heures dans de simples répétitions et à dépenser des millions et des millions pour fournir ce froid confort, alors qu'à côté de la magnifique cathédrale il y a des rues sordides. , et des maisons sordides, et des lits sordides pour s'allonger et mourir.

L'élément religieux et dévotionnel est très fort en Allemagne, mais les églises sont pour la plupart vides. Un Allemand garde sa religion en semaine plutôt que le dimanche. Lorsque les régiments allemands marchaient et se préparaient au combat, ils ne chantaient pas des chants grossiers, ils chantaient les chants de Luther et de Paul Gerhard, qu'ils connaissaient par cœur et qui les fortifiaient pour affronter la mort comme il se doit.

Heureusement, même si la fréquentation forcée de l'église était susceptible de susciter dans le jeune cœur une plus forte aversion contre tout ce qui s'appelait religion, l'instruction religieuse, tant à la maison qu'à l'école, était également excellente et réparait une grande partie des dégâts causés pendant le froid hivernal. jours. Les vrais sentiments religieux ne peuvent être implantés dans l'âme qu'à la maison, mieux encore par une mère que par un père. Le sentiment d'une présence divine partout, π ά ντα πλ ή ρη θε ώ ν, une fois implanté dans le cœur d'un enfant, demeure pour la vie. Bien sûr, l'enfant ne tarde pas à discuter et dit à sa mère que Dieu ne peut pas être en même temps dans deux pièces. Mais seulement qu'une mère montre à son enfant les rayons du soleil dans le ciel, dans les rues et dans tous les coins de la maison, et il commencera à comprendre que rien ne peut être caché aux yeux de Celui qui est plus grand que lui. le soleil. Et lorsqu'un enfant doute que la voix de la conscience puisse être la voix de Dieu et demande comment il a pu entendre cette voix sans voir celui qui parle, demandez-lui seulement de quelle voix peut être celle qui lui dit de ne pas faire ce qu'il souhaite faire lui-même. , et de ne pas dire ce qu'il pourrait dire sans aucune crainte des hommes ; et son idée de Dieu s'élèvera de celle d'un être visible comme le soleil, au concept d'une présence qui ne disparaît jamais, qui n'est pas seulement à l'extérieur, dans le ciel, dans les montagnes et dans la tempête, mais aussi plus proche. à l'intérieur, dans le sens de la peur, dans le sens de la honte et dans l'espoir du pardon et de l'amour.

A l'école, notre enseignement religieux était principalement historique et moral. Il n'y a eu aucune difficulté à trouver des professeurs appropriés pour cela, et les parents n'ont pas tenté d'intervenir dans l'enseignement religieux ou d'exiger un enseignement séparé pour chaque secte. Il est vrai que les sectes religieuses ne sont pas aussi nombreuses en Allemagne qu'en Angleterre. Certains enfants, mais pas tous, de parents catholiques et juifs étaient autorisés à s'absenter des cours de religion. Mais la plupart des parents savaient que l'histoire de la religion juive serait enseignée à l'école dans un esprit impartial et véritablement historique, de manière à ne jamais offenser les enfants juifs. Le respect de la vérité historique et un sens implanté du respect dû aux enfants empêcheraient tout enseignant de faire de l'histoire de l'Église chrétienne, que ce soit avant ou après la Réforme, une excuse pour offenser l'un des petits confiés à sa garde. Si les juifs ou les catholiques romains souhaitaient recevoir une instruction religieuse spéciale, elle était donnée par leurs propres prêtres ou rabbins, et sans aucune ingérence de la part du gouvernement. Mais l'état du public était tel à mon époque que je savais à peine à l'école qui, parmi mes jeunes amis, était catholique, luthérien ou réformé. Je dois cependant admettre que le nom même de Luther aurait pu offenser les catholiques romains. Il nous a été représenté comme un saint parfait, presque aussi inspiré et infaillible. Ses hymnes chantés à l'église ne nous semblaient guère différents des Psaumes de David, et je me souviens très bien du choc que cela m'a causé lorsqu'à Oxford, bien plus tard dans ma vie, j'ai entendu parler de Luther comme de tout autre mortel, voire même, comme d'un hérétique. , et un hérétique des plus dangereux aussi. Quand j'étais enfant, je me souviens qu'à certains endroits, le même bâtiment devait être utilisé pour les services protestants et catholiques. Tout cela, je le crains, a maintenant changé, et le vieux sentiment libéral et tolérant qui prévalait alors de tous côtés est maintenant souvent stigmatisé sous le nom d'indifférence et sous d'autres noms laids. Il faudrait vraiment l'appeler l'âge d'or du christianisme, et cette prétendue indifférence devrait être classée parmi les plus hautes vertus chrétiennes et comme la plus complète réalisation de l'esprit du Christ.

Ainsi, dès notre plus tendre jeunesse, nous avons grandi en apprenant à considérer le christianisme comme un fait historique, le Christ et ses disciples comme des personnages historiques, l'Ancien et le Nouveau Testament comme de véritables livres historiques. Même si nous ne comprenions pas encore le sens profond du Christ et de ses paroles, nous n'avions au moins rien à désapprendre plus tard, ni à sentir que nos parents nous avaient jamais dit ce qu'eux-mêmes n'auraient pas pu considérer comme vrai. Notre foi simple n'a pas été ébranlée par de simples questions de critique, ni par le problème de savoir comment un être humain pourrait prendre sur lui de déclarer qu'un livre est révélé, à moins qu'il ne revendique pour lui-même une vision plus qu'humaine. Les règles de logique les plus simples devraient rendre une telle déclaration impossible, quel que soit le livre sacré auquel elle s'applique. Étant donné que le Pape était infaillible, comment les cardinaux pourraient-ils savoir qu'il l'était, à moins qu'ils ne revendiquent eux-mêmes une infaillibilité identique, voire supérieure ? Il est bien plus facile d'être inspiré que de savoir que quelqu'un d'autre est ou a été inspiré ; la véritable inspiration est, et a toujours été, l'esprit de vérité intérieur, et ce n'est qu'un autre nom pour l'esprit de Dieu. C'est la vérité qui fait l'inspiration, et non l'inspiration qui fait la vérité. Quiconque sait ce qu'est la vérité sait aussi ce qu'est l'inspiration : non seulement *le théopneustos* , soufflé dans l'âme par Dieu, mais la voix même de Dieu, la présence réelle de Dieu, la seule présence dans laquelle nous, en tant qu'êtres humains, pouvons jamais percevoir. Lui.

Combien de fois ai-je essayé d'expliquer cela à mes amis en France et en Angleterre qui ont enduré des souffrances mentales avant de pouvoir arriver à la simple conclusion que la révélation ne peut jamais être objective, mais doit toujours être subjective. Je reviendrai peut-être sur cette question plus tard dans ma vie, lorsque j'eus à discuter avec Renan, à Paris, avec Froude, Kingsley et Liddon, en Angleterre, et que j'essayai de montrer à quel point certaines de leurs difficultés étaient entièrement spontanées. . Il me suffit aujourd'hui d'expliquer pourquoi je n'ai jamais eu à me dégager du filet dans lequel tant d'honnêtes penseurs se trouvent empêtrés sans aucune faute de leur part ; comme Samson, à son réveil, se trouva lié avec sept cordes vertes et dut les briser de toutes ses forces avant de pouvoir espérer échapper aux Philistins. Les Philistins ne m'ont jamais lié. Durant mes premières années d'école, ces difficultés n'existaient pas, mais j'ai souvent été reconnaissant dans ma vie après que les sept mèches de ma tête n'aient jamais été tissées avec la toile.

Je me souviens d'un certain nombre de petits événements survenus dans ma vie scolaire à Dessau, mais même s'ils étaient pleins d'intérêt pour moi, voire pleins de sens, et non sans influence sur ma vie ultérieure, ils n'auraient aucun sens ni aucun intérêt pour moi. d'autres, et peuvent rester comme s'ils n'avaient jamais été. L'influence que la musique exerçait sur mon esprit et, je crois, sur mon cœur aussi, je l'ai racontée dans mes *Souvenirs musicaux* . L'image de ces années passées, bien que son ton général fût mélancolique, dû principalement à la mélancolie de ma mère, me paraissait alors exempte de tout malheur. Mon travail à l'école et à la maison n'était pas trop pénible ; Je l'aimais beaucoup et j'adorais les livres. Les livres étaient alors rares et quiconque possédait un livre nouveau et précieux devait le prêter à ses amis de la petite ville. Si l'on savait qu'un homme possédait, par exemple, des œuvres de Goethe ou des œuvres de Jean Paul, la conséquence était qu'on allait vers lui ou vers elle pour en demander le prêt. Et non seulement les livres, mais aussi le papier et les stylos manquaient. Les premiers stylos en acier sont arrivés quand j'étais encore au collège et, si mauvais qu'ils fussent, ils étaient considérés comme de véritables trésors par les écoliers qui les possédaient. Le papier était si cher qu'il fallait être très parcimonieux dans son usage. Chaque marge et chaque couverture étaient gribouillées avant d'être jetées, et je me sentais souvent si gênée par la rareté du papier que j'acceptais volontiers un ensemble de cahiers au lieu de tout autre cadeau que j'aurais pu demander pour mon anniversaire ou à Noël. Je suis désolé de dire que j'ai dû souffrir toute ma vie de l'inefficacité de notre maître d'écriture, ou peut-être du fait que mes pensées étaient trop rapides pour ma plume. Dans d'autres matières, j'ai bien réussi, mais même si j'étais parmi les premiers de chaque classe, je n'étais en aucun cas plus intelligent que les autres garçons. Dans l'école primaire, le travail ressemblait davantage à une conversation ou à des nouvelles de nos professeurs. La notion d'effort n'existait pas encore. La corvée a cependant commencé lorsque je suis entré à l'école supérieure, au gymnase, et que j'ai appris les éléments de latin et de grec. Même si nos professeurs étaient très consciencieux, ils essayaient de nous faciliter le travail et le changement constant de place dans chaque classe entretenait une vive rivalité entre les garçons, même si je ne suis pas sûr que cela ne me rende pas assez ambitieux et ambitieux. parfois vaniteux. Pourtant, j'avais peu d'ennemis, et il semblait bien plus important de savoir qui pouvait renverser un autre garçon que celui qui pouvait gagner une place au-dessus de lui. Je suis sûr que j'aurais pu faire beaucoup plus à l'école que ce que j'ai fait, mais c'était en partie ma musique et en partie mes maux de tête incessants qui ont interféré avec mon travail scolaire.

Je me souviens, quand j'étais enfant, que certaines rues étaient habitées exclusivement par des familles juives. Un grand nombre de Juifs avaient été reçus à Dessau par un ancien duc ; mais s'il leur accorda l'autorisation de s'établir à Dessau alors qu'ils étaient persécutés dans d'autres parties de l'Allemagne, il stipulait qu'ils ne devraient s'établir que dans certaines rues. Ces rues n'étaient pas du tout les pires rues de la ville ; au contraire, ils montraient un plus grand confort et pratiquement aucune de la misère qui déshonorait les quartiers juifs d'autres villes d'Allemagne. Enfants, nous avons été élevés sans aucun préjugé à l'égard des Juifs, même si nous avions sans doute le sentiment qu'ils étaient simplement tolérés et qu'ils n'étaient pas tout à fait au même niveau que nous. Nous avons aussi ressenti parfois très fortement la difficulté religieuse. Les Juifs n'étaient-ils pas les meurtriers du Christ ? et n'avaient-ils pas dit : « que le sang soit sur nous et sur nos enfants » ? Mais comme on nous a dit que ce n'était pas bien d'entretenir des sentiments de vengeance, nous, les garçons, avons vite oublié et pardonné, et avons joué ensemble comme les meilleurs amis. Je me souviens avoir relevé un certain nombre de mots juifs qui n'auraient été compris nulle part ailleurs. Je savais à peine qu'ils étaient juifs et je les utilisais comme n'importe quel autre mot. Mais un jour, j'ai beaucoup offensé mon ami le professeur Bernays, qui était juif. Il avait prononcé une déclaration tout à fait incroyable, et je me suis exclamé : « Sind Sie denn ganz maschukke ? » – en hébreu pour « fou ». Je ne voulais aucun mal, mais il était très blessé.

J'ai connu plusieurs familles juives et j'ai reçu beaucoup de gentillesse de leur part lorsque j'étais enfant. Beaucoup de ces familles étaient riches, mais elles ne faisaient jamais étalage de leur richesse et, par conséquent, ne suscitaient aucune envie. Tout cela a changé maintenant. Les enfants des Juifs qui vivaient autrefois dans un style très tranquille à Dessau occupent désormais les meilleures maisons, se livrent aux goûts les plus chers et tentent par tous les moyens de surpasser leurs voisins non juifs. Ils s'achètent des titres et, lorsqu'ils le peuvent, stipulent des étoiles et des commandes en récompense d'opérations financières réussies, effectuées avec l'argent de personnages princiers. D'où le sentiment de répulsion ressenti dans toute l'Allemagne, ou ce qu'on appelle l'antisémitisme, qui a pris une signification non seulement sociale mais politique. Je doute qu'il y ait là quelque chose de religieux, comme c'était le cas lorsque nous étions garçons. La haine antisémite est la haine de l'argent, plus particulièrement de ce genre d'argent qui n'exige aucun travail acharné, mais seulement un gros capital pour commencer, ainsi que de l'audace et de l'astuce pour spéculer, c'est-à-dire pour acheter et vendre au bon moment. Le nerf de la guerre pour ce type de guerre financière a été en grande partie fourni par les pères et les grands-pères de la génération actuelle. Parfois, sans doute, la capitale était perdue, et dans ces cas-là, il faut dire que le spéculateur juif disparaît de la scène sans un soupir ni un cri. Il recommence, et s'il devait faire comme son grand-père, marcher de maison en maison avec un sac sur le dos, il ne râle pas.

On ne peut reprocher aux Juifs ou à aucun autre spéculateur d'utiliser leurs opportunités, mais ils ne doivent pas non plus se plaindre s'ils excitent l'envie, et si cette envie prend finalement un caractère dangereux. Les Juifs, loin d'être handicapés, jouissent en réalité de certains privilèges par rapport à leurs concurrents chrétiens en Allemagne. Ils appartiennent à un *regnum*, mais aussi à un *regnum in regno*. Ils ont, pour ainsi dire, notre dimanche et aussi leur sabbat. Le Juif aidera toujours le Juif contre le Chrétien ; et encore une fois, qui peut leur en vouloir ? Tout ce que l'on peut dire, c'est qu'ils ne doivent pas se plaindre de leur impopularité, mais prendre en compte le risque qu'ils courent. Personne ne détestait les Juifs comme ils l'étaient à Dessau il y a cinquante ans. Ils avaient leurs propres écoles et synagogues, et personne ne les dérangeait lorsqu'ils construisaient leurs tonnelles dans les rues au moment de leur Fête des Tabernacles, et y vivaient, se régalaient et dormaient pour conserver le souvenir de leur séjour dans le pays. désert. Ils se livraient à des pratiques encore plus offensantes, comme par exemple mettre trois pierres dans les cercueils que les morts devaient jeter sur la Vierge Marie, son mari et leur Fils. Personne ne les soupçonnait ni ne les accusait d'avoir kidnappé des enfants chrétiens ou d'avoir offert des sacrifices avec leur sang. Ils étaient trop connus pour cela. Les conversions de Juifs n'étaient pas rares, et les Juifs convertis n'étaient pas persécutés par leurs anciens coreligionnaires comme ils le sont aujourd'hui. Même les mariages entre chrétiens et juifs n'étaient pas rares, en particulier lorsque les jeunes juives étaient belles ou riches, encore mieux si elles étaient toutes les deux. Aussi honteuses qu'aient été les émeutes antisémites en Allemagne et en Russie, il ne fait aucun doute que dans ce cas, comme dans la plupart des cas, les deux camps sont responsables, et il y a peu de chances de rétablir la paix tant que de nombreuses autres têtes n'auront pas été brisées. .

Ce qui contribua beaucoup à maintenir la paix dans la petite ville de Dessau, comme dans toute l'Allemagne et même dans le monde entier, jusque vers 1848, c'était le petit nombre de journaux. Dans mon enfance et ma jeunesse, leur nombre était très restreint. A Dessau, je n'en connaissais qu'un, qui s'appelait alors le *Wochenblatt*, plus tard le *Staatsanzeiger*. A cette époque, les journaux étaient réellement lus pour les nouvelles qu'ils contenaient, et non pour les articles suggestifs ou trompeurs et tout le reste. Quelle époque heureuse c'était lorsqu'un journal se composait d'une feuille, ou d'une demi-feuille in-quarto, avec de courts paragraphes sur des événements réels, qui s'étaient souvent produits des semaines et des mois auparavant. Une bataille aurait pu avoir lieu en Espagne ou en Turquie, en Inde ou en Chine, et personne n'en aurait eu connaissance jusqu'à ce que des informations officielles soient fournies par les gouvernements respectifs ou par des banquiers juifs. Les correspondants de guerre ou les reporters réguliers n'existaient pas, et les anciennes dépêches télégraphiques étaient envoyées par des télégraphes en bois fixés sur de hautes tours, qui de loin ressemblaient à une potence à laquelle un criminel était pendu et gesticulait avec ses bras et ses pieds. Quiconque observait ces signaux pouvait les déchiffrer bien plus facilement qu'une inscription hiéroglyphique.

La paix de l'Europe, et même du monde entier, était alors entre les mains des souverains et de leurs ministres, et le prince Metternich pouvait certainement s'attribuer un certain mérite d'avoir maintenu ce qu'il appelait la paix de trente ans. Aurons-nous un jour, aussi longtemps qu'il y aura des journaux, la paix à nouveau – la paix entre les grandes nations du monde, et la paix à la maison entre les partis en conflit, et la paix dans nos matinées à la maison qui sont maintenant si impitoyablement brisées , non, englouti par ces géants du papier, des visiteurs à la fois indésirables et irrésistibles, au moment même où nous voulons nous installer dans une journée de travail tranquille ? Il ne sert à rien de protester contre l'inévitable, et nous ne pouvons pas non plus être tout à fait d'accord avec ceux qui soutiennent qu'aucun journal n'a le moindre poids ni n'exerce la moindre influence sur la politique intérieure ou étrangère. Un homme d'État très influent et un penseur avisé disait que nous n'aurions jamais eu le christianisme si les journaux avaient existé à l'époque d'Auguste. Lorsque *des littérateurs infructueux* ou des employés de banquiers en faillite étaient les principaux contributeurs aux journaux, leur influence pouvait être limitée ; mais lorsque Bismarcks devint journaliste, et que Gortchakoff l'y incitait, les journaux pouvaient difficilement être qualifiés *de quantités négligeables* .

L'horizon de Dessau était très étroit, mais à l'intérieur de ses limites régnait une vie bien remplie et heureuse. Tout le monde a fait son travail honnêtement et consciencieusement. Il y avait bien sûr deux classes, les instruits et les non-éduqués. Les gens instruits étaient les membres du service gouvernemental, le clergé, les maîtres d'école, les médecins, les artistes et les officiers ; les sans instruction étaient les commerçants, les mécaniciens et les ouvriers. Le commerce était principalement entre les mains des Juifs, il était devenu presque un monopole juif. Lorsqu'un de ces commerçants fit faillite, il y eut une agitation dans toute la ville, et je me souviens avoir été emmené voir un de ces magasins en faillite, m'attendant à trouver toute la maison démolie et démolie, et avoir été surpris de voir le commerçant debout tout entier. , et sain et souriant, à sa place habituelle. Mes goûts étymologiques ont dû se développer très tôt, car j'avais demandé pourquoi ce pauvre juif était traité de failli, et j'avais été dûment informé que c'était parce que sa banque avait été détruite, *banca rotta* , ce que j'ai bien entendu pris au sens littéral, et je m'attendais à voir tous les meubles brisés en morceaux. Les relations commerciales de nos commerçants de Dessau ne s'étendaient pas beaucoup au-delà de Leipzig, Berlin, peut-être Hambourg et Cologne. Si un bourgeois de Dessau se rendait dans ces régions ou dans des régions plus éloignées, toute la ville le savait et en parlait, tandis qu'un voyage à Paris ou à Londres était un événement digne d'être mentionné et discuté dans les journaux. Ces vieux journaux regorgent d'informations curieuses. Nous constatons que si une personne souhaitait se rendre à Cologne ou plus loin, elle faisait appel à un compagnon et il appartenait au bourgmestre de prendre les dispositions nécessaires pour lui.

Le français était étudié et parlé, notamment à la Cour, mais l'anglais était une acquisition rare, encore plus l'italien ou l'espagnol. Il existait cependant un petit cercle restreint où l'on étudiait ces langues, principalement pour lire les chefs-d'œuvre de la littérature moderne. Et cela était d'autant plus louable qu'il n'y avait pas de bons professeurs à Dessau et que les gens devaient apprendre par eux-mêmes ce qu'ils voulaient apprendre, à l'aide d'une grammaire et d'un dictionnaire. Nous avons appris le français à l'école, mais le résultat a été déplorable. Comme dans toutes les écoles publiques, le maître français qui devait enseigner la langue au Gymnase Ducal ne parvenait pas à maintenir l'ordre parmi les garçons. Bien sûr, il parlait français, mais c'était tout. Il ne savait pas enseigner et ne pouvait susciter aucun intérêt chez les garçons, qui insistaient pour prononcer le français comme si c'était l'allemand. La vie du pauvre homme lui était devenue un fardeau. Il s'appelait Noël et avait toutes les manières agréables d'un Français, mais cela ne faisait qu'exciter l'antagonisme des jeunes barbares. Le résultat fut que nous apprîmes très peu, et je fus envoyé chez un vieux juif pour apprendre le français et un peu d'anglais. Ce vieux juif, Lévy Rubens, était un parfait gentleman. Il avait probablement été voyageur de commerce à ses débuts, même si personne ne savait exactement d'où il venait ni comment il avait appris les langues. Il avait enseigné à mon père et à mon grand-père et il était ravi d'enseigner à la troisième génération. Il parlait certes couramment le français et l'anglais, mais avec le plus fort accent juif, et tous ses élèves de Dessau en ont hérité. J'ai honte quand je pense aux tours que nous avons joués au vieil homme : mettre des souris dans ses poches, renverser les encriers au-dessus de sa table et placer des biscuits sous ses chaises. Mais il ne s'est jamais mis en colère ; il n'aurait jamais osé nous punir comme nous le méritions ; mais il continua sa leçon comme si de rien n'était. Il prenait son petit salaire et était satisfait lorsque ses leçons étaient terminées et qu'il pouvait s'installer devant sa longue pipe et ses livres. Il a vécu tout seul et est mort tout seul, un juif travailleur, honnête et pauvre, pas vraiment méprisé ni persécuté, mais pas traité avec le respect qu'il méritait certainement et qu'il aurait reçu s'il n'avait pas été juif.

Notre école publique était aussi bonne que n'importe quelle autre en Allemagne. Ces petits duchés suivirent généralement l'exemple de la Prusse, et ils exécutèrent à la lettre les instructions données par le ministère de l'Instruction publique de Berlin. En outre, plusieurs ducs régnants s'étaient montrés très chaleureusement et personnellement intéressés à l'éducation populaire, et au début du siècle les yeux de toute l'Allemagne, voire de l'Europe, étaient tournés vers les expériences éducatives menées par mon grand -grand-père Basedow [6] au dit Philanthropinum de Dessau sous le patronage du duc et de plusieurs des souverains les plus éclairés d'Europe, tels que l'impératrice Catherine de Russie, le roi de Danemark, l'empereur Joseph de Autriche, prince Adam Czartoryski, etc. Même après la mort de

Basedow, l'intérêt pour l'éducation est resté vivant à Dessau, et tout a été fait pour maintenir les différentes écoles - primaires, moyennes et secondaires - au plus haut niveau d'efficacité possible. .

Se baigner était une récréation très saine, même si j'ai failli perdre ma confiance en mes aînés. Ils savaient nager et je ne le savais pas encore. Mais alors que je me baignais avec deux de mes amis dans une partie de la rivière qui était sûre, ils ont nagé et m'ont demandé de les suivre. Ayant pleinement confiance en eux, je sautai depuis le rivage, mais très vite je commençai à couler. Mes cris ramenèrent mes amis, et ils me sauvèrent, non sans quelques difficultés, de la noyade.

Dans une école anglaise, l'influence du maître est naturellement plus constante, car l'un des maîtres est toujours à portée de main, alors qu'en Allemagne, il n'est visible que pendant les heures de cours. Si un maître aime ses élèves et s'intéresse à eux individuellement, il peut leur faire plus de bien que les parents à la maison ou que le professeur d'une école de jour. Les garçons d'une école allemande forment sans aucun doute un équipage très mixte, mais on n'y peut rien. Ce mélange de classes peut être un inconvénient à certains égards, mais, du point de vue éducatif, les fils de parents très riches n'ont en aucun cas plus de valeur que les garçons pauvres. Loin de là. Beaucoup des maux de la vie d'écolier viennent des fils de riches, alors que les fils de parents pauvres se comportent généralement bien. Mais malgré cela, il y avait un ton rude et grossier parmi certains garçons de l'école, dû à des défauts dans l'éducation à la maison, et cela a parfois amer ce qui devrait être la période la plus heureuse de la vie, en particulier dans le cas des garçons délicats. . Le fils d'un ministre doit souvent s'asseoir à côté du fils d'un riche boucher, et le fait même qu'il soit le fils d'un gentleman expose souvent le garçon le plus raffiné aux brimades de son voisin musclé. J'ai eu de la chance à l'école. Je pouvais me débrouiller avec les garçons, et quant aux maîtres, plusieurs d'entre eux avaient connu mon père ou avaient été ses élèves, et ils s'intéressaient personnellement à moi.

Je me souviens plus particulièrement d'un jeune maître qui a été très gentil avec moi et qui m'a emmené chez lui pour des cours particuliers et pour m'avoir donné de bons conseils. Il avait quelque chose de triste et de très attirant, et j'ai appris par la suite qu'il savait qu'il mourait de consomption, et qu'en outre il risquait d'être poursuivi pour libéralisme politique, ce qui à l'époque équivalait presque à de la haute trahison. Je crois qu'il a été condamné et envoyé en prison comme beaucoup d'autres, et qu'il est mort peu après mon départ de Dessau. Il s'appelait le Dr Hönicke et il fut le premier à essayer de me faire comprendre que je devais me montrer digne de mon père, idée qui ne m'était jamais venue à l'esprit auparavant, et même, qu'au début je pouvais à peine comprendre, mais qui, néanmoins, a dormi dans mon esprit jusqu'à ce que des années plus tard, il soit rappelé et est devenu une forte influence pour toute ma vie. J'ai encore quelques lignes qu'il a écrites pour mon album. Il s'agissait de ces vers bien connus d'Horace, que j'avais alors beaucoup de mal à interpréter, mais qui sont restés gravés depuis dans ma mémoire :

« Fortes creantur fortibus et bonis,
Est in iuvencis est in equis patrum
Virtus nec imbellem feroces
Progénérant aquilae columbam.
Doctrina sed vim promovet insitam,
Rectique cultus pectora roborant;
Utcunque defecere mores,
Dedecorant bene nata culpae.

Dans mon enfance, j'ai dû traverser des maladies ordinaires, mais c'est la foi en notre médecin qui m'a toujours sauvé. Le médecin était à mon sens l'homme qu'on avait appelé pour me guérir, et même si ma mère s'inquiétait au sujet de son fils unique, je n'ai jamais rêvé d'un quelconque danger. L'idée même de la mort ne m'est jamais venue jusqu'à la mort de mon grand-père (1835), mais même alors, je n'avais qu'environ douze ans, et bien que je l'aie beaucoup vu, en particulier pendant les années où ma mère vivait de nouveau dans sa maison, pourtant il était trop vieux pour prendre part aux divertissements de ses petits-enfants. Il a sans doute laissé un vide dans notre vie, mais ce vide a été comblé à nouveau par de nouveaux personnages dans la vie d'un garçon de douze ans. Il n'avait que soixante et un ans lorsqu'il mourut, et pourtant mon idée de lui fut toujours celle d'un homme très âgé. Tout était fait pour lui, son domestique l'habillait tous les matins, il était monté et descendu de sa voiture, et il menait certainement une vie de malade, telle que je ne consentirais pas à l'avouer à soixante-seize ans. Il ne cachait pas qu'il se souciait davantage du fils de son fils, qui était l'héritier et devait perpétuer le nom de von Basedow, que du fils de sa fille. Il aimait beaucoup conduire et tirer, et il emmenait souvent mon cousin tirer avec lui. Quand mon cousin rentrait avec un lièvre qu'il avait abattu, j'avoue que j'étais parfois jaloux, mais je fus vite guéri de mon envie d'aller avec mon grand-père dans la forêt. Un jour que j'étais avec lui dans sa petite voiture, mon grand-père, ne voyant pas bien, eut le malheur de tuer une biche qui était sortie avec ses deux petits. La misère de la mère, puis de ses deux petits, fut déchirante, et à partir de ce jour je pris la résolution de ne plus sortir chasser, et de ne jamais tuer d'animal. Et j'ai tenu parole, même si on s'est beaucoup moqué de moi. Il se peut que plus tard dans ma vie et après la mort de mon grand-père, j'aie eu peu d'occasions de tirer, mais le cri de la biche et les gémissements des petits qui essayaient de se faire téter par leur mère décédée sont restés avec moi toute ma vie.

Mon grand-père, bien qu'il ait été jeune, est resté Premier ministre jusqu'à la fin de sa vie, et il désirait ardemment faire bénéficier son pays de nouvelles institutions. C'est lui qui, à une époque où l'on savait à peine ce que signifiait le chemin de fer, réussit à faire passer la ligne de Berlin à Halle et Leipzig par Dessau. Il a proposé de construire le pont sur l'Elbe et de donner gratuitement le terrain et le bois aux dormeurs. Ce qui semblait à l'époque une offre beaucoup trop généreuse s'est avérée une bénédiction pour le duché, en faisant pour ainsi dire le centre du pays. grand chemin de fer reliant Berlin, Leipzig, Magdebourg, l'Elbe, Hanovre, Brême, voire Cologne également, le Rhin et l'Europe occidentale. Il était, à sa manière, un bon homme d'État, même si nous sommes trop portés à mesurer la véritable grandeur d'un homme aux circonstances dans lesquelles il évolue.

D'aussi loin que je me souvienne, j'ai été un martyr des maux de tête. Aucun médecin ne pouvait m'aider, personne ne semblait en connaître la cause. C'était une migraine, et même si je l'ai observée attentivement, je n'ai pu en attribuer la cause à aucune de mes causes. L'idée selon laquelle cela venait du surmenage était certainement fausse. Cela allait et venait, et si c'était un jour du côté droit, c'était toujours la prochaine fois du côté gauche, même si j'en étais parfois libre pendant une semaine ou une quinzaine de jours, voire plus. Il était étrange aussi que cela durait rarement au-delà d'une journée et que je me sentais toujours particulièrement fort et bien le lendemain de ma prosternation. Car j'étais prosterné et, en général, incapable de faire quoi que ce soit. J'ai dû m'allonger et essayer de dormir. Après un bon sommeil, j'allais bien, mais lorsque la douleur était très intense, je constatais que parfois la peau même de mon front s'était décollée. De cette façon, je perdais souvent deux ou trois jours par semaine, et comme mon travail devait être fait d'une manière ou d'une autre, il était souvent fait n'importe comment, et j'étais grondé et puni, vraiment sans aucune faute de ma part. Après l'échec de tous les remèdes prescrits par le médecin et les infirmières (et je me souviens bien que ma grand-mère me massait le cou, cela devait avoir lieu entre 1833 et 1835), j'ai été confié à Hahnemann, le fondateur de l'homéopathie. Hahnemann (né en 1755) exerçait la médecine à Dessau dès 1780 — c'est-à-dire un peu avant mon époque — mais l'avait quitté et, lorsqu'en 1820 il lui fut interdit par le gouvernement d'exercer et de donner des conférences à Leipzig, il se réfugia une fois de plus dans la ville voisine de Coethen. De là, il se rendit à Dessau comme médecin consultant, et après que je lui eus expliqué du mieux que je pouvais tous les symptômes de mon mal de tête chronique, il assura à ma mère qu'il le guérirait immédiatement. C'était une personnalité imposante, un homme puissant avec une tête gigantesque, des yeux forts et une voix des plus convaincantes. Je peux tout à fait comprendre que son influence personnelle aurait été considérable pour guérir de nombreuses maladies. Les gens oublient trop combien la confiance du patient dans son médecin possède un pouvoir curatif puissant, et en fait combien l'esprit peut faire pour déprimer et revigorer le corps. Je n'oublierai jamais, au cours des années suivantes, d'avoir consulté Sir Andrew Clarke et de lui avoir fait part d'un grand nombre de symptômes, à mon avis, les plus graves. J'avais perdu le sommeil et l'appétit, et je m'imaginais vraiment dans un très mauvais état. Il m'a examiné et m'a frappé pendant trois quarts d'heure, et au lieu de prononcer ma condamnation comme je m'y attendais, il m'a dit d'un regard brillant et d'une voix très convaincante qu'il avait examiné beaucoup d'hommes qui avaient trop travaillé leur cerveau. , mais je n'avais jamais vu un homme à mon époque de vie aussi parfaitement sain dans tous ses organes. Je me sentais jeune et fort à la fois, et retrouvant mon vieil ami Morier en rentrant chez moi, nous mangâmes ensemble quelques dizaines d'huîtres et bu quelques pintes de porter sans le moindre effet néfaste. En fait, j'ai été guéri sans pilule ni goutte de médicament.

Et qui ne sait comment, si l'on décide enfin de se faire arracher une dent, la douleur semble cesser dès qu'on tire sur la cloche chez le dentiste ?

Cependant, Hahnemann n'a pas réussi avec moi. J'ai avalé un certain nombre de ses globules d'argent et d'or, mais la migraine a suivi son cours régulier, de droite à gauche et de gauche à droite, et cela a duré jusqu'aux environs de 1860. Ensuite, mon médecin, feu M. Symonds d'Oxford, m'a dit : exactement ce que m'avait dit Hahnemann : qu'il me guérirait si je continuais à prendre régulièrement des médicaments pendant six mois ou un an. Il m'a dit que lui et son frère avaient fait une étude spéciale sur les maux de tête et qu'il existait de très nombreux types de maux de tête, chacun exigeant son propre traitement. Quand je lui ai demandé à quelle catégorie de maux de tête appartenais le mien, je n'ai pas été un peu gêné lorsqu'on m'a répondu que mon mal de tête était ce qu'on appelait le mal de tête de l'échevin. "Bien sûr", ai-je dit, "je ne mange pas trop et je ne bois pas trop." Je pensais que le mien était un mystérieux mal de tête nerveux, provenant du cerveau. Mais non, cela semblait être dû à la soupe aux tortues et au porto. Cependant le médecin, voyant ma surprise, me réconforta en me disant que c'étaient les nerfs de la tête qui affectaient l'estomac, et produisaient ainsi indirectement dans ma digestion les mêmes troubles qu'un régime échevinal. Je ne sais pas si c'était vrai ou s'il s'agissait seulement d'un *solatium*. Mais ce que je sais, c'est qu'en prenant régulièrement le médicament pendant environ six mois, la fréquence et la violence de mes maux de tête ont été considérablement réduites, alors qu'au bout d'un an environ, ils ont complètement disparu. J'étais un être nouveau et mon temps de travail était doublé.

Une leçon peut en être tirée, à savoir que le système anglais de médecine est très imparfait. En Angleterre, nous attendons d'être malade, puis nous allons chez un médecin, décrivons nos symptômes du mieux que nous pouvons, payons une ou deux guinées, obtenons notre ordonnance, prenons des médicaments drastiques pendant un mois et espérons aller bien. Mon médecin allemand, lorsqu'il a vu l'ordonnance de mon médecin anglais, m'a dit qu'il ne la donnerait pas à un cheval. Si au bout d'un mois nous n'allons pas mieux, nous repartons ; il change éventuellement de médicament, et nous le prenons plus ou moins régulièrement pendant encore un mois. Le médecin ne peut pas surveiller l'effet de son médicament, il n'est même pas sûr que ses prescriptions aient été scrupuleusement suivies ; et il sait trop bien que tout ce qui ressemble à une maladie chronique nécessite un traitement chronique. Ce qui était important, cependant, c'était que mes maux de tête cédaient peu à peu à l'usage continu des médicaments ; il n'aurait guère produit l'effet désiré si je l'avais pris par à-coups. Tout cela me semble tout à fait naturel ; mais bien que mon médecin anglais m'ait guéri, et non mes médecins allemands, je continue de croire que le système allemand est meilleur. En Allemagne, la plupart des familles ont leur médecin, qui appelle de temps à autre pour surveiller la santé des vieux et des jeunes de la famille, notamment lorsqu'ils sont sous traitement médical, et reçoit son indemnité annuelle stipulée, qui lui assure un revenu sûr qui peut être augmenté, bien sûr, par la fréquentation de patients occasionnels. Le système chinois est peut-être le meilleur ; ils paient leur médecin tant qu'ils vont bien et arrêtent de payer tant qu'ils sont malades. Je connais l'argument sans réponse qu'on me lance toujours à la tête chaque fois que je suggère à mes amis que certaines choses sont peut-être mieux gérées en Allemagne qu'en Angleterre. Si mes remarques se rapportent à l'étude et à la pratique de la médecine, on me demande si l'on tue plus d'hommes en Angleterre qu'en Allemagne ; si je me réfère à l'étude et à la pratique du droit, j'ai l'assurance qu'autant de meurtriers sont pendus en Angleterre qu'en Allemagne ; et si j'ose suggérer que l'étude de la théologie pourrait être améliorée sur certains points à Oxford, on me dit qu'autant d'âmes sont sauvées en Angleterre qu'en Allemagne, et bien plus encore. Comme je ne peux pas établir les faits à partir de statistiques fiables, je n'ai rien à répondre ; tout ce que je pense, c'est que la plupart des nations, comme la plupart des individus, sont parfaites à leurs propres yeux, mais que sont les plus parfaits ceux qui sont prêts à admettre qu'il y a quelque chose à apprendre de leurs voisins.

Mais revenons à Hahnemann. Il était très gentil avec moi et je le considérais comme un géant, tant de corps que d'esprit. Mais il ne pouvait pas me délivrer de mon ennemie, la migraine toujours récurrente. Cependant les guérisons à Dessau et à Coethen, où il avait été nommé *Hofrath* par le duc régnant, furent très extraordinaires. Hahnemann resta à Coethen jusqu'en 1835, et cette année-là, alors qu'il avait quatre-vingts ans, il épousa une jeune française, Mélanie d'Hervilly, et fut emmené par elle à Paris, où il acquit bientôt une grande pratique et mourut en 1843. , c'est-à-dire à l'âge de quatre-vingt-huit ans. Une grande partie de son succès, j'en suis sûr, était due à sa présence et à la confiance qu'il inspirait. Comment puis-je savoir que Sir Andrew Clarke, voyant que j'étais de mauvaise humeur au sujet de ma santé, n'a pas jugé bon de m'encourager, et en m'encourageant, il m'a certainement donné confiance en moi et a ainsi remonté ma vitalité, mon moral. , ou peu importe comment nous aimons l'appeler ? « Ta foi t'a guéri » est une leçon que les médecins ne doivent pas négliger.

Comme nous connaissons peu l'effet de l'environnement dans lequel nous grandissons. Ma vieille grand-mère a creusé des sillons plus profonds dans ma jeune âme que tous mes professeurs et prédicateurs réunis. Je ne vais pas ajouter un chapitre à la plus insatisfaisante de toutes les études, la psychologie de l'enfant. C'est un sujet impossible. La victime, l'enfant, ne peut être interrogée que lorsqu'il est trop tard. Les influences qui agissent sur les sens et l'esprit de l'enfant ne peuvent être déterminées ; ils sont trop nombreux et trop intangibles. Les observateurs de bébés, pour la plupart de jeunes pères fiers de leur première progéniture, me rappellent toujours un de mes très érudits amis, qui présenta à la Royal Society les pages les plus laborieuses contenant ses observations de toute une vie sur certaines déviations de l'aiguille magnétique, et qui avait oublié qu'en faisant ces observations, il avait toujours une paire de lunettes d'acier sur le nez. Je n'ai cependant rien à dire contre ces observations, ni contre leurs interprétations plus ou moins réussies. Mais le véritable mal commence lorsque les gens imaginent qu'en étudiant les comportements des enfants, ils peuvent découvrir à quoi ressemblait l'homme dans sa condition originelle, qu'il soit une créature velue ou glabre. Imaginer que nous puissions apprendre de la manière dont les enfants commencent à utiliser nos vieux mots, comment s'est formé le langage primitif de l'humanité, me semble comme imaginer que des enfants jouant avec des jetons nous apprendraient comment et dans quel but le premier argent a été créé. inventé. Il y a sans doute une part de vérité dans cette psychologie infantile, mais elle appelle autant de réserves que celle qu'on appelle psychologie ethnologique, qui nous fait voir dans les sauvages d'aujourd'hui la représentation des premiers ancêtres de notre race, et qui voudrait apprends-nous à découvrir dans leurs superstitions les antécédents de la mythologie et de la religion des races aryennes ou sémitiques. Les mêmes philosophes qui recourent constamment à l'hérédité et à l'atavisme pour expliquer ce qui semble inexplicable dans les croyances et les coutumes des brahmanes, des grecs ou des romains, semblent tout à fait inconscients des nombreux siècles qui ont dû passer au-dessus de la tête des Patagons. d'aujourd'hui ainsi que des Grecs à l'époque d'Homère. Ils considèrent les Patagons comme la *table rase* de l'humanité, et ils oublient que même si nous admettions que les ancêtres de la race aryenne ont été autrefois plus sauvages que les Patagons, il ne s'ensuivrait pas que leur sauvagerie soit identique à celle du peuple. de la Terre de Feu. Pourquoi la distance entre les Rishis patagoniens et les Rishis védiques n'aurait-elle pas été au moins aussi grande que celle entre les Rishis védiques et les bardes homériques ? S'il existe tant de formes de vie civilisée, n'y avait-il qu'une seule et même sauvagerie ?

Prenons, par exemple, le sentiment de peur ; est-il probable que nous saurons si cela est inné dans la nature humaine ou s'il est acquis et intensifié à chaque génération, en serrant le poing devant un petit bébé, pour voir s'il cligne de l'œil, rétrécit ou crie ? Certains enfants peuvent être plus intrépides que d'autres, mais il n'est pas facile de déterminer si cette intrépidité vient de l'ignorance ou de la stupidité. Un enfant brûlé craint le feu, un enfant non brûlé pourrait hardiment saisir un charbon ardent, mais tout cela ne nous aiderait pas à déterminer si la peur est une tendance ou une habitude innée ou acquise.

Tout ce que je peux dire pour moi, c'est que ma jeune vie et même mes dernières années ont souvent été rendues misérables par les histoires stupides d'une de mes grand-mères, et qu'il m'a fallu faire un grand effort de volonté avant de pouvoir me résoudre à traverser un cimetière dans le noir. Cela montre à quel point notre caractère est façonné par les circonstances, même lorsque nous en sommes le moins conscients. Je ne croyais pas aux fantômes et je n'étais pas un lâche, mais j'ai ressenti tout au long de la vie une sorte de frisson dans les passages sombres et au son de bruits mystérieux, et le simple fait que j'ai dû faire un effort pour surmonter ces sentiments montre que quelque chose s'était introduit dans ma constitution mentale qui n'aurait jamais dû s'y trouver, et cela m'a causé, surtout dans ma jeunesse, de nombreux moments d'inconfort.

Toutes ces expériences constituent ce que l'on peut appeler l'arrière-plan de notre vie. Mes premières idées sur les hommes et les femmes, et sur le monde en général, c'est-à-dire sur le monde inconnu, se sont formées dans les murs étroits de Dessau, car Dessau était encore entourée de murs et les portes de la ville étaient fermées chaque nuit. même si les craintes d'un ennemi étranger étaient minimes. Bien entendu, les conceptions de la vie qui prévalaient à Dessau étaient très étroites, mais elles étaient suffisamment larges pour notre propos. Bien que nous ayons entendu parler de grandes villes comme Dresde ou Berlin, et de grands pays comme la France et l'Italie, mon monde réel était Dessau et ses environs. Nous n'avions aucun intérêt en dehors des murs de notre ville ou des frontières de notre duché. Si nous entendions parler des événements de Leipzig ou de Berlin, de Paris ou de Londres, ils n'avaient pas plus de réalité pour nous que ce que nous avions lu sur Abraham, ou sur Romulus et Remus, ou sur Alexandre le Grand. Pour nous, le pouls du monde semblait battre dans la *Haupt- und Residenzstadt* de Dessau, même si nous savions parfaitement à quel point elle était petite en comparaison avec d'autres villes.

Et cela aussi a marqué mes pensées tout au long de ma vie, ne serait-ce que en faisant paraître tout ce que j'ai vu plus tard dans des villes comme Leipzig, Berlin, Paris et Londres, d'une grandeur écrasante. Les garçons élevés dans l'une de ces grandes villes commencent avec une vision différente du monde et avec une mesure différente de ce qu'ils verront plus tard dans la vie. Je ne sais pas s'ils sont enviables pour cela, car il y a du plaisir à admirer, du plaisir même à être stupéfait au premier regard de la vie dans les rues de Paris ou de Londres. J'ai certainement été un grand admirateur toute ma vie, et j'attribue cette disposition au petit environnement de mes premières années à Dessau.

Et il en était de même pour tout le reste. Ayant admiré notre Cavalier-Strasse, je pus admirer d'autant plus les Boulevards de Paris et Regent Street de Londres. Après avoir apprécié notre petit théâtre, je suis resté consterné au Grand Opéra et à Drury Lane. Ce pouvoir d'admiration et de jouissance s'étendait même aux dîners et autres divertissements domestiques. Ayant été élevé dans une cuisine très simple, j'appréciais pleinement les dîners que l'ancienne Compagnie des Indes orientales organisait, où nous faisions asseoir environ 400 personnes et, comme on me l'a dit, quatre livres étaient payées pour chaque invité. Je mentionne cela parce que je sens que non seulement le régime spartiate de mes premières années m'a donné tout au long de ma vie le goût des divertissements conviviaux, même s'il ne pesait pas tout à fait quatre livres par tête, mais que l'abnégation générale que j'ai dû exercer dans ma jeunesse m'a fait ressentir une gratitude constante et une appréciation sincère pour les petits conforts de mes dernières années.

Je me souviens du moment où je me suis réveillé avec mon souffle figé sur mes draps dans une fine couche de glace. Nous devions nous laver et nous habiller dans un grenier où les fenêtres étaient si épaisses qu'elles laissaient à peine passer la lumière le matin et où, lorsque nous essayions de briser la glace dans la cruche, il ne restait que quelques gouttes d'eau. en bas avec lequel laver. Pas étonnant que les ablutions aient été rapides. Après leur représentation, nous prenions notre petit-déjeuner rapide, composé d'une tasse de café et d'un *semel* ou d'un petit pain, puis nous nous précipitions à l'école, souvent à travers la neige qui n'avait pas encore été balayée du trottoir. Nous nous sommes assis à l'école de huit à onze ou douze heures, nous sommes rentrés précipitamment à la maison, avons dîné très simplement, puis sommes retournés à l'école, de deux à quatre. Comment avons-nous vécu cela, je me demande parfois, car nous étions légèrement vêtus et souvent mouillés par la pluie ou la neige ; et pourtant nous jouissions de notre vie comme seuls les garçons peuvent en jouir, et nous n'avions pas le temps d'être malades. Une bénédiction que cette rude épreuve m'a laissée pour la vie : le pouvoir de jouir de nombreuses choses qui, pour la plupart de mes amis, sont évidentes ou sans importance. Le contexte de ma vie à Dessau et à Leipzig peut paraître sombre, mais il n'a fait que rendre les dernières années de ma vie encore plus lumineuses et plus chaleureuses.

Plus je pense à ce passé lointain, maintenant très lointain, plus je sens comment, sans m'en rendre compte, tout mon caractère en a été façonné. La vie primitive et intacte de Dessau, telle qu'elle était lorsque j'y étais à l'école jusqu'à l'âge de douze ans, serait extrêmement difficile à décrire dans tous ses détails. Tout le monde semblait connaître tout le monde et tout sur tout le monde. Tout le monde savait qu'il était surveillé et les ragots, dans le meilleur sens du terme, régnaient en maître dans la petite ville. Les commérages étaient, en fait, l'opinion publique avec tous ses bons et tous ses mauvais côtés. Pourtant, le résultat était que personne ne pouvait se permettre de perdre sa caste et que chacun se comportait du mieux qu'il pouvait. Je crois vraiment que la vie privée des habitants de Dessau au début du siècle était irréprochable. Les grands maux de la société n'existaient pas, et s'il y avait de temps en temps un mouton noir, sa vie devenait un fardeau pour lui. Tout le monde savait ce qui s'était passé, et la société étant dans l'ensemble si irréprochable, était d'autant plus impitoyable envers les pécheurs, que leurs péchés soient grands ou petits. Ainsi, dès le début, mon idée a été qu'il n'y avait que deux classes : une classe tout à fait parfaite et pure comme des anges, l'autre une brebis galeuse et tout à fait indescriptible. Il n'y avait aucune transition, aucun lien intermédiaire, aucune nuance de lumière et d'obscurité. Un homme était soit noir, soit blanc, et cette règle rigide s'appliquait non seulement au caractère moral, mais l'excellence intellectuelle était également mesurée selon le même critère. Une œuvre d'art était soit d'une beauté exceptionnelle, soit elle était méprisable. Un homme de science était soit un géant, soit un imbécile. Certains parlaient de Goethe comme du plus grand de tous les poètes et philosophes que le monde ait jamais connu ; d'autres le traitaient de méchant homme et de poète surestimé. [7]

Il est dangereux, sans doute, de traverser la vie avec une mesure aussi imparfaite, et j'en ai souffert longtemps, surtout dans les cas où j'aurais dû pouvoir compter sur de petits défauts. Mais comme j'avais été élevé pour approcher les gens avec une confiance totale dans leur droiture et avec une admiration illimitée pour leur génie, il m'a fallu de nombreuses années avant d'apprendre à tenir compte des faiblesses humaines ou des échecs passagères. J'ai perdu bien des compagnons charmants et d'excellents amis au cours de mon voyage dans la vie, parce que je les ai pesés avec ma balance rouillée de Dessau. J'ai dû apprendre par une longue expérience qu'il peut y avoir une tache, voire plusieurs taches, sur la peau douce d'une pêche, et pourtant le fruit entier peut être parfait. J'ai agi à peu près comme le marchand qui testait tout un champ de riz à la première poignée de grains, et qui, s'il trouvait un ou deux mauvais grains, n'aurait rien à voir avec tout le champ. J'ai dû apprendre ce qui était peut-être la leçon la plus difficile de toutes, à savoir qu'on ne peut pas toujours faire confiance à un ami de confiance, et pourtant, il n'est pas nécessaire qu'il soit totalement réprouvé. Ce qui m'a été le plus difficile à digérer était un mensonge : découvrir que quelqu'un qui prétendait être un ami avait dit et fait des choses très hostiles dans son dos. Pourtant, au cours d'une longue vie, on découvre que même cela n'est peut-être pas un péché mortel, et que si nous sommes si réticents à le pardonner, c'est en partie parce que le mensonge a affecté nos propres intérêts. Ainsi seulement pouvons-nous expliquer comment un homme que nous savons coupable de mensonges envers nous-mêmes peut être considéré comme parfaitement honnête, direct et digne de confiance par un grand nombre de ses propres amis. Nous le voyons à maintes reprises avec des hommes occupant des positions éminentes dans l'Église et l'État. Nous voyons comment un premier ministre ou un archevêque est représenté par des hommes qui le connaissent comme un menteur et un hypocrite, tandis que d'autres le décrivent comme un modèle d'honneur et d'honnêteté et un vrai chrétien. Mes vues étroites sur Dessau se sont un peu élargies lorsque j'ai fréquenté l'école de Leipzig ; encore plus lorsque j'ai passé deux ans et demi à l'Université de Leipzig, puis à Berlin. Pourtant, pendant tout ce temps, je n'ai que peu vu ce qu'on appelle la société, je n'ai connu que des gens que j'aimais et des gens que je n'aimais pas. Il n'y avait pas encore de place pour les gens indifférents, qu'on tolère et qu'on traite poliment sans se soucier de les revoir ou non. J'ignorais aussi complètement les devoirs les plus simples de la société. Personne ne m'a jamais dit quoi dire et quoi faire, ou quoi ne pas dire et quoi ne pas faire. Ce que je ressentais, je l'ai dit, ce que je pensais bien, je l'ai fait. En fait, dans ma petite ville natale, il y avait très peu de choses que l'on puisse appeler société. On vivait dans sa famille et avec ses amis intimes sans aucune cérémonie. Il est dommage que les aînés n'enseignent pas aux enfants quelques règles de sagesse de vie. Je sais que les Juifs ne négligent pas ce devoir, et je me souviens avoir été surpris de voir mes jeunes amis juifs de Dessau sortir avec des scies très sages qui, de toute évidence, n'avaient pas été cultivées dans leurs propres serres, mais avaient été plantées à pleine maturité. par leurs aînés. Les seules règles de sagesse du monde dont je me souviens me sont venues à travers des proverbes et des petits versets qu'il fallait soit copier, soit apprendre par cœur, tels que :

"Wer einmal lügt, dem glaubt man nicht
Und wenn er auch die Wahrheit spricht."

« Morgenstunde chapeau Gold im Munde. »

"Kein Faden ist so fein gesponnen,
Er kommt doch endlich an die Sonnen."

«Jeder ist seines Glückes Schmied.»

Certaines lignes suspendues au-dessus de mon lit que j'ai portées avec moi tout au long de ma vie, et je les trouve toujours très vraies et très laconiques :

"Im Glück nicht jubeln und im Sturm nicht zagen,
Das Unvermeidliche mit Würde tragen,
Das Rechte thun, am Schönen sich erfreuen,
Das Leben lieben und den Tod nicht scheuen,
Und fest an Gott und bessere Zukunft glauben,
Heisst leben, heisst dem Tod sein Bitteres rauben.

Pourtant, tout cela formait un tout petit viatique pour un voyage à travers la vie, et j'ai souvent pensé que quelques indices supplémentaires auraient pu me préserver du processus douloureux de ce qu'on appelait se frotter les cornes. Encore et encore, je devais me dire : « Cela aurait très bien fonctionné à la maison, mais c'était quand même une erreur. » Ma rudesse sociale et ma simplicité m'ont marqué pendant de nombreuses années, tout comme le dialecte de Dessau est resté avec moi toute ma vie ; au moins, mes amis m'avaient assuré que, même si je parlais français et anglais depuis tant d'années, ils pouvaient toujours détecter dans mon allemand que je venais de Dessau ou de Leipzig.

NOTES DE BAS DE PAGE :

[6] Johann Bernhard Basedow, von seinem Urenkel, F. M. M. (Essais, Bande IV).

[7] Plusieurs critiques contemporaines des œuvres de Goethe, rééditées il y a quelques années et dont je ne trouve pas le titre exact, montrent que cela n'a pas été le cas uniquement à Dessau.

CHAPITRE III

JOURNÉES SCOLAIRES À LEIPZIG

C'ÉTAIT certainement une armure médiocre avec laquelle je partais de Dessau. Ma mère, si dévouée qu'elle me fût, avait jugé avec raison qu'il valait mieux que je sois avec d'autres garçons et sous la surveillance d'un homme. J'avais été quelque peu gâté par son amour passionné, et aussi par sa sévérité passionnée à corriger les méchancetés ordinaires d'un garçon. Ainsi, ayant grandi de forme en forme à l'école de Dessau, je fus envoyé, à l'âge de douze ans, à Leipzig, pour vivre dans la maison du professeur Carus et fréquenter la célèbre Nicolai-Schule avec son fils, qui était du même âge comme moi et qui voulait également un compagnon. On pensait qu'il y aurait une certaine émulation entre nous, et c'est sans doute le cas, même si nous sommes toujours restés les meilleurs amis du monde. La maison dans laquelle nous vivions se trouvait dans un jardin et était en réalité une institution orthopédique pour filles. Il y avait une vingtaine ou une trentaine de ces jeunes filles qui vivaient dans la maison ou y passaient la journée, et leur joyeuse compagnie était très agréable. Bien sûr, les noms et les visages de mes jeunes amis ont, à une ou deux exceptions près, disparu de ma mémoire, mais j'ai été surpris lorsqu'il y a quelques années (1895) je séjournais chez Madame Salis-Schwabe dans son charmant logement du Menai. Straits, et j'ai découvert que nous nous connaissions plus de cinquante ans auparavant dans la maison du professeur Carus à Leipzig. Bien que nous nous soyons rencontrés de temps en temps, nous n'avions jamais eu connaissance de notre première rencontre à Leipzig, jusqu'à ce qu'en comparant nos notes, nous découvrions que nous avions passé une année entière dans la même maison et parmi les mêmes amis. Sa vie a été pleine de travail et entièrement consacrée aux autres. Jusqu'à la fin de ses jours, elle dépensa ses importants revenus à fonder des écoles selon le système recommandé par Froebel, non seulement en Angleterre, mais en Italie. Elle mourut à Naples en 1896, alors qu'elle fréquentait une grande école qu'elle avait fondée avec l'aide du gouvernement italien. Sa propre maison au Pays de Galles regorgeait de trésors d'art et de monuments commémoratifs de ses nombreux amis, tels que Bunsen, Renan, Mole, Ary Scheffer et bien d'autres. On peut juger jusqu'où sa charité est allée par sa volonté de se séparer de certaines des peintures les plus précieuses d'Ary Scheffer, afin de maintenir ses écoles bien dotées et capables de durer après sa mort, qu'elle sentait imminente.

Les écoles publiques sont presque toutes des écoles de jour en Allemagne. Les garçons vivent à la maison, la plupart du temps dans leur propre famille, mais ils passent six heures par jour à l'école, et c'est une erreur d'imaginer qu'ils n'y sont pas attachés, qu'ils n'ont pas de jeux ensemble et qu'ils ne grandissent pas. viril ou indépendant. La plupart des écoles disposent de terrains de jeux et, en été, la natation est l'un des divertissements favoris de tous les garçons. Il y avait deux bonnes écoles publiques à Leipzig, l'école Nicolai et l'école Thomas. Il y avait beaucoup d' *esprit de corps* en eux, et souvent, lorsque les garçons se rencontraient, cela se manifestait non seulement par des paroles mais aussi par des coups, et les discussions sur les mérites de leurs écoles se poursuivaient souvent plus tard dans la vie. J'ai eu beaucoup de chance d'être envoyé à l'école Nicolai, sous la direction du Dr Nobbe. Il était en même temps professeur à l'Université de Leipzig et est également bien connu en Angleterre comme rédacteur en chef de Cicéron. Il était très fier que son école compte Leibniz [8] parmi ses anciens élèves. C'était un érudit classique de la vieille école. Au cours des trois dernières années de notre vie scolaire, nous avons dû écrire beaucoup de vers latins et grecs et on nous a appris à parler latin. Le parler latin venait assez facilement, mais les vers n'atteignaient jamais un niveau très élevé. Outre Nobbe, nous avions Forbiger, bien connu par ses livres sur la géographie ancienne, et Palm, éditeur du même dictionnaire grec qui, entre les mains du Dr Liddell, a atteint sa plus haute perfection. Il y a ensuite Funkhänel, connu au-delà de l'Allemagne par son édition des Oraisons de Démosthène et ses études sur les orateurs grecs. Nous étions effectivement bien lotis pour des maîtres, et la plupart d'entre eux semblaient apprécier leur travail et aimer les garçons. Notre directeur était très populaire. C'était un homme du vieux type allemand, puissamment bâti, avec une grande tête carrée, très semblable à Luther, et, chose étrange, lorsqu'en 1839 une grande fête de Luther était célébrée dans toute l'Allemagne, il publia un livre dans lequel il a prouvé qu'il était un descendant direct de Luther.

L'école était dirigée en grande partie selon l'ancien plan consistant à enseigner principalement les classiques, mais à les enseigner de manière approfondie. Les langues modernes, les mathématiques et les sciences physiques n'avaient que peu de chances, même si elles réclamaient à grands cris d'être reconnues. Les vers latins et grecs étaient considérés comme beaucoup plus importants. Dans les deux classes supérieures, il fallait parler latin, et tel qu'il était, cela nous paraissait beaucoup plus facile que de parler français. L'hébreu a également été enseigné comme matière facultative au cours des quatre dernières années, et le peu que je connais de l'hébreu date principalement de mes années d'école. Les écoliers découvrent bientôt ce que leurs maîtres pensent de la valeur des différentes matières enseignées à l'école, et ils sont enclins à traiter non seulement les matières elles-mêmes, mais aussi les professeurs selon ces critères. C'est pourquoi notre langue moderne et nos maîtres de sciences physiques ont eu du mal à s'en sortir. Ils ne parvenaient pas à maintenir l'ordre dans leurs cours et il n'était pas rare que de nombreux garçons restent simplement à l'écart de leurs cours. Le vieux maître de mathématiques, avant de commencer sa leçon, frottait ses lunettes et, après avoir regardé autour de la classe à moitié vide, marmonnait d'une voix plaintive : « Je revois beaucoup de garçons qui ne sont pas là aujourd'hui. » Lorsque le même vieux maître commença à donner des cours de sciences physiques, il dit aux garçons d'apporter une grenouille à placer sous un verre dont l'air avait été extrait par une pompe à air. Bien sûr, chacun des vingt ou trente garçons apportait deux ou trois grenouilles, et quand l'expérience devait être faite, toutes ces grenouilles sautillaient dans la salle de conférence, et toute l'armée des garçons sautait après elles sur les chaises et les tables pour Attrape-les. Il n'est pas étonnant que pendant ce tumulte le maître n'ait pas réussi son expérience, et quand enfin le bol en verre fut levé et qu'on nous demanda de voir la grenouille, grande fut la joie de tous les garçons lorsque la grenouille sauta et s'échappa de entre les mains de son bourreau. La colère suscitée par ces conférences inédites parmi les garçons était telle qu'ils commettèrent le vandalisme en utilisant l'une des formes comme bélier contre l'enceinte dans laquelle était conservé l'appareil de science physique et détruisirent certains des précieux instruments. fournis par le gouvernement. Des sanctions sévères suivirent, mais elles ne contribuèrent pas à rendre la science physique plus populaire.

Nous avons certainement très bien réussi en grec et en latin et avons lu un certain nombre de textes classiques, non seulement de manière critique à l'école, mais aussi superficiellement à la maison, devant rendre compte chaque semaine de ce que nous avions ainsi lu par nous-mêmes. J'aimais mes classiques, mais je ne pouvais m'empêcher de penser qu'il y avait une certaine exagération dans la manière dont nos professeurs parlaient de chacun d'eux, et même que, comparés aux poètes et aux prosateurs allemands, ils étaient quelque peu surévalués. Pourtant, il eût été bien vaniteux de ne pas admirer ce que nos maîtres admiraient, et, comme par devoir, nous nous laissâmes dans les extases habituelles à propos d'Homère et de Sophocle, d'Horace et de Cicéron. Beaucoup de choses que nous apprenons plus tard à admirer dans les classiques pourraient difficilement plaire au goût des garçons. Ils ne peuvent pas apprécier la franchise, la simplicité et l'originalité des écrivains anciens, par rapport aux écrivains modernes, et je me souviens bien avoir été frappé par ce que nous, les garçons irrespectueux, appelions l'insolence d'Horace attendant l'immortalité (*non omnis moriar*) pour de petits poèmes qui on nous a dit qu'ils étaient principalement écrits d'après des modèles grecs. Il fallait admettre qu'il y avait moins de fausses quantités dans ses vers latins que dans les nôtres, mais par ailleurs on ne voyait pas que ses odes étaient si infiniment supérieures aux nôtres. Son espoir d'immortalité s'est certainement réalisé au-delà de ce qu'aurait pu être ses propres attentes. Sachant si peu de choses sur l'histoire ancienne, son idée de l'immortalité de la poésie devait être bien plus modeste à son époque qu'à la nôtre. Il a peut-être connu les gloires passées de l'empire perse, mais quant à la littérature ancienne, il n'avait rien à connaître, ni en Perse, ni en Babylonie, ni en Assyrie, ni même en Égypte, et encore moins en Inde. La renommée littéraire n'existait pour lui qu'en Grèce et dans l'Empire romain, et sa propre ambition ne pouvait donc guère dépasser ces limites. L'exagération des panégyriques transmis sur tout ce qui est grec ou latin date des savants classiques du Moyen Âge, qui ne connaissaient rien de comparable aux classiques et qui vantaient haut et fort ce qu'ils possédaient le monopole de la vente. Des générations successives d'érudits ont emboîté le pas, de sorte que même à notre époque, comparer Goethe à Horace ou Schiller à Sophocle semblait une haute trahison. Mais ces derniers temps, le danger est plutôt que la réaction aille trop loin et conduise à une dépréciation incontrôlée, même de véritables géants comme Lucrèce ou Platon. Le fait est que nous avons appris d'eux et les avons imités, au point que dans certains cas les imitations ont égalé ou même dépassé les originaux, tandis que maintenant le goût de l'exactitude classique a été presque supplanté par un appétit pour ce qu'on appelle réaliste, original et réaliste. extravagant.

Malgré tout ce qui a été dit ou écrit contre le fait de faire des études classiques l'élément le plus important d'une éducation libérale, ou plutôt contre leur maintien dans leur position consacrée, rien n'a encore été suggéré pour les remplacer. Car après tout, ce n'est pas simplement pour apprendre deux langues que nous consacrons une si grande partie de notre temps à l'étude du grec et du latin ; c'est pour apprendre à comprendre le monde ancien sur lequel est fondé notre monde moderne ; c'est pour penser les vieilles pensées, qui nourrissent notre propre vie intellectuelle, que nous devenons dans notre jeunesse les élèves des Grecs et des Romains. Afin de savoir ce que nous sommes, nous devons apprendre comment nous sommes devenus ce que nous sommes. Nos langues elles-mêmes forment une chaîne ininterrompue entre nous, Cicéron et Aristote, et pour utiliser intelligemment nombre de nos mots, nous devons connaître le sol d'où ils sont issus et l'atmosphère dans laquelle ils ont grandi et se sont développés.

J'ai beaucoup apprécié mon travail à l'école et il semble que je suis passé rapidement d'une classe à l'autre. J'ai souvent reçu des prix en argent et en livres, mais je vois sur certains d'entre eux un avertissement selon lequel je ne dois pas être vaniteux, ce qui signifie probablement simplement que je ne dois pas montrer que je suis satisfait de mes succès. Au moins, je ne sais pas de quoi j'aurais pu me vanter. Ce que je ressens de mon apprentissage à l'école, c'est qu'il a été entièrement passif. J'ai acquis des connaissances telles qu'elles m'ont été présentées. Je ne doutais pas de ce que mes professeurs m'enseignaient et, autant que je me souvienne, je n'avais travaillé aucun sujet par moi-même. Je ne trouve qu'un seul de mes articles sur cette époque ancienne et, curieusement, il portait sur la mythologie ; mais il ne contient aucune idée de mythologie comparée, mais simplement un arrangement chronologique des sources d'où nous tirons notre connaissance de la mythologie grecque. Je vois aussi, dans quelques vieux journaux, que j'ai commencé à écrire de la poésie, et que deux ou trois fois j'ai été choisi dans de grandes festivités pour réciter des poèmes écrits par moi-même. En 1839, trois cents ans s'étaient écoulés depuis que Luther prêchait à Leipzig, dans l'église Saint-Nicolas, et le tricentenaire de cet événement était célébré dans toute l'Allemagne. Mon poème fut choisi pour être récité dans une grande réunion des amis de notre école et des notables de la ville, et je dus le réciter, non sans crainte et sans tremblement. Je n'avais alors que seize ans.

L'année suivante, en 1840, Leipzig célébra l'invention de l'imprimerie en 1440. C'est à cette occasion que Mendelssohn écrivit son célèbre *Hymne de louange* . Je faisais partie du chœur, et je me souviens bien du magnifique effet que produisait la musique dans l'église Saint-Thomas. Une fois de plus, un de mes poèmes fut choisi et je dus le réciter lors d'un grand rassemblement à la Nicolai-Schule le 18 juillet 1840.

Le 23 décembre, une autre célébration a eu lieu dans notre école, au cours de laquelle j'ai dû réciter un de mes poèmes latins, *In Schillerum* . Enfin, il y avait mon poème d'adieu lorsque j'ai quitté l'école en 1841, et un poème latin « Ad Nobbium », notre directeur.

J'ai retrouvé parmi les trésors de ma mère le témoignage bien trop souvent flatteur que lui adressait à cette occasion le professeur Nobbe, qui se termine ainsi : « Je me réjouis de le voir quitter cette école avec des témoignages d'excellence morale qu'on ne trouve pas souvent dans une de ses années... et possédant des connaissances dans plus d'un point, de premier ordre, et des capacités intellectuelles excellentes partout. Que son jeune esprit se développe de plus en plus, que les fruits de son travail soient désormais un réconfort pour sa mère pour les chagrins et les soucis du passé.

C'était assez dur pour moi de devoir passer mon examen d'admission à l'université (*Abiturienten-Examen*) non pas dans ma propre école, mais à Zerbst à Anhalt. C'était nécessaire pour pouvoir obtenir une bourse du gouvernement d'Anhalt. Les écoles d'Anhalt étaient calquées sur les écoles prussiennes et mettaient beaucoup plus l'accent sur les mathématiques, les sciences physiques et les langues modernes que les écoles de Saxe. J'ai donc dû apprendre en très peu de temps plusieurs matières toutes nouvelles, et je n'y ai pas réussi aussi bien qu'en grec et en latin. Cependant, j'ai réussi avec une première classe et j'ai obtenu ma bourse, si petite soit-elle. Ce n'est que l'autre jour que j'ai reçu une lettre d'un monsieur qui était à l'école de Zerbst lorsque j'y suis venu pour mon examen. Il me rappelle que parmi mes examinateurs se trouvaient des hommes tels que le Dr Ritter, les deux Sentenis et le professeur Werner, et il dit qu'il m'a observé lorsque je montais et entrais dans la pièce verrouillée pour faire mes papiers. La carrière de mon ami dans la vie a été celle de directeur d'une compagnie d'assurance-vie, probablement une carrière plus lucrative que la mienne.

F. Max Müller,
14 ans.

Durant mon séjour à Leipzig, d'abord chez le professeur Carus, puis comme étudiant à l'Université, mon principal plaisir était certainement la musique. J'en ai eu beaucoup, peut-être trop, mais je plains l'homme qui n'en a pas connu le charme. A cette époque, Leipzig était véritablement le centre de la musique en Allemagne. Félix Mendelssohn était là et la plupart des artistes et compositeurs éminents de l'époque y venaient pour passer du temps avec lui et assister aux célèbres concerts du Gewandhaus. Je trouve dans mes lettres quelques descriptions de concerts et autres divertissements musicaux, qui, même à l'heure actuelle, peuvent présenter un certain intérêt. On m'a demandé d'assister à certains concerts où étaient interprétés des quatuors et d'autres pièces de Mendelssohn, Hiller, Kaliwoda, David et Eckart. Liszt fit également son entrée triomphale en Allemagne à Leipzig, et tout le monde était plein d'attentes et d'enthousiasme. Son concert avait été annoncé bien avant son arrivée. Il s'agirait d'une Ouverture de Weber ; une Cavatine de *Robert le Diable* , chantée par Madame Schlegel ; un Concerto de Weber, destiné à être joué par Liszt, le même que j'avais entendu peu auparavant joué par Madame Pleyel ; l'Ouverture de *Prométhée* de Beethoven ; Fantaisie sur *La Juive* ; *Ave Maria* et *Sérénade* de Schubert , arrangés par Liszt. J'étais d'autant plus ravi que j'avais moi-même joué quelques-uns de ces morceaux. Mais soudain apparut une pancarte indiquant que Liszt, en apprenant que les billets étaient vendus à un thaler (trois shillings), avait déclaré qu'il jouerait quelques pièces seulement et sans orchestre. Malgré cette déception, toute la maison était pleine, les escaliers bondés de haut en bas, et après avoir poussé notre chemin, nous avons constaté qu'environ 300 places avaient été réservées pour un thalers et demi (quatre shillings et six pence). , tandis que les billets au box-office étaient vendus pour deux thalers (six shillings). Néanmoins, j'ai réussi à obtenir une très bonne place, tout simplement en ne voyant pas un certain nombre de dames qui me poussaient. Lorsque Liszt apparut, il y eut un sifflement terrible: il paraissait pétrifié, jeta un regard de démon au public, mais commença néanmoins à jouer le Scherzo et le Finale de la Symphonie Pastorale. Alors éclata un parfait tonnerre d'applaudissements, et tout parut apaisé, tandis que Madame Schmidt chantait une chanson accompagnée d'un certain M. Kermann. Dès que cela fut terminé, une nouvelle tempête de sifflements s'éleva, destinée à ce M. Kermann, qui était en même temps l'élève, mais en même temps l'homme d'affaires de Liszt. Lui et trois autres hommes avaient pris toutes les dispositions, et Liszt n'en savait rien, car il se souciait très peu de l'argent, qui allait principalement à ses gérants. Une Fantasia de Liszt suivit, et enfin un *Galop Chromatique* — mais le public ne voulut pas partir et finalement Liszt fut incité à jouer *Une grande Valse* . C'était sans aucun doute une nouvelle expérience ; mais je ne pouvais pas entrer dans des extases comme les autres, car après tout c'était purement mécanique, quoique sans doute dans la plus haute perfection. Le lendemain, Liszt annonça que son programme original serait joué, mais à six heures, le professeur Carus, avec qui je vivais, fut appelé chez Liszt, qu'on disait malade ; le fait étant qu'il n'avait vendu qu'une cinquantaine de billets aux prix majorés. De nombreux étrangers venus à Leipzig pour l'entendre repartirent, peu satisfaits du nouveau génie musical. Lors d'un concert, où il est apparu en costume magyar, les dames lui ont offert une couronne de laurier d'or et une épée. Il venait de publier son arrangement d' *Adelaida* , qu'il promettait de jouer dans l'un des concerts.

Une autre famille très musicale à Leipzig était celle du professeur Fröge. C'était un homme riche et il avait épousé une célèbre chanteuse, Fräulein Schlegel. Un soir, la *Sonnambula* fut jouée dans leur maison transformée en théâtre. Elle jouait la Sonnambula, et son chant ainsi que son jeu étaient des plus complets et des plus délicieux. Mendelssohn était très présent chez eux et lui faisait chanter ses chansons dès qu'elles étaient écrites et avant leur publication. Ils étaient de grands amis, le lien de leur amitié étant la musique. En fait, il est mort en jouant pendant qu'elle chantait. Les gens parlaient comme ils parleront toujours de ce qu'ils ne peuvent pas comprendre, mais ils ne connaissaient évidemment ni Mendelssohn ni Madame Fröge.

La maison du professeur Carus était toujours ouverte aux génies musicaux, et bien des soirs, des hommes comme Hiller, Mendelssohn, David, Eckart, etc., venaient y jouer, tandis que Madame Carus chantait et chantait avec beaucoup de charme. Moi aussi, on me demandait parfois de jouer lors de ces soirées. Je vois qu'Ernst a donné un concert à Leipzig, et sans doute son exécution était admirable. Pourtant, je ne comprenais pas ce que David voulait dire lorsqu'il déclarait qu'après avoir entendu Ernst, il jetterait son propre instrument au feu.

Mendelssohn, qui était enchanté de Liszt — et personne ne pouvait mieux le juger que lui — organisa une soirée en son honneur. Environ 400 personnes étaient invitées – parmi les autres, moi qui faisais partie des ténors qui chantaient dans l'Oratorio que Hiller répétait alors pour la première représentation. Je pense que c'était la *destruction de Babylone* . Il y avait un orchestre complet à la fête de Mendelssohn et nous avons entendu une symphonie de Schubert (à titre posthume), le psaume de Mendelssohn « Comme le pantalon du cerf » et son ouverture *Meeresstille und glückliche Fahrt* . Après cela, il y eut un souper pour tous les invités, suivi d'un chœur de son *Saint-Paul* et d'un triple concerto de Bach, joué sur trois pianofortes par Mendelssohn, Liszt et Hiller. C'était un morceau difficile, difficile à jouer et difficile à suivre. Enfin, Liszt joue sa nouvelle fantaisie sur *Lucia di Lammermoor* et son arrangement de l' *Erlkönig* . Tout était vraiment parfait ; et en entendant tant de musique, j'y suis devenu de plus en plus absorbé. J'ai même donné quelques concerts avec Grabau, grand violoncelliste, à Mersebourg, et chez un comte Arnim, noble très riche près de Mersebourg, qui avait invité Liszt pour une soirée et lui avait payé 100 ducats. Cela semblait à l'époque une somme très importante, presque insensée. Comme un ducat coûtait environ neuf shillings, il ne représentait après tout que 45 £, ce qui ne semblerait pas excessif à l'heure actuelle pour un artiste comme Liszt.

J'ai aussi entendu Thalberg à Leipzig. Ils sont tous venus voir Mendelssohn et, je crois, ont fait de leur mieux pour lui plaire. A cette époque, mon idée de me consacrer entièrement à l'étude de la musique devint très forte ; et comme le professeur Carus se remariait, je me proposai de quitter Leipzig et d'entrer à l'école musicale de Schneider à Dessau. Mais cela n'a rien donné, et je pense que dans l'ensemble, c'était aussi le cas.

Pendant mes études à Leipzig, je n'avais que peu d'occasions de voyager, car ma mère avait toujours hâte de me recevoir à la maison pendant les vacances, et j'avais également hâte d'être avec elle et de voir mes parents à Dessau. Généralement, j'allais dans une misérable voiture de Leipzig à Dessau. Il n'y avait que sept milles allemands (environ trente-cinq milles anglais), mais il fallait une journée entière pour y arriver ; et pendant une partie du voyage, lorsque nous devions traverser des sables profonds et désertiques, marcher à pied était bien plus rapide que de rester assis dans la voiture. Mais ensuite nous n'avons payé qu'un thaler pour tout le voyage, et parfois, pour économiser ce montant, j'ai marché tout le long du trajet. Cela m'a aussi pris une journée entière ; mais quand je l'ai essayé la première fois, étant alors assez jeune et de santé assez délicate, j'ai dû céder environ une heure avant d'arriver à Dessau, mes jambes refusant d'aller plus loin et mes muscles étant crampés et raides à cause de l'effort. J'ai dû m'asseoir au bord de la route. Pendant mes vacances, je me souviens avoir exploré la vallée de la Mulde avec d'autres garçons. Nous avons voyagé pendant environ quinze jours de village en village et avons vécu de la manière la plus simple. Un voyage plus ambitieux que j'ai entrepris en 1841 avec un de mes amis, le baron von Hagedorn. C'était un personnage curieux et quelque peu mystérieux. Il avait été élevé par une de mes grand-tantes, à qui il avait été confié lorsqu'il était bébé. Personne ne connaissait ses parents, mais ils devaient être riches car il possédait une grande fortune. Il possédait une maison de campagne près de Munich, et il passait la plus grande partie de l'année à voyager et à s'amuser. Il avait été élevé avec ma mère et d'autres membres de notre famille et il s'intéressait beaucoup à moi. Je vois dans mes lettres qu'en 1841 il m'emmena de Dessau à Coethen, Brunswick et Magdebourg. A Brunswick, nous avons vu la galerie de tableaux, les églises et le tombeau de Schill, l'un des volontaires allemands dans la guerre d'indépendance contre la France. Nous avons aussi exploré Hildesheim, vu le rosier planté, nous a-t-on dit, par Charlemagne ; puis je me suis rendu à Göttingen et j'ai vu sa célèbre bibliothèque. Nous passâmes par Minden, où se rejoignent la Fulda et la Werra, et arrivâmes tard à Cassel. De Cassel, nous avons exploré Wilhelmshöhe, le magnifique parc où trente ans plus tard Napoléon III fut retenu prisonnier.

Hagedorn, avec tout son amour du mystère et de ses exagérations occasionnelles, était certainement un bon ami pour moi. Il m'a souvent donné de bons conseils et a été pour moi plus un père qu'un simple ami. C'était un homme du monde ; et il a oublié que je n'avais jamais eu l'intention d'être un homme du monde et que ses conseils n'étaient donc pas toujours ceux que je souhaitais. Il était aussi un grand ami de ma cousine, mariée à un prince de Dessau, et ils étaient convenus entre eux que j'irais à l'Académie orientale de Vienne, que j'apprendrais les langues orientales, puis que j'entrerais dans le service diplomatique. Comme il n'y avait pas d'enfants issus du mariage du prince, je devais être adopté par lui, et, comme si la fortune princière ne suffisait pas à me tenter, on me dit que même une épouse avait été choisie pour moi et que j'aurais dû un nouveau nom et un nouveau titre, après avoir été adoptés par le prince. Pour d'autres jeunes hommes, cela aurait pu paraître irrésistible. J'ai immédiatement dit non. Cela semblait interférer avec ma liberté, avec mes études, avec mon idéal de carrière dans la vie ; en fait, bien que tout m'ait été présenté par mon cousin comme sur un plateau d'argent, j'ai secoué la tête et je suis resté fidèle à mon premier amour, le sanskrit et tout le reste. Hagedorn ne pouvait pas comprendre cela ; il pensait qu'une vie brillante était préférable à la vie tranquille d'un professeur. Ce n'était pas le cas de moi. Il ne savait pas où se trouvait le vrai bonheur, et il était souvent d'humeur très mélancolique. Il n'a pas vécu longtemps, mais je n'oublierai jamais tout ce que je lui devais. Quand je suis allé à Paris, il m'a permis de vivre dans sa chambre. Elles étaient, il est vrai, *au cinquième* , mais elles étaient dans le meilleur quartier de Paris, rue Royale Saint-Honoré, en face de la Madeleine, et très joliment meublées. Cela m'a évité de vivre dans des logements poussiéreux du Quartier Latin, et les cinq étages d'escalier ont peut-être renforcé mes poumons. Je me souviens bien de ce qui s'est passé lorsqu'au pied de l'escalier, je me suis aperçu que j'avais oublié mon mouchoir et que je devais travailler de nouveau. Mais à cette époque, on ne savait pas ce que signifiait être fatigué. Je ne sais pas si mes amis se plaignaient, mais j'avais moi-même pitié de certains d'entre eux, vieux et goutteux, lorsqu'ils arrivaient essoufflés à ma porte.

NOTES DE BAS DE PAGE :

[8] Sa propre orthographe de son nom.

CHAPITRE IV

UNIVERSITÉ

AFIN de me permettre d'aller à l'Université, ma mère et ma sœur ont déménagé à Leipzig et ont tenu ma maison pendant tout le temps que j'y étais, c'est-à-dire pendant deux ans et demi. Malgré la *res angusta domi* , j'ai pleinement profité de ma vie d'étudiant, tandis que ma maison était rendue très agréable par ma mère et ma sœur. Ma mère était pleine de ressources et elle avait la sagesse de ne pas entraver ma liberté. Ma sœur, qui avait environ deux ans de plus que moi, était très généreuse et dévouée envers moi et envers notre mère. Il n'y avait rien d'égoïste en elle et nous vivions ensemble tous les trois dans un amour, une paix et une harmonie parfaites. Ma sœur appréciait le peu qu'il y avait de société, alors que je restais sévèrement à l'écart. Elle fut très admirée et se fiança bientôt à un jeune médecin, le Dr A. Krug, fils du célèbre professeur de philosophie de Leipzig, dont les ouvrages, notamment son *Dictionnaire de philosophie* , occupent une place distinguée dans l'histoire de la philosophie allemande. . C'était un patriote convaincu et un esprit si civique qu'il jugeait juste de laisser une somme d'argent considérable à l'Université, sans pourvoir suffisamment à ses enfants. Cependant, les jeunes mariés vivaient heureux à Chemnitz et ma sœur était fière d'avoir ses enfants. C'est la mort subite de plusieurs de ces enfants qui lui a brisé le cœur et ruiné sa santé ; elle est morte très jeune. Debout près de la tombe de ses enfants, elle m'a dit peu avant sa mort : « La moitié de moi est déjà morte et repose là ; l'autre moitié suivra bientôt.

De la société, au sens ordinaire du mot, je n'ai presque rien vu. J'ai bien peur d'être plutôt un ours et j'ai même refusé d'investir dans une robe de soirée. J'ai adhéré à un club étudiant qui faisait partie de la *Burschenschaft* , mais qui, pour échapper aux poursuites, a adopté le titre de *Gemeinschaft* . J'y allais le soir pour boire de la bière et fumer, et j'y ai fait de charmantes connaissances et amitiés. Quels beaux personnages, souvent derrière des dehors très rudes ! Mon ami le plus cher était Prowe, de Thorn en Prusse orientale – si honnête, si vrai, si direct, si consciencieux dans les moindres choses. Il était un érudit classique et entra plus tard dans le service éducatif prussien. En tant que maître à l'école principale de Thorn, son temps était pleinement occupé et, bien entendu, il y était coupé des influences vivifiantes de la société littéraire. Il n'en continua pas moins à s'intéresser aux questions plus élevées et publia des livres extrêmement précieux sur Copernic, originaire de Thorn, pour lesquels il reçut les remerciements des astronomes et des historiens et des témoignages flatteurs de sociétés savantes. Nous ne nous sommes rencontrés que rarement plus tard dans la vie, et ma propre vie en Angleterre était si chargée et si remplie que même notre correspondance n'était pas régulière. Mais je l'ai retrouvé à Ems avec une épouse charmante et décidément heureuse dans son domaine d'activité. Ces premières amitiés forment le paysage lointain de la vie sur lequel nous aimons nous attarder lorsque le présent cesse d'absorber toutes nos pensées. Notre mémoire les habite comme un horizon doré, et il reste une aspiration constante qui nous fait ressentir l'incomplétude de cette vie. Après tout, le nombre de nos vrais amis est petit ; et pourtant combien peu, même de ce petit nombre, restent avec nous pour la vie. Il y a d'autres visages et d'autres noms qui surgissent d'au-delà des nuages qui nous séparent de plus en plus dès nos premières années.

Il y avait parmi nous quelques esprits sauvages qui s'inquiétaient de la politique étroite d'esprit qu'on appelait le système Metternich. La répression était la panacée que Metternich recommandait à tous les gouvernements allemands, petits et grands. Sans aucun doute, le système de maintien du silence assurait à l'Allemagne et à l'Europe dans son ensemble une paix de trente ans, mais il ne pouvait empêcher l'accumulation de matières inflammables qui, après plusieurs menaces, éclatèrent enfin dans l'incendie de 1848. Parmi mes amis, je me souviens de plusieurs d'entre eux qui étaient prêts à entreprendre les plans les plus fous pour que l'Allemagne soit unie, respectée à l'étranger et sous un gouvernement constitutionnel à l'intérieur. Ils étaient des hommes formidables, mais soit ils ont fini leurs jours entre les murs d'une prison, soit ils ont dû tout abandonner et émigrer en Amérique. Que sont-ils devenus ? Certains ont refait surface en Amérique, d'autres ont cédé à l'inévitable et sont devenus des citoyens pacifiques chez eux ; bien plus, j'ai le regret de le dire, ont même accepté de servir sous le gouvernement pour espionner leurs anciens amis et compagnons de rêve. Mais bon nombre d'entre eux ont vu toute leur vie détruite soit en prison, soit dans la pauvreté, bien qu'ils n'aient commis aucun tort, et dans de nombreux cas, ils étaient les plus beaux personnages que j'ai eu la chance de connaître. Ils étaient en avance sur leur temps, les fruits n'étaient pas mûrs comme en 1871, mais l'Allemagne a certainement perdu certains de ses meilleurs fils dans ces années misérables ; et si mon père échappa à cette persécution politique, c'était probablement grâce à l'influence du duc régnant et de la duchesse, une princesse de Prusse, qui savaient qu'il n'était pas un homme dangereux et peu susceptible de faire sauter la Diète allemande.

J'ai moi-même goûté à la vie en prison pour le délit de port du ruban d'un club que la police considérait avec défaveur. Je ne peux pas dire que ni la honte ni l'inconfort de mes deux jours ignobles aient pesé beaucoup pour moi, car mes amis avaient libre accès à moi et venaient boire de la bière et fumer des cigares dans ma cellule - bien sûr à mes frais. mais ce que je redoutais, c'était la perte de mon salaire ou de ma bourse, qui seule me permettait de poursuivre mes études à Leipzig, et qui, en règle générale, était confisquée pour délits politiques. A ma sortie de prison, je me rendis chez le recteur de l'université et lui expliquai les circonstances de l'affaire : j'avais été arrêté simplement parce que j'étais membre d'un club suspect. Je lui ai assuré que j'étais innocent de toute propagande politique et que la perte de mon salaire entraînerait mon départ de l'Université. À mon grand soulagement, le vieux monsieur répondit : « Je n'ai rien entendu à ce sujet ; et si c'est le cas, comment puis-je savoir qu'il s'agit de vous, il y a beaucoup de Müllers à l'Université ? Heureusement, le préfixe distinctif Max n'avait pas encore été ajouté à mon nom.

Je dois avouer que mes compagnons et moi-même étions parfois coupables de pratiques qui, dans des temps plus modernes, et certainement à Oxford ou à Cambridge, auraient bien plus de chances d'entraîner les coupables dans des collisions avec les autorités que la simple appartenance à des sociétés dans lesquelles des sociétés relativement inoffensives on se livrait à des discussions politiques.

Le duel était alors, comme aujourd'hui, un passe-temps favori des étudiants ; et bien que je ne sois pas un bagarreur de nature, je constate que, pendant mes années d'étudiant à Leipzig, j'ai combattu trois duels, dont deux dont je porte encore les marques aujourd'hui.

Je me souviens qu'un jour, avant l'introduction des fiacres, nous louions toutes les chaises à porteurs de Leipzig, avec leurs porteurs en habit jaune, et partions en procession dans les rues, au grand étonnement des bons citoyens, et au grand mécontentement aussi, comme ils ne purent louer aucun moyen de transport jusqu'à ce qu'un arrêt péremptoire soit mis à notre divertissement. Non contents de cet exploit, lorsque les premiers fiacres furent introduits à Leipzig, trente ou quarante étant d'abord mis dans la rue, mes amis et moi obtinrent l'usage de chacun d'eux pour la journée et partîmes à la campagne. Les habitants, qui attendaient avec impatience de rouler dans l'un des nouveaux moyens de transport, étaient naturellement mécontents de se voir devancés, et le résultat fut qu'à l'avenir, de tels monstres furent stoppés par l'émission d'un règlement de police interdisant à quiconque de circuler. louer plus de deux taxis à la fois.

Des amusements très innocents, peut-être insensés, mais des jours tout de même très heureux ; et il ne faut pas oublier que nous venions tout juste de sortir de la stricte discipline d'une école allemande pour entrer dans la liberté sans restriction de la vie universitaire allemande.

C'est à tous égards un grand saut d'une école allemande à une université allemande. À l'école, un garçon, même au plus haut niveau, n'a guère le choix. Toutes ses leçons lui sont tracées ; il doit apprendre ce qu'on lui dit, que cela lui plaise ou non. Rares sont ceux qui s'aventurent uniquement dans des livres en dehors du programme d'études prescrit. Il y a un examen à la fin de chaque semestre et un garçon doit le réussir pour pouvoir accéder à une classe supérieure. Les garçons d'une école publique (gymnase), s'ils ne peuvent pas réussir leur examen à temps, sont invités à aller dans une autre école et à se préparer à une carrière dans laquelle les langues classiques ont moins d'importance.

Je dois dire tout de suite que lorsque je m'inscrivis à Leipzig, à l'été 1841, j'étais encore très jeune et très immature. J'avais décidé d'étudier la philologie, principalement le grec et le latin, mais les plats proposés par les professeurs étaient bien trop alléchants. Je lis le grec et le latin sans difficulté ; Je lis souvent des auteurs classiques sans jamais tenter de les traduire ; J'ai aussi écrit et parlé facilement le latin. Certains professeurs enseignaient en latin et, dans nos sociétés universitaires, on parlait toujours le latin. Je suis rapidement devenu membre du séminaire classique sous la direction de Gottfried Hermann et de la Société latine sous la direction du professeur Haupt. L'admission à ces séminaires et sociétés s'obtenait sur présentation d'essais, et c'était sans aucun doute une distinction d'en faire partie. C'était également utile, car non seulement nous devions rédiger des essais et en discuter avec les autres membres, généralement des enseignants, et avec le professeur, mais nous pouvions également obtenir des conseils utiles du professeur pour nos études privées. A cet égard, les universités allemandes font très peu pour les étudiants, à moins que l'on ait la chance d'appartenir à l'une de ces sociétés. Les jeunes gens sont libérés et peuvent choisir les cours qu'ils souhaitent. J'ai encore mon *Collegien-Buch* , dans lequel chaque professeur doit attester des cours auxquels il a assisté. Le nombre de conférences sur divers sujets auxquelles j'ai assisté est tout à fait étonnant, et j'aurais dû y assister encore plus si les honoraires ne m'avaient pas effrayé. Chaque professeur donnait des cours *publics* et *privés* , et pour les cours les plus importants, quatre cours par semaine, il facturait dix shillings, pour les cours plus spéciaux moins ou rien. Cela paraît peu, mais c'était souvent trop pour moi ; et si l'on ajoutait ces honoraires au salaire d'un professeur populaire, ses revenus étaient considérables et dépassaient ceux de la plupart des fonctionnaires. J'ai connu des professeurs qui avaient quatre ou cinq cents auditeurs. Cela leur donnait 250 £ deux fois par an, ce qui, ajouté à leur salaire, était considéré à l'époque comme un bon revenu. Tout cela a beaucoup changé. Les salaires ont été augmentés, ainsi que les honoraires, de sorte que je me souviens très bien du cas du professeur von Savigny, qui, lorsqu'il fut nommé ministre de la Justice à Berlin, déclara qu'il accepterait volontiers si seulement son salaire était augmenté à la hauteur de ses revenus. avait été professeur de droit. Bien sûr, les professeurs d'arabe ou de sanscrit étaient dans une situation difficile, et *les Privatdocenten* (tuteurs) s'en sortaient encore plus mal, mais les *professeurs ordinarii* , surtout s'ils enseignaient sur une matière obligatoire et étaient également examinateurs, étaient dans une très bonne situation. En fait, il me semblait parfois très indigne d'eux de garder un *famulus* , un étudiant qui devait dire à tous ceux qui voulaient entendre une ou deux fois un professeur distingué qu'il ne lui permettrait pas de venir une troisième fois.

Un des grands inconvénients du système professoral est certainement le peu de conseils personnels qu'un étudiant peut recevoir de la part des professeurs. À moins qu'ils ne le connaissent personnellement ou qu'il n'ait été admis dans leurs sociétés ou séminaires, le jeune étudiant ou l'étudiant de première année est tout à fait déconcerté par le riche tarif sous forme de conférences qui lui est proposé. Certains étudiants, sans aucun doute, surtout au début de leurs premiers trimestres, résolvent cette difficulté en ne se présentant pas du tout, et il n'y a aucune force pour les y obliger, sauf les examens qui se profilent au loin. Mais il y a beaucoup de jeunes hommes très désireux d'apprendre, mais ils ne savent pas par où commencer. J'ouvre mon ancien *Collegien-Buch* et je constate qu'au cours du premier trimestre ou semestre, j'ai assisté aux cours suivants, et je peux dire que j'y ai assisté régulièrement, pris des notes soignées et lu les livres recommandés par les professeurs. je trouve

1.	Le premier livre de Thucydide	Gottfried Hermann.
2.	Sur les antiquités scéniques	Le même.
3.	Sur Propriété	P.M. Haupt.
4.	Histoire de la littérature allemande	Le même.
5.	Les Ranae d'Aristophane	Stallbaum.
6.	Disputatorium (en latin)	Nobbé.
7.	Esthétique	Weisse.
8.	Anthropologie	Lotze.
9.	Systèmes de composition harmonique	Mouchard.
dix.	Grammaire hébraïque	Fürst.
11.	Démosthène	Westermann.
12.	Psychologie	Henriroth.

C'était suffisant pour le semestre d'été. Hormis le grec et le latin, les autres matières étaient entièrement nouvelles pour moi et ce que je voulais, c'était avoir une idée de ce que j'aimerais étudier. Il peut être intéressant d'ajouter les autres semestres dans la mesure où je les ai dans mon *Collegien-Buch* .

13.	Eschyle Persée	Hermann.
14.	Sur la critique	Le même.
15.	Grammaire allemande	Haupt.
16.	Walther von der Vogelweide	Le même.
17.	Tacite, Agricola et De Oratoribus	Le même.
18.	Sur Hegel	Weisse.
19.	Disputatorium (latin)	Nobbé.
20.	Histoire moderne	Wachsmuth.
21.	Grammaire sanscrite	Brockhaus.
22.	Société Latine	Haupt.

Vient ensuite le trimestre d'été de 1842.

23.	Pindare	Hermann.
24.	Nibelungen	Haupt.
25.	Nala	Brockhaus.
26.	Histoire de la littérature orientale	Le même.
27.	Grammaire arabe	Fleischer.
28.	Société Latine	Haupt.
29.	Plauti Trinumus	Becker.

Trimestre d'hiver 1842.

30.	Prabodha Chandrodaya	Brockhaus.
31.	Histoire de la littérature indienne	Le même.
32.	La Vespae d'Aristophane	Hermann.
33.	Plauti Rudens	Le même.
34.	Syntaxe grecque	Le même.
35.	Juvénal	Becker.
36.	Métaphysique et logique	Weisse.
37.	Philosophie de l'histoire	Le même.
38.	Séminaire grec et latin	Hermann & Klotze.
39.	Société Latine	Haupt.
40.	Société philosophique	Weisse.
41.	Société philosophique	Drobisch.

Trimestre d'été 1843.

42.	Séminaire grec et latin	Hermann & Klotze.
43.	Société philosophique	Drobisch.
44.	Société philosophique	Weisse.
45.	Soma-deva	Brockhaus.
46.	Hitopadesa	Le même.

47.	Histoire des Grecs et des Romains	Wachsmuth.
48.	Histoire de la civilisation	Le même.
49.	Histoire après le XVe siècle	Flaté.
50.	Histoire de la philosophie ancienne	Niedner.

Trimestre d'hiver, 1843-4.

51.	Rig-veda	Brockhaus.
52.	Élémenta Persique	Fleischer.
53.	Séminaire grec et latin	Hermann & Klotze.

Ici mon *Collegien-Buch* s'interrompt, car je me préparais à aller à Berlin pour entendre les conférences de Bopp et Schelling.

Il ressort clairement de la liste ci-dessus que j'en ai certainement trop essayé. J'aurais dû soit consacrer tout mon temps exclusivement à des études classiques, soit poursuivre plus systématiquement mes études philosophiques. J'avoue que, si enchanté que j'étais avec Gottfried Hermann et Haupt comme guides et professeurs de lettres classiques, je n'ai trouvé que peu de choses qui pouvaient éveiller mon enthousiasme pour la littérature grecque et latine, et j'en avais toujours besoin d'une dose pour me faire travailler dur. Tout me semblait fait, et il ne restait plus de terre vierge à labourer, pas de ruines sur lesquelles essayer sa bêche. Hermann et Haupt m'ont donné du travail, mais tout était dans la ligne critique : la relation généalogique de divers manuscrits, ou encore les particularités de certains poètes, bien avant que j'en aie pleinement saisi le caractère général. Ce que les voyelles latines pouvaient ou ne pouvaient pas former d'élision chez Horace, Properce ou Ovide, était un sujet qui m'a coûté beaucoup de travail, et qui n'a cependant laissé que très peu de résultats en ce qui me concerne personnellement. Une conjecture intelligente, ou une indication pour montrer qu'on est MS. dépendait de l'autre, était récompensé par un Doctissime ou un Excellentissime, mais un article sur Eschyle et sa vision d'un gouvernement divin du monde ne reçut qu'une approbation timide.

Ils ont certainement enseigné à leurs élèves ce que signifiait l'exactitude ; ils nous ont donné la nouvelle idée que MSS. ne sont pas tout, à moins que leur véritable valeur n'ait été découverte au préalable en trouvant la place qu'ils occupent dans le pedigree du MSS. de chaque auteur. Ils nous ont également appris qu'il y a des erreurs dans les MSS. qui sont inévitables et peuvent être laissés en toute sécurité à des corrections conjecturales ; ce MSS. Les manuscrits de date moderne peuvent avoir et ont souvent plus de valeur que les manuscrits plus anciens, pour la simple raison qu'ils ont été copiés à partir d'un manuscrit encore plus ancien, et qu'il s'agit souvent d'un manuscrit mal écrit et difficilement lisible. s'avère plus utile que d'autres écrits par un calligraphe, car il s'agit de l'œuvre d'un érudit qui a copié pour lui-même et non pour le marché. Toutes ces choses, nous les avons apprises et apprises par l'expérience pratique sous Hermann et Haupt, mais ce que nous n'avons pas réussi à acquérir, c'est une connaissance approfondie de la littérature grecque et latine, du caractère de chaque auteur et de l'esprit qui imprégnait leurs œuvres. J'aurais dû lire en latin Cicéron, Tacite et Lucrèce ; en grec, Hérodote, Thucydide, Platon et Aristote ; mais comme je n'en ai lu que quelques extraits, ma connaissance des hommes eux-mêmes et de leurs objectifs dans la vie est restée très fragmentaire. Par exemple, ma véritable connaissance de Platon et d'Aristote se limitait à quelques dialogues du premier et à quelques œuvres logiques du second. Le reste, je l'ai appris d'ouvrages tels que *l'Historia Philosophiae Graecae et Romanae ex fontium locis contexta de Ritter et Preller*, ainsi que des conférences très utiles de Niedner sur l'histoire de la philosophie ancienne. Cependant, je pensais que je devais faire ce que mes professeurs me disaient et j'ai façonné mes lectures de manière à ce qu'ils approuvent mon travail.

Cela ne doit en aucun cas être interprété comme un dénigrement de mes professeurs. Une telle idée ne m'était jamais venue à l'esprit à l'époque. En Angleterre, les gens n'ont aucune idée du culte que les étudiants allemands rendent à leurs professeurs. Les critiquer ou douter de leur *ipse dixit* ne nous est jamais venu à l'esprit. Ce qu'ils disaient d'autres savants classiques dont ils différaient, comme Hermann d'Otfried Müller ou Haupt d'Orelli, était un évangile et resta longtemps gravé dans notre mémoire. Un jour, alors que j'assistais aux cours d'Hermann, un autre étudiant qui était assis à la même table que moi a fait des remarques irrespectueuses à l'égard du vieil Hermann. Je lui ai demandé de se taire, et quand il a continué ses remarques stupides, je n'ai pu l'arrêter qu'en l'interpellant. Dès que le défi était accepté, il devait bien sûr se taire, et quelques jours après, nous nous sommes battus en duel sans trop de dégâts pour aucun de nous. Je mentionne cela uniquement parce que cela montre le respect et l'admiration que nous éprouvions pour notre professeur, mais aussi parce que cela illustre l'utilité du duel dans une université allemande, où après un défi, il n'est plus possible de dire un mot ni de menacer de violence, même de la part du premier cycle le plus grossier.

Un duel pour une conjecture grecque peut paraître bien absurde, mais dans des duels de ce genre, tout ce qu'il faut, en réalité, c'est une certaine connaissance de l'escrime, en ayant soin qu'il n'arrive rien de grave. Et pourtant, bien qu'il en soit ainsi, le sentiment d'un danger possible est là et entretient une certaine étiquette et un certain comportement convenable entre des hommes issus de toutes les couches de la société. Je ne peux pas non plus nier que lorsque je me rendais le matin dans un beau bois des environs de Leipzig, certaines inquiétudes étaient difficiles à réprimer. Je me vis grièvement blessé, peut-être tué, par mon antagoniste, et transporté dans une maison où ma mère et ma sœur me cherchaient. Cela s'est produit lorsque j'ai rencontré la grande assemblée d'étudiants, magnifiquement vêtus de leurs uniformes de club, les fûts de bière relevés d'un côté, le chirurgien et ses instruments attendant de l'autre. Il y avait énormément de couples, trente ou quarante je pense, attendant de se battre en duel ce matin-là. Certains ont très bien clôturé et c'était un plaisir de les regarder ; et quand son tour arrivait, on ne pensait qu'à savoir comment tenir hardiment position et comment bien clôturer. Certains combattants venaient à cheval ou en calèche, et il y avait une petite rivière à proximité pour nous permettre de nous échapper si la police avait eu vent de notre rencontre. Si populaires que soient ces duels, ils sont interdits et punis, et la punition la plus sévère semble toujours être la perte de nos uniformes, de nos armes, de nos drapeaux et de nos tonneaux de bière. Cependant, nous avons cette fois échappé à toute interférence et avons pleinement profité de notre petit-déjeuner dans la forêt, sans que rien ne vienne perturber l'hilarité de la matinée.

Ne me contentant pas de ce qui me semblait n'être qu'une simple rumination en grec et en latin, je me tournai vers la philosophie systématique, et même pendant les premiers trimestres, j'en lus davantage que Platon et Aristote. J'appartenais aux sociétés philosophiques de Weisse, de Drobisch et de Lotze, adhésion à chacune desquelles des sociétés impliquaient une quantité considérable de lecture et d'écriture.

A Leipzig, le professeur Drobisch représentait l'école de Herbart, qui se targuait de sa clarté et de sa justesse logique, mais qui était naturellement moins attirante pour les jeunes esprits de l'Université qui avaient entendu parler de l'Idée de Hegel et considéraient le processus dialectique comme la solution à tous les problèmes. des difficultés. Je souhaitais savoir ce que tout cela signifiait, car je ne me contentais pas de simples mots. Il n'existe guère de mot qui ait autant de significations que l'Idée, et je doute que l'une des premières recrues, tout juste sorties de l'école et ignorant l'histoire de la philosophie, ait pu avoir la moindre idée de ce à quoi était destinée l'Idée de Hegel. Pourtant, ils en parlaient de manière très éloquente et très positive autour de leurs verres de bière ; et tous ceux qui venaient de Berlin et pouvaient parler mystérieusement ou avec enthousiasme de l'Idée et de son évolution par le processus dialectique, étaient écoutés avec un émerveillement silencieux par les jeunes Saxons, qui avaient été élevés dans Kant et Krug. La fièvre hégélienne était encore très forte à cette époque. Il est vrai que Hegel lui-même était mort (1831), et bien qu'il ait déclaré sur son lit de mort qu'il n'avait laissé qu'un seul vrai disciple et que ce disciple l'avait mal compris, être hégélien était considéré comme une condition *sine qua non* . seulement parmi les philosophes, mais tout autant parmi les théologiens, les hommes de science, les juristes, les artistes, en fait, dans toutes les branches de la connaissance humaine, du moins en Prusse. Si le christianisme sous sa forme protestante était la religion d'État du royaume, l'hégélianisme en était la philosophie d'État. Depuis le ministre de l'Instruction jusqu'au maître d'école du village, tout le monde se prétendait hégélien, et c'était censé être la meilleure voie pour progresser. Même si Altenstein, qui était alors à la tête du ministère de l'Instruction, commençait à vaciller dans son allégeance à Hegel, lui-même ne put résister à l'élan de l'opinion publique et officielle. C'est lui qui, lorsqu'un nouveau professeur de philosophie lui fut recommandé soit par Hegel lui-même, soit par certains de ses disciples, aurait déclaré : « Messieurs, j'ai lu quelques-uns des livres de ce jeune homme et je ne comprends pas un parole d'eux. Cependant, vous êtes les meilleurs juges, permettez-moi seulement de dire que vous me faites un peu penser à cet officier français qui disait à son tailleur de serrer sa culotte le plus possible, et qui le renvoyait en disant : « Enfin, si je peux y entrer, je ne les prendrai pas. Cela me semble bien ce que vous dites de votre jeune philosophe. Si je peux comprendre ses livres, je ne dois pas le prendre. Cette fièvre hégélienne ressemblait beaucoup à celle que nous avons traversée nous-mêmes à l'époque de la fièvre darwinienne ; L'évolution naturelle de Darwin était considérée comme le processus dialectique de Hegel, comme la solution générale à toutes les difficultés. Les absurdités les plus flagrantes ont été diffusées sous ce nom, tout comme sous le nom d'évolution. Hegel savait très bien ce qu'il voulait dire, tout comme Darwin. Mais l'enthousiasme vide de ses partisans devint si sauvage que Darwin lui-même, le plus humble de tous les hommes, en eut honte. Le maître, bien entendu, n'était pas responsable de la folie de ses soi-disant disciples, mais le résultat était inévitable. Après que l'arc fut tendu à l'extrême, une réaction s'ensuivit et, dans le cas de l'hégélianisme, un effondrement complet. Même à Berlin, la popularité de l'hégélianisme cessa brusquement et, au bout d'un certain temps, aucun homme véritablement scientifique n'aimait être qualifié d'hégélien. Ces effondrements soudains en Allemagne sont très instructifs. Tant qu'un professeur d'allemand est à la tête des affaires et peut faire quelque chose pour ses élèves, ceux-ci font des éloges très bruyants, tant en public qu'en privé. Non seulement ils l'exaltent, mais ils contribuent à rabaisser tous ceux qui diffèrent de lui. Il en fut de même pour Hegel, et il en fut de même plus tard pour Bopp, Curtius et d'autres professeurs, surtout s'ils avaient l'oreille du ministre de l'Éducation. Mais peu après la mort de ces hommes, surtout si une autre étoile influente se levait, le changement de ton fut des plus soudains et des plus surprenants ; même la vente de leurs livres diminua, et ils n'étaient mentionnés que comme des points de repère, témoignant du progrès rapide réalisé par les célébrités vivantes. Peut-être n'y peut-on rien, tant que la nature humaine est ce qu'elle est, mais c'est néanmoins douloureux à observer.

J'ai eu la chance de connaître l'hégélianisme grâce au professeur Christian Weisse de Leipzig, qui, bien que considéré comme un hégélien, était un hégélien très sobre, autant un critique qu'un admirateur de Hegel. Il avait un public très restreint, car sa manière de donner des cours était certainement très éprouvante et alléchante. Mais en étant mis en contact personnel avec lui, on pouvait obtenir de lui de l'aide partout où il le pouvait. Même si Weisse était convaincu de la véracité de la méthode dialectique de Hegel, il différait souvent de lui dans son application. Cette méthode dialectique consistait à montrer comment la pensée est constamment et irrésistiblement poussée d'une position affirmative à une position négative, puis réconcilie les deux opposés, et à partir de là recommence, répétant une fois de plus le même processus. L'être pur, par exemple, à partir duquel part l'évolution idéale de Hegel, s'est montré identique à l'être vide, c'est-à-dire rien, et tous deux ont été présentés comme identiques et, dans leur identité, nous donnant le nouveau concept de devenir (*Werden*), qui est à la fois être et ne pas être. Tout cela peut paraître plutôt obscur au lecteur profane, mais il ne saurait être ignoré.

Jusqu'à présent, Weisse a suivi le grand penseur, et je possède encore, dans ses propres écrits, l'image d'une échelle sur laquelle l'intellect est représenté montant de plus en plus haut du concept le plus bas au plus haut - une sorte d'échelle de Jacob sur laquelle le les catégories, comme les anges de Dieu, montent et descendent du ciel sur la terre. Nous devons nous rappeler que le véritable hégélien considérait les Idées comme les pensées de Dieu. Hegel considérait cette évolution de la pensée comme en même temps l'évolution de l'Être, l'Idée étant la seule chose dont on puisse dire qu'elle était vraiment réelle. Pour comprendre cela, nous devons nous rappeler que la clé historique de l'Idée de Hegel était en réalité le Logos néo-platonicien ou alexandrin. Mais de ce Logos, nous, étudiants ignorants, assis aux pieds du professeur Weisse, ne savions absolument rien, et même si l'Idée nous était parfois présentée comme l'Absolu, l'Infini ou le Divin, c'était pour nous, au moins pour le faire. la plupart d'entre nous, moi y compris, *vox et praeterea nihil* . Nous avons observé les merveilleuses évolutions et circonvolutions de l'Idée dans son développement dialectique, mais de l'Idée elle-même, nous n'avions aucune idée. C'était toute l'obscurité, un vaste abîme, et nous nous sommes assis patiemment et avons écrit ce que nous pouvions saisir et comprendre des explications du professeur, mais nous n'avons jamais pu saisir l'idée elle-même. Cela n'aurait pas été si difficile si le professeur s'était exprimé avec plus d'audace. Mais chaque fois qu'il en arrivait au rapport de l'Idée avec ce que nous entendons par Dieu, il y avait toujours, même chez lui, qui était un homme très honnête, une certaine hésitation théologique. Hegel lui-même semble parfois hésiter devant la conséquence selon laquelle l'Idée tient réellement la place de Dieu et que c'est dans l'esprit conscient de l'humanité que le Dieu idéal prend pour la première fois conscience de lui-même. Pourtant, c'est le dernier mot de la philosophie de Hegel, bien que d'autres soutiennent que l'Idée chez Hegel était la pensée de Dieu, et que la pensée humaine n'était qu'une répétition de cette pensée divine. Chez Hegel, il y a d'abord l'évolution de l'Idée dans le pur éther de la logique, de la catégorie la plus simple à la catégorie la plus élevée. Vient ensuite la Philosophie de la Nature de Hegel, c'est-à-dire l'évolution de l'Idée dans la nature, l'Idée s'étant négativement elle-même par le processus dialectique habituel et entrée dans son contraire (*Anderssein*), passant par un nouveau processus d'espace et de temps, et se terminant par l'âme humaine consciente d'elle-même. Ainsi la nature et l'esprit étaient représentés comme dominés par l'Idée dans son développement logique. La nature était une manifestation de l'Idée, l'Histoire l'autre, et il devint la tâche du philosophe d'en découvrir les traces à la fois dans le progrès de la nature et dans le progrès historique de la pensée.

Et c'est ici que les protestations les plus fortes ont commencé à se faire entendre. Les sciences physiques se révoltèrent et la recherche historique se joignit bientôt à la rébellion. Le professeur Weisse lui aussi, malgré sa grande admiration pour Hegel, protestait dans ses Conférences contre cette idéalisation de l'histoire et montrait combien de fois Hegel, s'il ne parvenait pas à trouver les traces qu'il cherchait dans le développement historique de l'Idée, était induit en erreur. par sa connaissance imparfaite des faits, et a découvert ce qui n'était pas là, mais ce dont il était convaincu qu'il aurait dû être là. Nulle part cela n'est devenu aussi évident que dans *la Philosophie de la religion de Hegel* . L'idée était grande de voir dans le développement historique de la religion une répétition du progrès dialectique de l'idée. Mais les faits sont des choses tenaces et ne cèdent même pas au commandement suprême de l'Idée. D'ailleurs, si les faits historiques de la religion étaient réellement tels que l'exige le processus dialectique de l'Idée, ces faits ne seraient plus ce qu'ils étaient avant 1831, et que deviendrait alors l'Idée qui, comme il l'écrit dans sa préface à sa *Métaphysique* , ne pourrait-il pas être modifié pour plaire aux nouveaux faits ? C'était cette partie des conférences de Weisse, c'était la protestation de la conscience historique contre les exigences de l'Idée, qui m'intéressait le plus. Je vois aussi clairement la vérité formelle que la fausseté matérielle de la philosophie de Hegel. L'excellence complète de sa méthode et la calvitie désespérée de ses résultats me frappent avec la même force. Même si je ne savais pas encore à quel genre de chose ou de personne cette

Idée était réellement destinée, je connaissais moi-même suffisamment la philosophie grecque antique et les religions orientales pour oser critiquer la représentation et la disposition hégélienne des faits eux-mêmes. Je ne pouvais pas accepter la réponse de mes amis hégéliens plus déterminés, *Tant pis pour les faits* , mais je ressentais de plus en plus le vieil antagonisme entre ce qui devrait être et ce qui est, entre le caractère raisonnable de l'Idée et le caractère déraisonnable des faits. J'ai trouvé un fervent partisan chez un jeune Privat-Docent qui commençait alors sa brillante carrière à Leipzig, le Dr Lotze. Il avait fait une étude particulière des mathématiques et des sciences physiques et ressentait dans *la Philosophie de la nature de Hegel le même désaccord entre les faits et les théories* qui m'avait tant frappé en lisant sa *Philosophie de la religion* . J'entrai dans sa société philosophique, et j'ai retrouvé dernièrement parmi mes anciens papiers plusieurs essais que j'avais écrits pour nos réunions. Ils m'ont beaucoup amusé, mais je serais désolé de les voir publiés maintenant. Il est curieux qu'après de nombreuses années, en tant que délégué des Presses universitaires d'Oxford, j'ai joué un rôle déterminant dans la publication en Angleterre de la première traduction anglaise de *la Métaphysique de Lotze* ; et il est encore plus curieux que Mark Pattison, le défunt recteur de Lincoln, se soit opposé avec force et force à ce livre inutile qui ne paierait jamais ses dépenses. J'ai défendu mon ancien professeur, et je suis heureux de dire, en l'honneur des philosophes anglais, que la traduction a connu plusieurs éditions et n'a pas peu contribué à établir la position de Lotze en Angleterre et en Amérique. Il mourut en 1881.

Il est extraordinaire de voir comment les jeunes esprits des universités allemandes survivent aux tempêtes et aux brouillards qu'ils doivent traverser au cours de leur carrière universitaire. J'avoue que je me suis senti moi-même assez déconcerté pendant un certain temps et que j'ai commencé à désespérer complètement de mes capacités de raisonnement. Pourquoi ne devrais-je pas être capable de comprendre, me demandais-je, ce que les autres semblaient comprendre sans aucun effort ? Nous parlons la même langue, pourquoi ne pourrions-nous pas avoir la même pensée ? Je me suis réfugié un temps dans l'histoire, l'histoire du langage, de la religion et de la philosophie. Il y avait à Leipzig un professeur très savant, le Dr Niedner, qui faisait des conférences sur l'histoire de la philosophie grecque et dont *le manuel d'histoire de la philosophie* m'a été utile toute ma vie. Socrate a dit d'Héraclite : « Ce que j'ai compris de son livre est excellent, et je suppose donc que même ce que je n'ai pas compris l'est aussi ; mais il faut être un nageur de Délos pour ne pas s'y noyer. J'ai longtemps essayé de suivre ce conseil à l'égard de Hegel et de Weisse et, bien que découragé, je ne désespérais pas. J'en ai compris une partie, pourquoi le reste ne suivrait-il pas avec le temps ? Ainsi, je n'ai jamais abandonné les études de philosophie à Leipzig, puis à Berlin, et mes premières contributions à des revues philosophiques datent de cette époque précoce, lorsque j'étais étudiant à l'Université de Leipzig. Mes toutes premières tentatives, bien que très infructueuses, pour trouver une entrée dans les mystères de la philosophie datent même de mes années d'école.

Je me souviens que quelques années auparavant, quand j'étais très jeune, peut-être âgé de quinze ans à peine, j'écoutais avec impatience des professeurs de Leipzig qui parlaient en ma présence de philosophie avec beaucoup d'enthousiasme. Je n'avais aucune idée de ce que l'on entendait par philosophie, et encore moins pouvais-je suivre quand ils commençaient à discuter de *la Kritik der reinen Vernunft de Kant* . Un de mes amis, que je considérais comme une grande autorité, a avoué qu'il avait lu le livre encore et encore, mais qu'il ne parvenait pas à le comprendre dans son intégralité. Ma curiosité était très excitée, et un jour, pendant qu'il se promenait avec moi, je lui demandai très timidement de quoi parlait le livre de Kant et comment un homme pouvait écrire un livre que les autres hommes ne pouvaient pas comprendre. Il a essayé d'expliquer de quoi parlait le livre de Kant, mais tout n'était qu'une obscurité totale devant mes yeux ; J'essayais de saisir un mot ici et là, mais tout flottait devant mon esprit comme une brume, sans un seul rayon de lumière, sans aucune issue à tout ce dédale de mots. Mais quand enfin il m'a dit qu'il me prêterait le livre, je suis tombé dessus et je l'ai scruté heure après heure. Le résultat était le même. Mon petit cerveau ne pouvait pas comprendre les idées les plus simples des premiers chapitres : que l'espace et le temps n'étaient rien en eux-mêmes ; que nous avons nous-mêmes donné la forme de l'espace et du temps à ce que nous donnaient les sens. Mais bien que vaincu, je ne céderais pas ; J'ai essayé encore et encore, mais bien sûr, c'était en vain. Les mots étaient là et je pouvais les interpréter, mais il n'y avait rien dans mon esprit sur lequel les mots auraient pu s'accrocher. C'était comme de la pluie sur un sol dur, tout s'écoulait ou restait debout en flaques et en désordre sur mon pauvre cerveau.

Finalement, j'y ai renoncé, désespéré, mais j'étais bien décidé que dès que j'irais à l'Université, je découvrirais ce qu'est réellement la philosophie et ce que Kant voulait dire en disant que l'espace et le temps étaient des formes de notre sensibilité. intuition. Je vois qu'en conséquence, au cours de l'été 1841, j'ai suivi des cours d'esthétique par le professeur Weisse, d'anthropologie par Lotze et de psychologie par le professeur Heinroth, et j'ai lentement appris à distinguer ce qui se passait en moi de ce qui se passait en moi. j'avais été amené à imaginer qu'il existait en dehors de moi, ou du moins tout à fait indépendant de moi. Mais avant d'avoir bien saisi Kant, ses formes d'intuition et les catégories de l'entendement, j'ai été plongé dans l'hégélianisme. Là aussi, c'était au début l'obscurité totale, mais je n'étais pas découragé. J'ai assisté aux conférences du professeur Weisse sur Hegel au cours de l'hiver 1841-1842, et de nouveau, au cours de l'hiver 1842-1843, à ses cours sur la logique et la métaphysique, ainsi que sur la philosophie de l'histoire. Il s'intéressait à moi et je me sentais très fortement attiré par lui.

Peu après, je rejoignis sa Société philosophique, ainsi que celle du professeur Drobisch. Dans ces sociétés, chaque membre, quand son tour venait, devait rédiger un essai et le défendre contre le professeur et les autres membres de la société. Tout cela m'a été très utile, mais ce n'est que lorsque j'ai entendu un cours sur l'histoire de la philosophie, donné par le professeur Niedner, que mon intérêt pour la philosophie est devenu fort et sain. Alors que Weisse était un philosophe hégélien de premier plan et que Drobisch représentait la philosophie opposée à celle de Herbart, Niedner était purement historique, et cela me plaisait le plus. Pourtant, mes études philosophiques sont restées très décousues. Finalement, je fus également admis à la Société philosophique de Lotze, et ici nous lisâmes et discutâmes principalement le *Kritik de Kant*. Lotze était alors un tout jeune homme, indécis lui-même entre la science physique et la philosophie pure.

Weisse était certainement le conférencier le plus émouvant, mais son discours était effrayant. Il ne lisait pas ses cours, comme le faisaient de nombreux professeurs, mais les donnait *de manière improvisée*. Il ne maîtrisait pas la langue et il y avait une pause après presque chaque phrase. Il réfléchissait vraiment au problème pendant qu'il donnait son cours ; il répétait constamment ses phrases, et toute nouvelle pensée qui lui traversait l'esprit l'entraînerait à des kilomètres de son sujet. Il lui arrivait parfois, dans ces rhapsodies, de se contredire, mais lorsque je rentrais chez lui avec lui après sa conférence dans un village près de Leipzig où il vivait, il m'expliquait volontiers comment cela s'était produit, comment il voulait dire quelque chose de très différent de ce qu'il avait dit, ou ce que j'avais compris. En fait, il redonnerait toute la conférence, mais de manière beaucoup plus libre et plus intelligible. J'étais alors pleinement convaincu que la philosophie de Hegel était la solution finale à tous les problèmes ; J'ai seulement hésité sur sa philosophie de l'histoire appliquée à l'histoire des religions. Je ne pouvais pas me résoudre à admettre que l'histoire de la religion, ni même l'histoire de la philosophie telle que nous la connaissons, de Thalès à Kant, côtoyaient réellement sa Logique, montrant comment les principaux concepts de l'esprit humain, tels qu'ils étaient élaborés, dans la Logique, avait trouvé son expression successive dans l'histoire et le développement des écoles de philosophie telles que nous les connaissons. Weisse était fort à la fois dans son analyse des concepts et dans sa connaissance de l'histoire, et bien qu'il ait enseigné Hegel comme un interprète fidèle, il nous a toujours mis en garde contre une trop grande confiance dans le parallélisme entre la logique et l'histoire. Étudiez les écrits des bons philosophes, disait-il, et voyez ensuite s'ils entreront ou non dans le lit procustéen de la Logique de Hegel. Et c'était la meilleure leçon qu'il pouvait donner aux jeunes hommes. J'ai découvert moi-même à quel point cet avertissement était fondé et nécessaire, au fur et à mesure que j'étudiais la religion et les philosophies de l'Orient, puis que je comparais ce que je voyais dans les documents originaux avec le récit donné par Hegel dans sa *Philosophie de la religion* . Il est bien vrai que Hegel, à l'époque où il écrivait, ne pouvait pas acquérir une connaissance directe et précise des principales religions de l'Orient. Mais ce que je ne pouvais m'empêcher de constater, c'est que ce que Hegel représentait comme une nécessité dans la croissance de la pensée religieuse était très éloigné de la croissance réelle, comme je l'avais observé dans certains des livres sacrés de ces religions. Cela a ébranlé plus que toute autre chose ma croyance dans la justesse des principes fondamentaux de Hegel.

A cette époque, la philosophie de Herbart, telle qu'elle était enseignée par Drobisch à Leipzig, me parut comme un antidote des plus utiles. L'objet principal de cette philosophie est, comme on le sait, l'analyse et la clarification, pour ainsi dire, de nos concepts. C'était exactement ce que je voulais, seulement qu'occupé comme je l'étais des problèmes de langage, je traduisais aussitôt l'objet de sa philosophie en une définition de mots. Désormais l'objet de mes propres occupations philosophiques fut la définition exacte de chaque mot. Tous les mots, tels que raison, raison pure, esprit, pensée, ont été soigneusement démontés et retracés, si possible, jusqu'à leur première naissance, puis à travers leurs développements ultérieurs. Mon intérêt pour ce processus analytique a rapidement pris un caractère historique, c'est-à-dire étymologique, dans la mesure où j'ai essayé de découvrir pourquoi des mots devraient maintenant signifier exactement ce qu'ils devraient signifier, selon notre définition. Par exemple, en examinant des mots tels que *Vernunft* ou *Verstand* , une petite rétrospective historique a montré que leur distinction en tant que raison et compréhension était tout à fait moderne et principalement due à une définition scientifique donnée et maintenue par l'école de philosophie kantienne. Bien sûr, chaque génération a le droit de définir ses termes philosophiques, mais d'un point de vue historique, Kant aurait pu utiliser avec le même droit *Vernunft* pour *Verstand* et *Verstand* pour *Vernunft* . Étymologiquement ou historiquement, les deux mots ont à peu près la même signification. *Vernunft* , de *Vernehmen* , signifiait à l'origine rien de plus que perception, tandis que *Verstand* signifiait également perception, mais en vint bientôt à impliquer une sorte de compréhension, voire une sorte de connaissance technique, bien que d'un point de vue purement étymologique, il n'y ait rien qui lui convenait davantage pour porter le sens qui lui est maintenant attribué en allemand à la différence de *Vernunft* , que l'entendement avait à distinguer de la raison. Il faut, bien entendu, une recherche historique très minutieuse pour retracer les étapes par lesquelles des mots tels que raison et compréhension divergent dans des directions différentes, dans le langage populaire et dans le langage philosophique. Cela nous enseigne une distinction très importante, à savoir celle entre le développement populaire du sens d'un mot et son sens tel que défini et affirmé par un philosophe ou par un poète dans la plénitude de sa puissance. La définition étymologique est très utile pour les premières étapes de l'histoire d'un mot. Il est utile de savoir, par exemple, que *deus*, Dieu, signifiait à l'origine brillant, brillant, qu'il soit appliqué au ciel, au soleil, à la lune, aux étoiles, à l'aube, au matin, au printemps, au printemps de l'année et à de nombreux autres objets lumineux dans la nature. il prit ainsi un sens commun à tous, splendide, ou céleste, bienfaisant, puissant, de sorte que lorsque déjà dans le Veda nous trouvons un certain nombre de corps célestes, ou de corps terrestres, ou même de périodes de temps appelées Devas, ce mot a pris un sens plus général, plus complet et plus exalté. Il ne signifiait pas encore ce que les Grecs appelaient θεο ί ou dieux, mais il signifiait quelque chose de commun à tous ces θεο ί, et pouvait donc naturellement exprimer ce que les Grecs voulaient exprimer par ce mot. Il n'était pas encore nécessaire de définir deva ou θε ό ς, lorsqu'il était appliqué à ce que l'on entendait par dieux, mais bien sûr les significations les plus opposées s'étaient regroupées autour de cela. Alors qu'un Grec philosophique soutiendrait que θε ό ς signifiait ce qui était un et jamais plusieurs, un Grec poétique ou un Grec ordinaire soutiendrait que cela signifiait ce qui était par nature multiple. Mais alors que dans un tel cas, l'analyse philosophique et la généalogie historique se soutiendraient mutuellement, il existe de très nombreux cas où l'analyse étymologique est aussi désespérée que l'analyse logique. Qui doit définir *le romantique*, dans des expressions telles que la littérature romantique. Étymologiquement, nous savons que romantique remonte finalement à Rome, mais la masse de significations incongrues qui ont été jetées au hasard dans le chaudron de ce mot est si grande qu'aucune définition ne pourrait être conçue pour les comprendre toutes. Et comment définir l'architecture *gothique* ou *romane*, en sachant que, de même qu'aucun Goth n'avait rien à voir avec les arcs brisés, aucun Romain non plus n'était responsable des toits plats des églises allemandes des empereurs saxons.

Assez pour montrer ce que je voulais dire quand je disais que le professeur Drobisch, dans ses conférences sur Herbart, m'a donné un grand encouragement dans le travail spécial dans lequel j'étais déjà engagé en tant que simple étudiant, la science du langage et de l'étymologie. Si Herbart déclarait que la philosophie consiste en un examen approfondi (*Bearbeitung*) de concepts ou de connaissances conceptuelles, ma réponse était : Qu'elle soit seulement historique, voire, au début, étymologique ; Je n'ai pas été assez stupide pour imaginer qu'un mot, tel qu'il est utilisé aujourd'hui, signifiait ce qu'il signifiait étymologiquement. *Deus* ne signifiait plus brillant, mais le véritable historien du langage devrait avoir pour objectif de prouver comment *Deus*, qui signifiait à l'origine brillant, en est venu à signifier ce qu'il signifie aujourd'hui.

Pendant un certain temps, j'ai pensé devenir philosophe, et cela me paraissait si grandiose que l'idée de préparer un simple maître d'école, enseignant le grec et le latin, me paraissait de plus en plus un domaine trop étroit. Bientôt, cependant, alors que je rêvais d'une chaire de philosophie dans une université allemande, j'ai commencé à sentir que je devais savoir quelque chose de spécial, quelque chose qu'aucun autre philosophe ne connaissait, et cela m'a incité à apprendre le sanskrit, l'arabe et le persan. Je n'avais entendu que ce que nous appelons en allemand le carillon, et non le tintement des cloches de la philosophie indienne ; J'avais lu le livre explicatif de Frederick Schlegel *Über die Sprache und Weisheit der Indier* (1808) et consulté *Die Philosophie im Fortgange der Weltgeschichte* (1827-1834) de Windischmann. Ces livres sont à peine ouverts maintenant ; ils sont désuets, et plus que désuets ; ils sont pleins d'erreurs sur les faits et d'erreurs sur les conclusions qu'on en tire. Mais ils avaient introduit de nouvelles idées dans le monde de la pensée, et ils ont laissé à beaucoup, comme à moi, ce sentiment qu'on dit qu'il éprouve chez le creuseur qui prospecte des minéraux, qu'il doit y avoir de l'or sous la surface, si les gens veulent bien le faire. seulement creuser. Ce sentiment était encore très vague et aurait pu être tout à fait trompeur, et je ne voyais pas non plus le moyen d'aller au-delà du point atteint par ces deux rêveurs ou explorateurs. Cette pensée est restée dans la poubelle de mon esprit et, bien qu'oubliée sur le moment, elle a refait surface lorsque l'occasion s'est présentée. C'est par une heureuse coïncidence qu'au même moment, au cours de l'hiver 1841, une nouvelle chaire fut fondée à Leipzig et confiée au professeur Brockhaus. Aussi incertain que j'étais quant au cours que je devais suivre dans mes études, j'ai décidé de voir ce qu'il y avait à apprendre en sanskrit. Il y avait un charme dans l'inconnu et, je dois l'avouer, un charme aussi dans le fait d'étudier quelque chose que mes amis et camarades de classe ne connaissaient pas. J'ai rendu visite au professeur Brockhaus et j'ai constaté qu'il n'y avait que deux autres étudiants pour assister à ses cours, un certain Spiegel, qui connaissait déjà les éléments du sanscrit, et qui vit toujours à Erlangen, [9] en tant que célèbre professeur de sanscrit et de zend. , bien qu'il ne donne plus de conférences, et un autre, Klengel ; tous deux mes aînés de plusieurs années, mais tous deux extrêmement aimables envers leur plus jeune camarade. Klengel était un érudit, un philosophe et un musicien, et bien qu'après un trimestre ou deux il dut abandonner son étude du sanskrit, il m'était très utile par ses bons conseils. Il m'encouragea et me félicita de mes progrès en sanskrit, sans doute plus rapides que les siens, et il me confirma dans ma conviction que le philologue et le philosophe pouvaient faire quelque chose du sanskrit. Il ne faut pas oublier qu'à cette époque il existait un fort préjugé contre le sanskrit parmi les érudits classiques. Le nombre d'hommes qui l'ont défendu, même s'il s'agissait de noms tels que W. von Humboldt, F. et A. W. von Schlegel, était encore très faible. Même les paroles prophétiques de Herder et de Goethe n'eurent que peu d'effet. On raconte que lorsque le gouvernement fut persuadé, principalement par les deux Humboldt, de fonder une chaire de sanskrit à l'université de Würzburg et qu'il nomma Bopp comme premier occupant, la faculté de philologie de l'université protesta contre une telle profanation. et le rendez-vous a échoué. Il est vrai sans doute que, dans leur premier enthousiasme, les étudiants du sanscrit avaient émis de nombreuses opinions exagérées. Le sanskrit était représenté comme la mère de toutes les langues, au lieu d'être la sœur aînée de la famille aryenne. L'origine de toute langue, de toute pensée, de toute religion remonte à l'Inde, et lorsque les érudits grecs apprirent que Zeus existait dans le Veda sous le nom de Dyaus, il y eut un grand frémissement dans les colombiers de l'érudition classique. Beaucoup de ces déclarations enthousiastes ont dû ensuite être atténuées. Comme nous avons apprécié ces journées enthousiastes, qui, même dans leurs espérances exagérées, n'étaient pas inutiles. Des problèmes tels que les débuts du langage, de la pensée, de la mythologie et de la religion, ont été posés avec l'espoir de la jeunesse que le Veda les résoudrait tous, comme si les Rishis védiques avaient été présents lors de la première explosion de racines, de concepts, voire même de concepts. comme Pélops et d'autres descendants de Zeus, ces poètes védiques avaient eu des rapports quotidiens avec les dieux et avaient assisté à la mutilation d'Ouranos ou à la suralimentation de Cronos. Nous avons peut-être honte aujourd'hui de certains des rêves du premier printemps du séjour de l'homme sur terre, mais c'étaient des rêves enchanteurs, et toutes nos pensées sur la nature et la destinée de l'homme sur terre étaient teintées des couleurs d'un matin qui jetait de la lumière. sur les ténèbres grises qui l'ont précédé. C'était délicieux de voir que Dyaus voulait dire à l'origine le ciel brillant, quelque chose de réellement visible, mais quelque chose qui devait devenir quelque chose d'invisible. Toute connaissance, qu'elle soit individuelle ou possédée par l'humanité dans son ensemble, doit avoir commencé avec ce que les sens peuvent percevoir, avant de pouvoir signifier quelque chose qui n'est pas perçu par les sens. Ce n'est qu'après que l'éther bleu eut été perçu et nommé qu'il fut possible de concevoir et de parler du ciel comme actif, comme agent, comme dieu. Dyaus ou Zeus pourrait ainsi être appelé le plus sublime, celui qui réside dans l'éther, α ἰ θ ἐ ρι να ἰ ων ὑ ψ ἰ ζυγος, le céleste, ou ο ὑ ρ ά νιος ὕ πατος et ὕ ψιστος, le plus haut, et enfin *Iupiter Optimus Maximus* , nom appliqué même au vrai Dieu. Lorsque Zeus serait devenu comme le ciel, voyant tout ou omniscient (ἐ π ό ψιος), ne serait-il pas naturellement censé voir non seulement les bonnes, mais aussi les mauvaises actions des hommes, voire même leurs pensées, qu'elles soient pures ou pures ? ou criminel ? Et si oui, ne serait-il pas le vengeur du mal, le veilleur des serments (ὅ ρκιος), le protecteur des impuissants (ἰ κ έ σιος) ? Pourtant, s'ils étaient conçus, comme pendant longtemps tous les dieux ont été conçus et ne pouvaient être conçus que sous une forme humaine, ne devrions-nous pas nécessairement avoir cet étrange amalgame d'un être humain accomplissant un travail surhumain – lançant la foudre, criant ? dans le tonnerre, caché par des nuages sombres, et souriant dans le bleu serein du ciel aux scintillations brillantes ? Tout cela et bien plus encore est devenu parfaitement intelligible, le passage du visible à l'invisible, du perçu au conçu, de la nature aux dieux de la nature, et du dieu de la nature à une puissance spirituelle et invisible plus sublime. Tout cela semblait se dérouler sous nos yeux dans les Védas, puis se refléter dans Homère et Pindare.

Certains détails de cette image restaurée du monde des dieux et des hommes dans les premiers temps, et même au printemps même des temps, devront peut-être être modifiés, mais l'image, l'eidyllion est resté, et rien n'a pu freiner l'esprit aventureux et le garder. d'aller de l'avant et d'essayer de faire ce qui semblait aux autres presque impossible, à savoir observer la croissance de l'esprit humain telle que reflétée dans les pétrifications du langage. La langue elle-même nous parlait avec une voix différente et un sens autrefois insoupçonné.

Nous savions, par exemple, que *ewig* signifiait éternel, mais d'où éternel. Rien d'éternel n'a jamais été vu, et il semblait au philosophe que l'éternel ne pouvait s'exprimer que par une négation, par une négation de ce qui était temporaire. Mais nous apprenons maintenant que *ewig* dérive en paroles et donc en pensée du gothique *aiwar*, temps. *Ewigkeit* était donc à l'origine le temps, et « pour tous les temps » en est venu naturellement à signifier « pour toute l'éternité ». L'éternité vient aussi de *aeternus*, c'est-à-dire *aeviternus*, pour temps, c'est-à-dire. e. pour toujours, et donc pour l'éternité, tandis que *aevum* signifiait vie, durée de vie, âge. Mais maintenant se pose la question : si *aevum* montre la croissance de ce mot, et son origine, et comment il arrive finalement au pôle très opposé, vie et temps venant à signifier éternité, ne pourrions-nous pas, par le même processus, découvrir l'origine. et la croissance de mots grecs aussi courts que ἀ ε ι et a ι ε ι ? Cela semble presque impossible, mais en rappelant qu'aevum *signifiait* à l'origine vie, nous trouvons en sanskrit védique *eva*, cours, chemin, vie, le même que *aevum*, tandis que le sanskrit *âyush*, également dérivé de *i*, aller, forme son locatif *âyushi*. *Âyushi*, ou à l'origine *âyasi*, signifierait « dans la vie, dans le temps », et transformé en grec deviendrait alors régulièrement un ἰ ε ἰ, pour la vie, ou pour toujours. Il n'était pas difficile de trouver à redire à cette étymologie et à d'autres, et de demander une explication de α ἰέ ν et α ἰέ ς, comme dérivés du même mot *âyus*. Il est curieux que les gens ne réalisent pas que les étymologies, et en particulier l'évolution progressive de la forme et du sens des mots, ne peuvent presque jamais être une question de certitude mathématique.

Des influences historiques, voire individuelles, interviennent qui empêchent la science du langage de devenir purement mécanique. Pott, Curtius et d'autres se sont opposés à Bopp et Grimm, affirmant qu'il ne pouvait y avoir rien d'anormal dans le langage, en particulier dans les changements phonétiques. Si cela signifie simplement que, dans les mêmes circonstances, les mêmes changements auront toujours lieu, ce ne serait bien sûr qu'un simple truisme. La question est seulement de savoir si nous pourrons jamais connaître toutes les circonstances, et s'il n'y a pas certaines de ces circonstances qui provoquent ce que nous avons tendance à appeler des irrégularités. Quand Bopp dit que le sanskrit *d* correspond à un δ grec, mais souvent aussi à un θ grec, je doute que ce soit souvent le cas. Tout ce que je dis, c'est que si *deva* correspond à θε ό ς, il faut essayer de trouver la raison ou les circonstances qui ont provoqué une correspondance si inhabituelle. S'il ne s'agit que de dire qu'il doit y avoir une raison à tout ce qui semble irrégulier, personne ne le contredirait, ni Bopp ni Grimm, et personne n'a jamais douté de ce principe. Mais établir ces raisons est la difficulté même à laquelle se trouve confrontée la science du langage.

Il n'y a pas de mot qui n'ait une étymologie, seulement si l'on considère la distance de temps qui nous sépare des faits historiques que l'on cherche à rendre compte, on devrait parfois se contenter de probabilités et ne pas toujours stipuler une certitude absolue. De nombreuses étymologies de Bopp, Grimm et Pott ont dû être abandonnées, et pourtant notre suzeraineté sur ce pays lointain qu'ils ont conquis, sur la patrie aryenne, demeure. S'il existe une étymologie contenant quelque chose d'irrégulier, et pour laquelle aucune raison n'a encore été trouvée, nous devons attendre qu'une meilleure étymologie puisse être suggérée, ou qu'une raison soit trouvée pour cette apparente irrégularité. Si la signification étymologique de *duhitar*, fille, en tant que laitière, est mise en doute, ayons une meilleure explication, pas une pire ; mais l'image générale de la première famille aryenne « quelque part en Asie » n'est pas pour autant détruite. Le père, Sk. *pitar*, reste le protecteur ou le nourrisseur, bien que le *i* pour *a* in *pater* et πατ ή ϱ soit irrégulier. La mère, *mâtar*, reste porteuse d'enfants, même si *mâ* n'est plus utilisé dans ce sens dans aucune des langues aryennes. *Pati* est le seigneur, le fort, donc le mari ; *vadhû*, le compagnon du joug, ou la femme ramenée à la maison, peut-être enlevée de force. *Vis* ou *vesa* est la maison, ο ἰ κος ou *vicus*, ce qui a été entré pour s'abriter. *Svasura*, ἑ κυϱ ό ς, *Socer*, le beau-père, est le vieil homme des *svas*, des *famuli*, ou de la famille, ou des clients, bien que le premier *s* soit irrégulier et ne puisse être défendu que sur le terrain. d'une analogie erronée. *Bhrâtar*, *frater*, frère, était le partisan ; *svastar*, *soror*, sœur, la consolatrice, etc.

Que signifient quelques objections ? L'ensemble du tableau demeure, comme si nous pouvions regarder dans le *vesa*, le ο ἰ κος, le *veih*, la maison, le village des anciens Aryens, et les observer, les *svas*, le peuple, dans leurs relations mutuelles. Même des mots composés, comme *vis-pati*, seigneur d'une famille ou d'un village, ont été conservés jusqu'à nos jours dans le lituanien *Veszpats*, seigneur, roi ou Dieu. Il nous suffit de constater que les relations entre mari et femme, entre parents et enfants, entre frères et sœurs, voire même entre beaux-enfants et beaux-parents, avaient été reconnues et sanctifiées par des noms. Qu'il y ait, et qu'il y ait toujours, des doutes et de légères divergences d'opinions sur ces pensées et ces paroles préhistoriques, cela est facile à comprendre. Nous avons longtemps eu plaisir à voir en *vidua* , veuve, le sanskrit *vidua* , i. e. sans homme ni mari. Nous dérivons maintenant *vi-dhavâ* , veuve, de *vidh* , être séparé, être sans (cf. *vido* in *divido* et Sk. *vidh*), mais l'image de la famille aryenne reste à peu près la même.

Lorsque ces antiquités et d'autres semblables furent pour la première fois mises au jour par Bopp, Grimm et Pott, il n'est pas étonnant que nous, jeunes hommes, ayons sauté sur elles et crié de joie, plus même que les creuseurs qui ont creusé des palais babyloniens ou des palais égyptiens. des temples ! Personne n'a fait plus pour ces découvertes et restaurations d'antiquaires que A. Kuhn, simple maître d'école, mais plus tard membre éminent de l'Académie de Berlin. Combien de fois me suis-je assis avec lui dans son bureau pendant qu'il travaillait, entouré de ses livres grecs, latins et sanskrits. Plus tard aussi, lorsque j'avais fait moi-même quelques découvertes quant aux noms mythologiques ou aux êtres identiques dans les écrits védiques et grecs, comme il était agréable de le voir se frotter les mains ou secouer la tête. Bien avant que j'aie publié mes identifications, elles lui furent soumises, et il me communiqua ses propres suppositions comme je lui communiquais les miennes. Kuhn ne s'approprierait jamais ce qui appartenait à quelqu'un d'autre, et même dans les cas où nous étions d'accord, il préciserait toujours que nous étions tous deux parvenus indépendamment au même résultat.

Il est dans la nature des choses que chaque nouvelle génération de chercheurs perfectionne ses outils et découvre ainsi les failles des travaux laissés par leurs prédécesseurs. Pourtant, qu'est-ce que le ciseau raffiné des savants ultérieurs comparé aux pierres grossièrement taillées d'hommes comme Bopp ou Grimm ? Si les pierres cyclopéennes des Pélasges ne ressemblent pas aux œuvres d'art achevées de Phidias, que serait le Parthénon sans les murs attribués aux Cyclopes ? Il en est de même dans toutes les sciences, et il faut tâcher d'être juste, tant envers le génie de ceux qui ont créé, que envers l'application de ceux qui ont poli et affiné.

Pour tout cela, cependant, je n'ai rencontré que peu de sympathie et d'encouragement à Leipzig ; bien plus, je devais être très prudent en exprimant ce qui était censé être des opinions hérétiques ou peu érudites au séminaire de Gottfried Hermann ou dans la société latine de Haupt. Ce dernier en particulier, bien qu'il sache très bien combien de lumière ont été jetées sur le développement du langage les recherches de Bopp, Grimm et Pott, et bien que Grimm soit son ami intime dont il parlait toujours avec une réelle vénération, ne pouvait supporter ses propres élèves s'intéressent à ce sujet. Et bien sûr, à cette époque, mes connaissances en philologie comparée n'étaient qu'un simple barbotage. S'il parvenait à découvrir une fausse quantité dans une étymologie quelconque, sa joie était grande et son sarcasme vraiment flétrissait, d'autant plus qu'il était exprimé dans un latin très classique. Gottfried Hermann était un personnage différent. Il a vu qu'il y avait une nouvelle lumière et il ne lui tournerait pas le dos. Il savait avec quelle légèreté son adversaire, Otfried Müller, valorisait le sanskrit dans ses essais mythologiques, et il se mit au travail et, dans l'un de ses derniers programmes académiques, donna même les paradigmes des verbes sanskrits par rapport à ceux du grec. Il comprit que les coïncidences entre les deux ne pouvaient pas être fortuites, et si elles étaient si écrasantes dans la simple terminaison des verbes, à quoi ne pourrions-nous pas nous attendre dans les mots et les noms, même dans les noms mythologiques ? Il ne m'a nullement découragé, bien au contraire, il était désolé de me perdre lorsque, en troisième année, je suis allé à Berlin. Il m'a témoigné une grande gentillesse à plusieurs reprises et, lorsque le moment est venu de passer mes diplômes de maîtrise et de doctorat, il m'a invité, en tant que doyen de la faculté, à revenir à Leipzig, en m'offrant une exposition pour couvrir les frais de le degré.

F. MAX MÜLLER
, vingt ans

Mon désir d'aller à Berlin était né en partie du désir d'entendre Bopp, mais surtout du désir de faire la connaissance de Schelling. Mon penchant pour la philosophie était devenu de plus en plus fort ; J'avais mes propres idées sur la mythologie en tant que forme nécessaire de la philosophie ancienne, et quand j'ai vu que le vieux philosophe avait annoncé ses conférences ou ses conférences sur la mythologie, je n'ai pas pu résister et je suis allé à Berlin en 1844. Je dois dire tout de suite que le professeur Bopp, bien qu'il ait été extrêmement gentil avec moi, était à cette époque, sinon vieux — il n'avait que cinquante-trois ans — très infirme. Dans ses cours, il lisait simplement sa *Grammaire comparée* à la loupe et n'y ajoutait que très peu de nouveautés. Il m'a prêté quelques manuscrits qu'il avait copiés en latin dans sa jeunesse, mais je n'ai pas pu obtenir beaucoup d'aide de sa part lorsque j'arrivais à des passages vraiment difficiles. Cela, je l'avoue, m'a intrigué à l'époque, car je considérais chaque professeur comme omniscient. Le moment vient cependant où nous apprenons que même à cinquante-trois ans, un homme peut avoir oublié certaines choses, voire même avoir laissé passer de nombreux livres et de nouvelles découvertes, même dans son propre domaine, parce qu'il a beaucoup à faire avec son propre sujet. études particulières. On se souvient de la vieille histoire du professeur qui, accusé par un jeune étudiant plutôt impertinent de ne pas savoir ceci ou cela, répondait : « Monsieur, j'ai oublié plus que vous n'avez jamais su. » Et c'est effectivement le cas. La nature humaine et la mémoire humaine sont très fortes pendant la jeunesse et l'âge adulte, mais même à cinquante ans, on constate chez de nombreuses personnes un certain déclin de la vigueur mentale qui se reflète principalement dans la mémoire. Les choses ne sont pas exactement oubliées, mais elles n'arrivent pas au bon moment. Ils laissent simplement une certaine connaissance de l'endroit où se trouvent les informations manquantes ; ils laissent aussi une sorte de sentiment que le terrain n'est pas tout à fait sûr et qu'il ne faut plus se fier entièrement à notre mémoire. D'une certaine manière, ce sentiment est très utile, car au lieu d'écrire quoi que ce soit, en nous en remettant à notre mémoire comme nous le faisions autrefois, nous sentons le besoin de vérifier bien des choses qui étaient autrefois parfaitement claires et certaines dans notre mémoire, sans une telle référence aux livres.

Je me souviens avoir été frappé par la même chose dans le cas du professeur Wilson, le célèbre professeur de sanskrit d'Oxford. Il a eu la gentillesse de lire avec moi, et j'ai certainement été souvent intrigué, non seulement par ce qu'il savait, mais aussi par ce qu'il avait oublié. Je sens maintenant que je l'ai mal jugé, et que sa déclaration ouverte : « Je ne sais pas, vérifions ça » lui a vraiment fait un grand honneur. J'ai encore en ma possession une partie de la grammaire védique de Pânini traduite par lui. J'ai mis à côté ma propre traduction, et il a ouvertement reconnu que la mienne, avec les passages tirés du Veda, était exacte. Il n'y avait aucune plaisanterie à propos de Wilson. Il ne s'est jamais présenté comme un érudit ; bien plus, je me souviens qu'il m'a dit plus d'une fois : « Vous voyez, je ne suis pas un érudit, je suis un gentleman qui aime le sanskrit, et c'est tout. Il aimait certainement le sanscrit, et il le connaissait mieux que beaucoup de professeurs, mais à sa manière. Il avait bénéficié de l'aide de pandits très érudits et il n'oubliait jamais de noter leurs services. Mais il avait lui-même déblayé le terrain : il avait vraiment fait une œuvre originale. En fait, il n'avait fait que des œuvres originales, puis on l'a insulté pour n'avoir pas toujours trouvé au premier essai ce que d'autres découvraient en se tenant sur ses épaules. Encore une fois, on lui reprocha de ne pas avoir eu une éducation classique. Son éducation était, je crois, médicale, mais une fois entré dans la fonction publique indienne, il s'est rendu utile à bien des égards, pédagogiques et autres. Lorsqu'il quitta l'Inde, il était maître de la Monnaie. Un tel homme ne connaissait peut-être pas le grec et le latin comme F. A. von Schlegel ou tout autre professeur, mais il connaissait son propre sujet, et il est tout simplement absurde si les érudits classiques s'imaginent que n'importe qui peut poursuivre son grec et son latin et en même temps faire lui-même un parfait érudit en sanskrit. Un tel sentiment est naturel chez les petits maîtres d'école, mais il est en train de disparaître chez les vrais savants. J'ai connu de très bons érudits sanskrits qui ne connaissaient aucun grec et très peu de latin. Et j'ai également connu des érudits grecs qui ne connaissaient pas le sanskrit et qui pourtant ont tenté des comparaisons entre les deux. Lorsque Lepsius fut nommé membre de l'Académie de Berlin, Lachmann, qui aurait dû le savoir, disait de lui : « Il sait beaucoup de choses que personne ne sait, mais il ignore aussi beaucoup de choses que tout le monde sait. » De telles remarques ne parlent jamais bien à l'homme qui les fait.

Un autre inconvénient dont souffre le vieux savant, c'est qu'on lui reproche de n'avoir pas su dans sa jeunesse ce qui a été découvert dans sa vieillesse, et qu'on lui reproche encore violemment des opinions qu'il aurait pu exprimer il y a cinquante ans. Très jeune, j'ai écrit, à la demande du baron Bunsen, une longue lettre sur les langues touraniennes. Il a été publié en 1854, mais il continue d'être critiqué comme s'il avait été publié l'année dernière. Bien sûr, compte tenu des progrès rapides des études linguistiques, une grande partie de cette lettre est devenue obsolète depuis longtemps ; mais lors de sa première apparition, il contenait à peu près tout ce qu'on pouvait alors connaître sur ces langues allophyliennes, c'est-à-dire non aryennes et non sémitiques ; et je pourrais peut-être citer l'opinion du professeur Pott, qui n'était pas une autorité médiocre à l'époque, qui, après avoir sévèrement critiqué ma lettre, déclarait qu'elle appartenait aux publications les plus importantes parues sur des sujets linguistiques depuis de nombreuses années. Et pourtant, bien que j'aie maintes fois protesté en disant que je ne pouvais pas savoir en 1854 ce qui avait été découvert depuis dans un certain nombre de ces langues touraniennes, tous ceux qui écrivent sur l'une d'elles semblent très soucieux de montrer qu'en 1894 il en sait plus que moi en 1854. On ne reproche à aucun astronome de n'avoir pas connu la planète Neptune avant sa découverte en 1846, ni d'avoir eu tort d'expliquer les irrégularités de Saturne. Mais laissons cela passer ; Je ne partage que le sort des autres qui ont vécu trop longtemps.

Après tout, toutes nos connaissances, quelle que soit la démonstration que nous en faisons, sont très imparfaites, et plus nous en savons, mieux nous apprenons combien nous en savons peu et combien de pays inexplorés il y a au-delà du pays que nous connaissons. ont exploré. Nous devons juger un homme par ce qu'il a fait, par sa propre œuvre originale. Il existe de nombreux savants, et ils sont très utiles à leur manière, mais si l'on examine leurs livres, on retrouve facilement les magasins où ils ont emprunté leurs matériaux. Ils peuvent ajouter quelques notes de leur cru et même quelques corrections, notamment des corrections des auteurs auxquels ils ont le plus emprunté ; mais à la fin, où est le minerai frais qu'ils ont extrait ? où est l'or qu'ils ont extrait et frappé ? Il y a des cas où le travailleur d'origine est complètement oublié, alors que les détaillants prospèrent. Eh bien, les faits sont des faits, qu'ils soient connus ou non, et le char triomphal de la vérité doit être traîné par de nombreuses mains et de nombreuses épaules.

NOTES DE BAS DE PAGE :

[9] M. Geheimrath von Spiegel vit désormais à Munich.

CHAPITRE V

PARIS

MON séjour à Paris, de mars 1845 à juin 1846, fut un intermède très utile. Cela m'a ouvert l'esprit et m'a montré un nouveau monde ; m'a montré, en fait, qu'il existait un monde autre que l'Allemagne, même si j'avais encore très peu vu l'Allemagne et la société allemande. J'avais travaillé à l'école et à l'université, mais, à l'exception de mon court séjour à Berlin, j'avais peu d'expérience des hommes et des mœurs en dehors de la petite sphère de Dessau et de Leipzig.

J'étais à Berlin depuis neuf mois environ lorsqu'en décembre 1844, mon vieil ami le baron Hagedorn vint me voir et m'invita à passer quelque temps avec lui à Paris. Il y avait son propre appartement et promit de s'occuper de moi. En même temps, ma cousine, la baronne Stolzenberg, dont j'ai déjà parlé comme souhaitant que j'entre dans le service diplomatique autrichien, m'offrit de m'envoyer à ses frais en Angleterre comme professeur. J'ai hésité quelques jours entre ces deux offres. Je savais que mon propre patrimoine avait été presque dépensé à Leipzig et à Berlin, et que le moment était venu pour moi de commencer à subvenir à mes besoins ; et comment faire ça à Paris ? En revanche, j'avais depuis longtemps le sentiment que, pour poursuivre mes études sanscrites, un séjour à Paris, et plus tard peut-être aussi à Londres, était indispensable. Je devais aussi considérer les sentiments de ma mère, dont tout le cœur était absorbé par son fils unique. Cependant, le sanskrit et mon amour d'une vie indépendante l'ont emporté et j'ai décidé d'accepter la proposition de Hagedorn. Une fois ma décision prise, je voulais partir immédiatement, mais Hagedorn ne pouvait pas fixer l'heure exacte à laquelle il serait libre de partir, et m'a dit de me tenir prêt à partir dès qu'il se trouverait libre de partir. J'allai donc séjourner chez ma mère et ma sœur mariée à Chemnitz, et me livrai à l'oisiveté et aux dissipations insolites des fêtes, des danses et de longues expéditions de patinage. Finalement, sentant que je ne pouvais plus me permettre d'attendre plus longtemps, je partis à Dessau voir Hagedorn et découvris, à ma grande déception, qu'il était retenu par d'importantes affaires juridiques concernant sa propriété près de Munich et qu'il ne pouvait pas encore fixer un accord. date de son départ. Il fut donc décidé que je continuerais sans lui à Paris et m'installerais dans son appartement, 25, rue Royale Saint-Honoré.

J'ai reçu mon passeport dans lequel j'étais soigneusement décrit avec toutes mes marques particulières et j'ai commencé mon voyage à l'étranger. Au début, tout s'est bien passé. Je m'arrêtai quelques jours à Bonn, puis de nouveau à Bruxelles, où j'eus pour la première fois l'expérience d'entendre parler une langue étrangère autour de moi, et constatai que mon français était cruellement déficient. Mais à partir de Bruxelles, mes expériences furent tout sauf agréables. Le voyage jusqu'à Paris durait vingt-quatre heures, et nous voyageions jour et nuit sans aucun arrêt pour les repas. La plupart des passagers étaient bien approvisionnés en nourriture et en vin, mais sans la gentillesse de quelques vieilles dames, mes compagnes de voyage, j'aurais vraiment été affamé. Lorsque nous avons traversé la frontière, les bagages de tous les passagers ont été soigneusement examinés. Mais le *douanier* , en voulant ouvrir mon porte-manteau, cassa la serrure, et se mit alors à jurer et à jurer effroyablement. J'étais parfaitement impuissant. J'avais peine à comprendre ce que disaient les *douaniers français* , et encore moins à leur faire comprendre ce que j'avais à dire. Ils ont fait le mal, mais ne feront rien pour y remédier. Le train n'attendrait pas, et j'aurais certainement été laissé en arrière si les autres voyageurs n'avaient pas pris mon parti, et on m'a permis de continuer vers Paris. J'avais l'air d'un simple garçon, très inoffensif, pas du tout le contrebandier astucieux que les fonctionnaires pensaient être. S'ils avaient forcé l'ouverture du portemanteau, ils n'auraient trouvé que les vêtements les plus essentiels et quelques livres et papiers, tous en sanskrit.

Mais mes misères n'étaient pas encore terminées, au contraire, elles s'aggravèrent encore davantage. A mon arrivée à Paris, j'ai reçu un *fiacre* et j'ai dit à l'homme de se rendre au 25, rue Saint-Honoré ; *Royale,* je la considérais comme sans importance ; mais hélas! au bon numéro de la rue Saint-Honoré, le *concierge* me dévisagea en me disant qu'aucun baron Hagedorn n'y habitait. Essayez le Faubourg Saint-Honoré, disaient-ils, mais ici la même chose s'est produite. Et tout cela se passait par un après-midi pluvieux, fatigué de voyages et de jeûnes, et parfaitement dépassé par l'immensité de Paris. Je ne connaissais personne à Paris, ayant confié tout cela au baron Hagedorn, en fait j'étais *au désespoir* . Puis, alors que je roulais sur le boulevard des Italiens, en regardant par la fenêtre, j'ai aperçu un personnage familier, un petit bossu que j'avais connu à Dessau, où il étudiait la musique auprès de Schneider. C'était M. Gathy, un homme bien connu par ses écrits musicaux, notamment son *Dictionnaire de Musique* . J'ai crié Gathy ! Gathy ! et il fut autant surpris lorsqu'il reconnut le petit garçon de Dessau, que moi lorsque, dans ce vaste Paris, je découvris enfin un visage que je connaissais. Je sautai de ma voiture, racontai à Gathy tout ce qui m'était arrivé, étant toujours entre le désespoir complet et le plaisir parfait. Il connaissait très bien Hagedorn et ses appartements. C'était la rue Royale Saint-Honoré. Le *concierge* était tout à fait préparé à mon arrivée et nous conduisit tous deux dans les chambres qui étaient *au cinquième* , mais grandes et extrêmement bien meublées. J'étais si fatigué que je me suis allongé sur le canapé et j'ai crié dans mon meilleur français : *Donnez-moi quelque chose à manger et à boire* . Cela n'a pas été aussi facile qu'on le disait, mais finalement, après avoir monté et descendu cinq étages, il m'a apporté ce que je voulais ; Je me rétablis dans le vrai sens du mot, et commençai alors à discuter des affaires les plus nécessaires avec M. Gathy.

C'était le plus charmant des hommes, moitié allemand, moitié français, plein d' *esprit* et, ce qui était le plus important pour moi, plein de gentillesse et d'amour réels. Dès que je l'ai vu, je me suis senti en sécurité, et c'est ce que j'ai été, même si j'avais encore quelques batailles à mener. Tout d'abord, j'avais emporté peu d'argent avec moi, considérant Hagedorn comme mon banquier. Heureusement, je me souvenais du nom d'un de ses amis, dont Hagedorn m'avait souvent parlé et qui était à la Banque Rothschild. J'y suis allé et j'ai découvert qu'il était absent, mais un autre monsieur m'a dit que je pouvais en avoir autant que je voulais jusqu'au retour de Hagedorn ou de son ami. J'ai donc eu de la chance, mais pas de chance comme avant.

La prochaine étape à laquelle je devais réfléchir était ce que je devais faire pour mon petit-déjeuner, mon déjeuner et mon dîner. Je pouvais prendre le petit-déjeuner à la maison, mais pour les autres repas, je devais sortir et chercher ce que je voulais partout où je pouvais. Ce n'était pas toujours ce que je souhaitais, car il fallait que ce soit bon marché, et même un dîner *à deux francs* au Palais-Royal me paraissait extravagant. Petit à petit, je suis devenu plus connaisseur et j'ai découvert des restaurants plus petits et plus simples, où les Français dînaient et avaient prévu un régime moins voyant mais plus sain.

L'impression que m'a laissée ma première expérience de vie dans l'une des grandes capitales du monde est encore fraîche dans ma mémoire. Au début, mon principal amusement était de faire des voyages de découverte à travers la ville. La beauté de la ville elle-même, l'agitation et la foule dans les rues me ravissaient, et je me souviens surtout quelques jours après mon arrivée, lorsque j'allais voir « le tout Paris » aller aux courses à Longchamps, que j'étais si frappé par la différence entre ces rues pleines d'équipages de toutes sortes, de dames aux robes resplendissantes et de messieurs bien soignés, et les rues tranquilles auxquelles j'avais été habitué à Dessau et à Leipzig, que je pouvais à peine m'empêcher de rire. fort. Cependant, lorsque la nouveauté s'est dissipée, un autre contraste m'a frappé et m'a rendu cette fois plus enclin à pleurer qu'à rire, c'est que, tandis qu'à la maison je connaissais presque tous les visages que je croisais, ici, dans cette foule, j'étais j'étais un étranger, je ne connaissais personne et j'ai d'abord souffert cruellement de la solitude.

Mais je commençai aussitôt mon travail et, le troisième jour après mon arrivée, j'étais à la Bibliothèque Royale armé d'une lettre d'introduction de Humboldt, et dès le lendemain j'étais déjà en train de rassembler les MSS. du *Kathaka Upanishad* . Je devais aussi consacrer chaque jour quelques heures à l'étude du français ; car, même si je regrettais ces heures, je réalisais pleinement que pour profiter pleinement de mon séjour à Paris, je devais d'abord maîtriser le français.

Vint ensuite la grande question de savoir comment faire la connaissance de Burnouf. Je ne connaissais pas le monde. Je ne savais pas si je devais lui écrire d'abord, dans quelle langue et à quelle adresse. Je connaissais Burnouf grâce à ses livres et j'éprouvais un respect désespéré pour lui. Au bout d'un moment, Gathy m'a découvert son adresse et j'ai trouvé le courage de lui rendre visite. Mon français était encore très mauvais, mais je suis entré et j'ai trouvé un cher vieux monsieur en *robe de chambre*, entouré de ses livres et de ses enfants - quatre petites filles qui l'aidaient évidemment à rassembler et à classer par ordre alphabétique un certain nombre de slips. dans lequel il avait noté tout ce qui lui paraissait important dans ses lectures de la journée. Il me reçut avec une grande courtoisie, comme je n'en avais pas l'habitude auparavant. Il parla d'un petit livre que j'avais publié et s'enquit chaleureusement de mes professeurs en Allemagne, tels que Brockhaus, Bopp et Lassen. Il m'a dit que je pourrais assister à ses cours au Collège de France et qu'il serait toujours très heureux de me donner des conseils et de l'aide.

J'ai tout de suite eu une parfaite confiance en cet homme, et j'étais vraiment *aux cieux* d'avoir trouvé un tel conseiller. Il était en effet un bel échantillon du véritable savant français. Il était petit et son visage était résolument allemand, avec cette *tête carrée* qu'on voit si souvent en Allemagne, éclairée seulement par un éclat constant, typiquement français. J'ai dû lui paraître très stupide lorsque j'ai essayé de lui expliquer ce que je voulais vraiment faire à Paris. Il m'a dit lui-même après coup qu'il ne pouvait pas me distinguer au début. Je voulais étudier les Veda, mais je lui avais dit en même temps que je trouvais les hymnes védiques très stupides et que je m'intéressais surtout à leur philosophie, c'est-à-dire les Upanishads. Ce n'était vraiment pas vrai, mais cela est apparu en premier dans la conversation, et j'ai pensé que cela montrerait à Burnouf que mon intérêt pour le Veda n'était pas simplement philologique, mais aussi philosophique. Sans doute au début j'ai surtout copié les Upanishads et leurs commentaires, mais Burnouf n'était pas content. « Nous savons ce qu'il y a dans les Upanishads, disait-il, mais nous voulons les hymnes et leurs commentaires indigènes. » J'ai vite compris ce qu'il voulait dire ; J'ai suivi avec attention ses conférences, qui portaient sur les hymnes du Rig-veda et m'ont ouvert un monde entièrement nouveau. Nous avions le premier livre du Rig-veda publié par Rosen, et les explications de Burnouf étaient certainement délicieuses. Il parlait librement et de manière conversationnelle dans ses conférences, et on pouvait presque assister à l'élaboration de ses pensées. Son public était certainement restreint ; il n'y avait rien de comparable à l'éloquence et à l'esprit de Renan. Mais Burnouf avait toujours tant de faits nouveaux à nous communiquer. Il nous a expliqué ses propres recherches, il nous a montré de nouveaux MSS. qu'il avait reçu de l'Inde, en fait il a fait tout ce qu'il a pu pour faire de nous des compagnons de travail. Souvent il nous demandait de rechercher tel ou tel passage du

Véda, de comparer et de copier les commentaires, et de lui faire part du résultat de nos recherches lors de la prochaine conférence. Tout cela était très inspirant, d'autant plus que Burnouf, en examinant notre travail, était très généreux dans son approbation, et tout prêt, si nous avions échoué, à nous indiquer de nouvelles sources à examiner. Il n'a jamais affirmé sa propre autorité, et si jamais nous avions découvert quelque chose qu'il ne savait pas auparavant, il était ravi de nous en attribuer tout le mérite. Après tout, c'était un pays nouveau et inconnu, qu'il fallait explorer et cartographier, et même un novice pouvait parfois y trouver un grain d'or.

Sa classe d'élite comprenait de bons hommes. Il y eut Barthélemy Saint-Hilaire, le célèbre traducteur d'Aristote, et un temps ministre des Affaires étrangères en France, l'abbé Bardelli, R. Roth, Th. Goldstücker, et quelques autres.

Barthélemy St. Hilaire était un ami personnel de Burnouf et est venu au Collège de France non pas tant pour apprendre le sanskrit que pour entendre l'exposé lucide de Burnouf sur la religion et la philosophie indiennes anciennes. Bardelli était un abbé italien régulier, étudiant le sanscrit à Paris, mais s'intéressant principalement au copte. Il était, comme saint Hilaire, de beaucoup mon aîné, mais nous sommes devenus de grands amis, et il m'a confié un jour ce qui m'avait certainement intrigué : ses raisons de devenir ecclésiastique. Il avait été profondément amoureux d'une jeune femme ; son amour lui fut rendu, mais il était trop pauvre pour se marier, et elle fut persuadée et presque forcée d'épouser un homme riche. Cher vieil abbé, prenant toujours du tabac pendant qu'il me racontait ses angoisses, et finissant ensuite en disant qu'il s'est fait prêtre pour mettre un terme à jamais à sa passion. Qui aurait soupçonné un tel arrière-plan sur son visage jovial ? Je ne sais pas comment il se fait que des gens, surtout mes aînés, me confient si souvent leurs souffrances secrètes. Je devrai peut-être mentionner d'autres cas, et je sens qu'après le départ de mes amis et tant d'années passées sur leurs tombes, il n'y a plus d'indiscrétion à parler de leurs confidences. Cela nous apprendra peut-être à nous rappeler combien de fois nous sommes enterrés sous une tombe lumineuse et fleurie. J'ai vu la propre tombe de Bardelli plusieurs années plus tard dans le célèbre cimetière de Pise. R. Roth et Th. Goldstücker étaient tous deux de fervents érudits du sanskrit. Tous deux devaient beaucoup à Burnouf, Roth encore plus que Goldstücker, même si ce dernier a peut-être plus souvent parlé de ce qu'il devait à Burnouf. Roth était mon aîné de plusieurs années et effectuait à peu près le même travail que moi. Mais nous ne nous sommes jamais bien entendus. Il est curieux de savoir de quelles petites choses et de quelles légères impressions nos goûts et nos aversions se forment souvent. J'ai entendu des hommes donner pour raison de détester quelqu'un qu'il avait oublié de payer la moitié du prix d'un taxi. Ainsi, dans le cas de Roth, je ne me suis jamais remis d'une expérience des plus ordinaires. Lui, deux autres jeunes étudiants et moi-même, devant célébrer une fête, avions commandé un bon déjeuner dans un restaurant. Pour moi, avec mes moyens limités, c'était une grande extravagance, mais je ne pouvais pas refuser d'y participer. Roth, à ma grande surprise et, je dois l'ajouter, étant très friand d'huîtres, me contrariait, prenait une part très injuste de cette délicatesse, et chaque fois que je le rencontrais dans l'au-delà, que ce soit en personne ou par écrit, cet incident revenait toujours. dans mon esprit; et quand plus tard il me proposa de me rejoindre pour rédiger le Rig-veda, je refusai, peut-être influencé par cette première impression dont je ne pouvais pas me débarrasser. Je me reproche un préjugé si stupide, mais il montre quelles créatures de circonstance nous sommes.

Avec Goldstücker, j'étais bien plus intime. Il avait quelques années de plus que moi et était assez indépendant en termes d'argent. Il savait combien mes moyens étaient modestes et m'aurait volontiers prêté de l'argent. Mais de toute ma vie, je n'ai jamais emprunté à mes amis, ni en fait à qui que ce soit, même si j'y ai été parfois contraint lorsque j'étais très en difficulté pour avoir de l'argent liquide et que je savais que l'argent m'était dû mais qu'il n'était pas arrivé au moment où je l'espérais. pour demander une avance temporaire à un ami. Je vais essayer de rappeler les lignes dans lesquelles j'ai demandé un jour un tel prêt à Gathy.

Versuch' ich's wohl, mein herzgeliebter Gathy,
Mit schmeichelndem Sonnet Sie anzupumpen?
Je ne veux pas d'une pierre précieuse,
je ne veux pas d'une Ducati authentique.
Auch zahl' ich wieder ultimo Monati.
Auf Wiedersehn bei Morel et Frascati
Und Nachsicht für den Brief, den allzu plumpen!
Zwar reiche Nabobs sind die braven Inder,
Doch arme Teufel die Indianisten !
Le Reich sind hienieden schon die Heiden-Kinder,
Doch selig werden nur die armen Christen !
Reimsucher bin ich, doch kein Reimefinder,
Und *sans critique* sind all die Sanscritisten.

Ce genre de négociation de prêt, je dois l'avouer, mais l'idée d'emprunter de l'argent, sans savoir quand je pourrais le rembourser, ne m'est jamais venue à l'esprit. Je n'avais pas de relations qui auraient pu m'aider et il ne me restait plus qu'à travailler pour les autres. En effet, mon manque d'argent commença bientôt à me causer de très sérieuses inquiétudes à Paris. Au fur et à mesure que je dépensais, mes fonds devenaient de plus en plus faibles. Je n'ai pas reçu, comme beaucoup d'autres universitaires, d'aide de mon gouvernement. J'avais tracé moi-même mon parcours et, au lieu de me mettre à l'enseignement en quittant l'Université, j'avais décidé de venir à Paris pour continuer mes études sanscrites, et c'était entre mes mains si je devais nager ou couler. Ce fut, en effet, une lutte difficile, bien plus difficile que ne le croiraient ceux qui m'ont connu plus tard. Tout ce que je pouvais faire pour gagner un peu d'argent, c'était copier et rassembler des MSS. pour d'autres personnes. J'aurais bien pu donner des cours particuliers, mais j'ai toujours eu une forte objection à cette forme de corvée, et je préférerais passer une nuit entière à copier plutôt que de donner une heure à mes élèves. Mon plan était le suivant : rester assis toute une nuit, me reposer environ trois heures la nuit suivante, mais sans me déshabiller, puis prendre une bonne nuit de sommeil la troisième nuit et recommencer. Ce fut un combat dur, et cela n'a peut-être pas été très bon pour moi physiquement, mais je ne le regrette pas maintenant.

Souvent je restais sans dîner, me contentant d'œufs durs et de pain et de beurre, que je pouvais avoir à la maison sans avoir à descendre et à monter péniblement cinq étages qui menaient à ma chambre. Quelquefois j'allais avec quelques-uns de mes jeunes amis *hors de la barrière*, c'est-à-dire hors de Paris, hors de la barrière où il faut payer l' *octroi* sur la viande, le vin, etc. Ici, la nourriture était certes meilleure pour le prix que je pouvais me permettre, mais la société était parfois particulière. Je me souviens avoir vu une fois une étrange dame assise non loin de moi, qui était la célèbre Louve des *Mystères de Paris d'Eugène Sue*. L'un de mes compagnons de ces expéditions était Karl de Schloezer, qui étudiait alors l'arabe à Paris. Il était toujours joyeux et amusant, et un charmant compagnon. Il en savait beaucoup plus sur le monde que moi et me surprenait souvent par sa sagesse diplomatique. « Défendons-nous les uns les autres », dit-il un jour ; "tu dis tout le bien que tu peux de moi, je dis tout le bien que je peux de toi." Je suis devenu très féroce à ce moment-là, l'accusant d'hypocrisie et je ne sais quoi. Il prit cependant tout cela en bonne part, et nous restâmes amis tout le temps qu'il fut à Paris et même jusqu'au jour de sa mort. Il aimait beaucoup la musique, mais j'étais peut-être le meilleur interprète du pianoforte. Il m'avait invité, avec un violon et un violoncelle, à jouer quelques sonates de Mozart et de Beethoven. Hélas! quand nous avons découvert qu'il avait assassiné son rôle, je me suis assis et j'ai joué toute la soirée, le laissant écouter, pas, je le crains, de la meilleure humeur. Il prit cependant sa revanche ; et la fois suivante qu'il nous invita, moi et les deux autres musiciens, dans sa chambre, nous trouvâmes effectivement tout prêt pour que nous puissions jouer, mais notre hôte était introuvable. Il a soutenu qu'il avait été rappelé; Je suis cependant certain que ce petit tour a été joué exprès.

Il entra ensuite dans le service diplomatique prussien et fut le protégé de la princesse de Prusse, plus tard impératrice d'Allemagne. Cela suffisait pour que Bismarck ne l'aime pas, et lorsque Schloezer était secrétaire de légation sous Bismarck comme ambassadeur à Saint-Pétersbourg, il commet l'outrage de défier son chef en duel. Bismarck a refusé, et il n'aurait pas été possible, selon l'étiquette diplomatique, de ne pas refuser. Plus tard, cependant, Schloezer fut mis *en disponibilité*, c'est-à-dire qu'il fut poliment renvoyé. Il dut faire une sorte de visite d'adieu à Bismarck, alors tout-puissant. Bismarck lui ayant demandé ce qu'il avait l'intention de faire et s'il pouvait lui être d'une quelconque utilité, Schloezer répondit très doucement : « Oui, Votre Excellence, je vais me mettre à écrire mes Mémoires, et vous savez que j'ai vu beaucoup de choses dans mes Mémoires. une époque que beaucoup de gens seront intéressés à apprendre. Bismarck resta silencieux pendant un moment, lisant quelques journaux, puis remarqua sans inquiétude : « Cela ne vous dérangerait pas d'aller aux États-Unis en tant que ministre ? "Je suis prêt à partir demain", répondit Schloezer, et après avoir fait valoir son point de vue, ayant en fait déjoué Bismarck, il partit immédiatement pour Washington. Bismarck savait que Schloezer pouvait manier une plume pointue, et il fut un temps où il était sensible à de telles piqûres de plume. Ils ne se revirent pas beaucoup par la suite, mais, grâce à la protection de l'impératrice, Schloezer fut plus tard accrédité comme envoyé prussien auprès du pape et mourut trop tôt pour ses amis dans la belle Italie.

Un de mes plus vieux amis à Paris était un baron d'Eckstein, sorte d'agent diplomatique qui connaissait tout le monde à Paris et écrivait pour les journaux français et allemands. Il avait, je crois, une pension du gouvernement français et était, en tant que catholique romain, fortement allié au parti clérical. Cela ne me concernait pas. Ce qui me préoccupait, c'était son amour du sanskrit et de l'ancienne religion de l'Inde. Il restait assis avec moi pendant des heures, ou m'emmenait dîner avec lui dans un restaurant, discutant tout le temps des Vedas, de l'Upanishad et de la philosophie du Vedanta. Il existe plusieurs articles de lui écrits à cette époque dans le *Journal Asiatique*, et je lui en suis particulièrement reconnaissant, car il m'a donné beaucoup de travail, notamment dans la manière de copier des manuscrits sanskrits. pour lui, et il m'a bien payé et m'a ainsi aidé à rester à flot à Paris. Connaissant tout le monde, il tenait beaucoup à me présenter à ses amis, tels que George Sand, Lamennais, la comtesse d'Agoult (Daniel Stern), Lamartine, Victor Hugo et d'autres ; mais je préférais de loin une demi-heure avec lui ou avec Burnouf plutôt que des visites formelles. J'ai entendu par la suite beaucoup de choses désobligeantes sur les opinions politiques et cléricales du baron d'Eckstein, mais même si en se convertissant au catholicisme romain, il a pu faire preuve de faiblesse et, en tant qu'écrivain politique, avoir été influencé par ses amis proches et ses mécènes, je n'ai jamais trouvé lui autrement que gentil, tolérant et digne de confiance. Sa vie aurait dû être écrite par le professeur Windischmann, mais lui aussi est mort ; et qui sait ce qu'ont pu devenir les curieux mémoires qu'il a laissés ? Au moment de la révolution de Février 1848, il était en pleine révolution. Il connaissait Lamartine, qui était le héros du jour, quoique de quelques jours seulement. Il a assisté à des réunions avec Lamartine, Odilon, Barrot et d'autres, et il m'a assuré qu'il n'y aurait pas de révolution, parce que personne n'y était préparé.

Lamartine, à qui ses amis, tous royalistes et amis de l'ordre, avaient demandé s'il entreprendrait, en cas de nécessité, de former un ministère sous la duchesse d'Orléans comme régente, réfléchit d'abord à une telle idée, mais ensuite Le dernier a promis d'être prêt s'il était recherché. L'heure arriva plus tôt qu'il ne l'espérait, et la duchesse d'Orléans comptait sur lui lorsqu'elle se rendit à la Chambre et que sa régence fut proclamée. Lamartine était alors si populaire qu'il aurait pu sauver la situation. Mais la foule fait irruption dans la Chambre, des coups de feu sont tirés et il n'y a pas de Lamartine. La duchesse d'Orléans dut fuir, et s'échappa heureusement sous la protection du duc de Nemours, fils unique de Louis Philippe alors à Paris, et la dynastie des Orléans fut perdue pour ne plus revenir. Le baron d'Eckstein perdit alors beaucoup de ses amis influents, peut-être aussi sa pension, mais il avait de quoi vivre, et il mourut enfin très âgé dans un monastère catholique romain, un homme des plus intéressants et des plus charmants. dont les mémoires auraient certainement été très précieux.

Mais pour en revenir à Burnouf, je ne pourrai jamais lui exprimer de manière adéquate ma dette de gratitude envers lui. Il m'a été d'une grande aide pour clarifier mes pensées et les diriger vers un seul canal. "C'est une chose ou une autre", a-t-il déclaré. "Soit étudiez la philosophie indienne et commencez par les Upanishads et le commentaire de Sankara, soit étudiez la religion indienne et respectez le Rig-veda, et copiez les hymnes et le commentaire de Sâyana, et alors vous serez notre grand bienfaiteur." Un grand bienfaiteur ! c'en était trop pour moi, simple nain en présence de géants. Mais les paroles de Burnouf me confirmaient de plus en plus dans mon désir de m'abandonner au Veda.

Burnouf ne m'a pas seulement dit ce que sont les MSS védiques. il y en avait à la Bibliothèque Royale, il m'a aussi apporté son propre MSS. et me les prêta pour que je les copie, à la condition toutefois que je ne fume pas en y travaillant. Lui-même ne fumait pas et ne supportait pas l'odeur de la fumée, et il m'a montré plusieurs de ses MSS. qui lui étaient devenus tout à fait inutiles, car ils sentaient la fumée de tabac rassis. J'ai fait tout ce que j'ai pu pour protéger ces trésors sacrés contre une telle profanation.

Un autre avertissement, encore plus utile, m'est venu de Burnouf. « Ne publiez pas uniquement des extraits du commentaire », a-t-il déclaré ; « Si vous le faites, vous publierez ce qui est facile à lire et laisserez de côté ce qui est difficile. » Je pensais certes que des extraits suffiraient, mais je me suis vite aperçu que là aussi Burnouf avait raison, même s'il y avait toujours la crainte de ne jamais trouver d'éditeur pour une œuvre aussi immense. Cette crainte, je l'ai confiée à Burnouf, mais il a toujours gardé son espoir. « Le commentaire doit être publié, cela dépend de lui, et il le sera », a-t-il déclaré.

Je m'y suis donc tenu et j'ai continué à copier et à rassembler mon MSS sanskrit, toujours confiant qu'un éditeur arriverait au bon moment. Bien sûr, j'ai dû faire toutes ces corvées moi-même et j'ai vite découvert que ce n'était pas dans la nature humaine, du moins pas dans ma nature, de copier le sanskrit à partir d'un manuscrit. même pendant trois ou quatre heures sans erreurs. À ma grande déception, j'ai constaté des erreurs chaque fois que j'ai comparé ma copie avec l'original. J'ai trouvé cela comme les copistes des MSS classiques. mon regard avait erré d'une ligne à l'autre où apparaissait le même mot, que j'avais omis un mot lorsque le mot suivant se terminait par la même terminaison, et même que j'avais omis des lignes entières. Il me fallait donc soit rassembler ma propre copie, ce qui était très fastidieux, soit inventer un nouveau procédé. Ce nouveau procédé que j'ai découvert en utilisant du papier transparent, et en traçant ainsi chaque lettre. Je me suis fait faire un excellent *papier végétal* et, au lieu de copier, j'ai tracé tout le MS sanskrit. Cela présentait le grand avantage que rien ne pouvait être oublié et que, lorsque l'original était taché et douteux, je pouvais retracer soigneusement tout ce qui était clair et visible à travers le papier transparent. Au début, j'avoue que mon travail était lent, mais bientôt il alla aussi vite que la copie, et c'était encore moins fatigant pour les yeux que le regard constant du MS. à la copie, et de la copie au MS. Mais l'avantage le plus important était que je pouvais ainsi être sûr que rien n'était oublié, de sorte que même aujourd'hui, après plus de cinquante ans, ces tracés me sont aussi utiles que les MS. lui-même. Il y avait de la place entre les lignes ou en marge pour noter les différentes lectures d'autres MSS.; en fait, mes matériaux ont augmenté à la fois en étendue et en valeur.

Restait cependant la question de l'éditeur. Pour imprimer le Rig-veda en six volumes in-quarto d'environ mille pages chacun, et assurer au rédacteur un salaire suffisant pendant les nombreuses années qu'il devrait consacrer à sa tâche, il fallait un capital important. Je ne sais pas exactement combien, mais ce que je sais, c'est que, lorsqu'une seconde édition du texte du Veda en quatre volumes fut imprimée aux frais du Maharajah de Vizianagram, cela coûta quatre mille livres à ce prince généreux et patriote. , même si j'ai ensuite donné mon travail gratuitement.

Alors que je travaillais à la Bibliothèque Royale, Humboldt avait utilisé sa puissante influence auprès du roi de Prusse, Frédéric-Guillaume IV, pour m'aider à publier mon édition du Rig-veda en Allemagne. Cependant, ce plan n'aboutit à rien ; cela s'est avéré trop coûteux pour un éditeur privé, même avec l'aide royale.

Puis vint une vague offre de Saint-Pétersbourg. Boehtlingk, le grand érudit du sanskrit, en tant que membre de l'Académie impériale russe, m'a invité à venir à Saint-Pétersbourg et à y imprimer le Veda, en collaboration avec lui et aux frais de l'Académie. Burnouf et Goldstücker m'ont tous deux mis en garde contre cette offre, mais, désespérant que j'étais de faire publier mon Veda ailleurs, j'ai exprimé ma volonté d'y aller à condition que des dispositions soient prises pour moi avant de décider d'émigrer en Russie, car je je ne possédais absolument rien d'autre que ce que je pouvais gagner moi-même. Boehtlingk, je crois, a suggéré à l'Académie que je sois nommé conservateur adjoint du Musée oriental de Saint-Pétersbourg, mais ses collègues ne considéraient apparemment pas un homme aussi jeune, et un simple érudit allemand, comme un candidat digne d'un poste aussi responsable. poste. Boehtlingk souhaitait que je lui envoie tout mon matériel et qu'il obtiendrait le MSS. du Rig-veda et du commentaire de Sâyana de la Bibliothèque de la Compagnie des Indes orientales, et Paris. Aucune proposition définitive ne vint cependant de l'Académie impériale, mais une annonce de Boehtlingk parut dans les journaux en janvier 1846, selon laquelle il préparait, en collaboration avec Monsieur Max Müller de Paris, une édition complète du Rig- Véda.

Tout cela, je l'avoue, commençait à m'effrayer. Pour moi, pauvre érudit, aller à Saint-Pétersbourg sans aucune invitation officielle, sans aucun rendez-vous, me paraissait imprudent, et même si je ne doute pas que Boehtlingk aurait fait de son mieux pour moi, même lui ne pouvait que me proposer des cours particuliers, et ce n'était pas une perspective réjouissante. L'Académie ne ferait rien pour moi si je ne rejoignais Boehtlingk, mais elle finit par me proposer d'acheter mon matériel, pour lequel j'avais dépensé tant de travail et le petit fonds dont je disposais. Si l'Académie avait pu obtenir le MSS nécessaire. de Paris et de Londres, j'aurais été parfaitement impuissant. Boehtlingk aurait pu faire tout le travail lui-même, à certains égards mieux que moi, car il était mon aîné et, en outre, il connaissait mieux que moi Pânini, le vieux grammairien indien dont il est constamment question dans le Commentaire de Sâyana. Avec tous ces nuages menaçants autour de moi, ma décision n'a pas été facile.

Ce sont les conseils de Burnouf qui m'ont déterminé à rester tranquillement à Paris. Il m'a mis en garde à plusieurs reprises contre toute confiance en Boehtlingk et m'a promis, si seulement je voulais rester à Paris, de m'apporter son soutien auprès de Guizot, alors ministre des Affaires étrangères et très intéressé par les études orientales.

Boehtlingk ne semble jamais m'avoir pardonné, et lui et plusieurs de ses amis furent très mécontents de mon succès final à trouver un éditeur pour le Rig-veda en Angleterre. Leur langage était très inconvenant, et ils ont essayé, et ont même exhorté d'autres érudits sanskrits, à critiquer mon édition, même si je dois dire à leur honneur qu'ils ont ensuite avoué que c'était tout ce qu'on pouvait désirer.

Bien des années plus tard, Boehtlingk a publié une violente attaque contre moi, intitulée *F. Max Müller als Mythendichter* , mais j'ai jugé inutile de reprendre le débat et j'ai préféré laisser mes amis juger par eux-mêmes entre moi et ce porteur d'accusations, le légitimité dont il était totalement incapable d'établir. Cependant, comme j'ai découvert plus tard qu'il m'accusait d'avoir agi de manière discourtoise à l'égard de l'Académie impériale de Saint-Pétersbourg, avec laquelle je n'avais jamais eu de relations directes, et qu'il avait déclaré qu'il avait empêché cette illustre institution de me faire jamais membre correspondant, J'ai cru bon de donner une explication au secrétaire et j'ai en ma possession sa réponse, dans laquelle il écrit que les déclarations du professeur Boehtlingk n'ont aucun fondement.

Cependant, le résultat fut que je ne suis pas allé à Saint-Pétersbourg, mais que j'ai continué mon travail à la Bibliothèque de Paris, jusqu'au jour où j'ai dû courir à Londres pour copier et rassembler certains manuscrits. et c'est là que j'ai trouvé les bienfaiteurs tant recherchés, qui devaient me permettre d'accomplir l'œuvre de ma vie.

Bien sûr, pendant mon séjour à Paris, je n'avais aucune idée de sortir dans le monde, ni d'acheter des billets de théâtre ou de concert. Je sortais dîner dans quelque petit restaurant, mais sinon je restais chez moi et je regardais la vie parisienne de mes hautes fenêtres, donnant sur la Chambre des Députés d'un côté, la Madeleine près de moi à gauche et la Porte Saint-Pierre. . Martin au loin, au bout des boulevards. Le baron d'Eckstein, comme je l'ai dit, voulait bien m'introduire dans le monde, mais je refusai ses aimables offres. En fait, j'étais plus ou moins un ours, et je regrette maintenant d'avoir manqué de rencontrer beaucoup de personnages intéressants et de m'être tenu à l'écart des autres, car mes intérêts étaient absorbés ailleurs. Burnouf m'invitait quelquefois chez lui ; ainsi qu'un certain M. Troyer, qui avait été aux Indes et qui avait publié des textes sanskrits, et dont la fille, la duchesse de Wagram, me faisait grand cas, car elle aimait beaucoup la musique. Il y avait aussi des familles allemandes, certaines riches, d'autres pauvres, qui me témoignèrent une grande bonté.

J'étais trop accablé de soucis et d'inquiétudes concernant ma vie et mes projets littéraires pour penser beaucoup à la société et aux plaisirs. Même des étudiants et de la vie étudiante, je ne voyais que peu de choses, même si j'assistais en fait à des cours avec eux. Je dois dire cependant que le peu que j'ai vu de la vie étudiante à Paris m'a donné une idée bien différente de ce qu'on pense généralement de leurs caprices et de leurs extravagances. Un Français, s'il commence à travailler, peut travailler et travaille très dur. Je me souviens en avoir vu plusieurs exemples, mais il est possible que je n'aie vu que le choix du Quartier Latin. Celui qui était alors un jeune homme, se préparant à l'Église, mais déjà en vue de s'envoler plus haut, était Renan. Au début, il considérait encore tous les jeunes Allemands avec méfiance, mais ce sentiment disparut bientôt. Je me souviens de lui surtout à la Bibliothèque Royale, où il occupait une toute petite place au département oriental. Hase, le savant grec, Reinaud, l'arabiste, et Stanislas Julien, le sinologue, étaient alors bibliothécaires. Hase, Allemand de naissance, était très serviable, mais il avait très peur de parler allemand et insistait pour que nous lui parlions toujours français. Il appelait souvent Renan pour lui chercher des MSS. pour moi : « Renan », criait-il très fort, « allez chercher, pour Monsieur Max Müller, le manuscrit sanscrit, numéro... », puis il y avait une pause, jusqu'à ce qu'il ait traduit « 1637 » en français. Plus tard, Renan et moi sommes devenus de grands amis, mais nous, les érudits allemands, étions souvent perplexes devant sa grande popularité, qui était certainement due à son style plus encore qu'à son érudition. Quelque temps plus tard, alors que j'étais déjà établi en Angleterre, nous avons eu une petite controverse, et j'ai imprimé une attaque assez féroce contre sa *Grammaire Sémitique* . Mais nous étions assez intimes pour que je lui montre mon pamphlet, et quand il m'écrivit : « Pardonnez-moi, je n'ai pas compris ce que vous vouliez dire », j'ai supprimé le pamphlet, bien qu'il soit imprimé, et nous restés amis pour la vie. Il a traduit mon premier article sur la mythologie comparée et j'ai reçu de lui un certain nombre de lettres très intéressantes. C'est sa femme qui a fait la traduction, pendant qu'il la révisait. Cette brochure française est très rare maintenant ; mon propre pamphlet a été entièrement supprimé ; moi-même, je n'en trouve aucune copie parmi les déchets de mes premiers écrits, et ce que je regrette le plus, c'est que j'ai jeté ses lettres, sans penser à quel point elles deviendraient intéressantes avec le temps.

Cependant, malgré tout mon travail, j'ai trouvé le temps d'assister à quelques cours au Collège de France et de faire la connaissance de quelques *savants français distingués* de l' *Institut* . J'y suis allé avec Burnouf, ou Stanislas Julien, ou Reinaud, ne rêvant pas que j'appartiendrais un jour au même corps auguste. Beaucoup de mes jeunes amis français, devenus par la suite *Membres de l'Institut* , ont accédé à cette dignité bien plus tard. Je fus fait non seulement correspondant, mais membre réel de l'Académie des Inscriptions et Belles Lettres en 1869, avant que mes amis, tels que G. Perrot 1874, Michel Bréal 1875, Gaston Paris 1876 et Jules Oppert 1881, n'occupent leur puits. *-fauteuils* académiques mérités . La lutte que j'ai menée lorsque j'ai été élu en 1869 a été sérieuse ; c'était entre Mommsen et moi, entre l'érudition classique et l'érudition orientale, et pour une fois, l'érudition orientale l'emporta. Mommsen, cependant, fut élu en 1895, et il ne fait guère de doute que ses antipathies politiques fortes et franches avaient quelque chose à voir avec la date tardive de son élection.

Je suis désolé de dire que l'une des conséquences de ma connaissance si limitée de la vie française a été que mon français n'a pas fait les progrès que j'espérais. Même si j'ai pu m'exprimer *tant bien que mal* , je me suis toujours senti gêné dans une longue conversation. Bien sûr, les Français eux-mêmes ont toujours été assez polis pour dire qu'ils n'auraient pas pu détecter que j'étais allemand, mais je savais mieux que cela, et je n'ai jamais, même plus tard, acquis une parfaite maîtrise conversationnelle de ce sujet difficile. langue.

CHAPITRE VI

ARRIVÉE EN ANGLETERRE

TOUT EN travaillant à Paris, j'ai constamment ressenti le besoin de certains MSS essentiels. qui se trouvaient à la Bibliothèque de la Compagnie des Indes orientales à Londres, et mon désir de visiter l'Angleterre devint par conséquent de plus en plus fort ; mais je n'avais pas de quoi payer le voyage, encore moins un séjour ne serait-ce que quinze jours à Londres. Enfin (juin 1846), je crus avoir rassemblé suffisamment de matériel pour justifier mon départ. A cette époque, je n'avais jamais vu la mer et j'avais très envie de le faire. Je me souviens bien de mon ravissement sans limites à ma première vue du ruisseau d'argent, et comme les Grecs de Xénophon, j'aurais pu crier : θ ά λαττα, θ ά λαττα. Une fois à bord, mon ravissement s'effondra bientôt et fut remplacé par ce sentiment de misère bien connu que j'ai si souvent éprouvé depuis lors, et je me blottis dans un coin du pont.

Là, un jeune compagnon de voyage aperçut le pauvre paquet de misère, essaya de me réconforter et m'apporta ce qu'il pensait bon pour moi, non sans cependant un certain scintillement joyeux dans les yeux et quelques plaisanteries aimables à mes dépens. . Nous avons débarqué sur les quais de Londres, par une journée vraiment pluvieuse, pluvieuse et brumeuse, et une telle foule se précipitant vers le rivage que mon joyeux ami m'a manqué et je me suis senti complètement perdu. En plus de tout cela, un porteur s'était enfui avec mon portemanteau, qui contenait mes livres et MSS., en fait tous mes biens matériels. A ce moment, mon jeune ami réapparut et, voyant dans quelle situation je me trouvais, vint à mon secours. « Restez ici, dit-il, et je m'occuperai de tout pour vous. » et c'est ce qu'il a fait. Il est allé chercher un véhicule à quatre roues, a posé mes bagages sur le dessus, m'a installé à l'intérieur et a conduit avec moi à travers un dédale de rues de Londres jusqu'à ses chambres dans le Temple. Puis, ne sachant toujours rien de moi, il m'a demandé de passer la nuit dans sa chambre, m'a donné un lit et tout ce que je voulais pour la nuit. Le lendemain matin, il m'emmena chercher un logement que nous trouvâmes dans Essex Street, une petite rue qui sort du Strand.

La chambre que j'occupai était presque entièrement remplie par un immense lit à baldaquin. Je n'avais jamais vu une telle structure auparavant, et pendant la première nuit où j'y ai dormi, j'avais constamment peur que le dessus du lit ne tombe et m'étouffe comme dans le *Märchen allemand* . Lorsque la propriétaire est venue me voir le matin, après m'avoir demandé comment j'avais dormi, la première chose qu'elle m'a dite a été : « Mais, monsieur, vous ne voulez pas un autre « pilier » ? J'ai eu l'air abasourdi et j'ai dit : « Pourquoi, que dois-je faire d'un autre pilier ? et où vas-tu le mettre ? Elle a ensuite touché les oreillers sous ma tête et a dit : « Eh bien, monsieur, vous aurez un autre « pilier » demain. « Comment pourrais-je un jour apprendre l'anglais, me suis-je dit, si un « pilier » signifie en réalité un oreiller moelleux ? »

Mais pour en revenir à mon ami inconnu, il venait tous les jours me montrer des choses que je devais voir à Londres, et m'apportait des billets de théâtre et de concerts, qu'il disait lui être envoyés. Son nom était William Howard Russell, aimé de tant de personnes, de haut comme de bas niveau, sous le nom de « Billy » Russell, le premier et le plus brillant correspondant de guerre du *Times* pendant la guerre de Crimée. Il est resté mon ami chaleureux et fidèle tout au long de la vie, et même maintenant, alors que nous sommes tous les deux infirmes, nous aimons nous rencontrer et discuter sur des jours très éloignés.

J'étais venu à Londres avec l'intention d'y rester environ quinze jours, mais j'y travaillais à la bibliothèque de Leadenhall Street depuis près d'un mois, et mon travail était loin d'être terminé, quand j'ai pensé que je devrais appeler et lui présenter mes respects. au ministre prussien, le baron Bunsen. Au moment où je fus introduit en sa présence, je ne pensais pas que cette connaissance allait devenir le tournant de ma vie. Si je devais beaucoup à Burnouf, comment puis-je savoir ce que je devais à Bunsen ? J'ai été étonné de la gentillesse avec laquelle il m'a reçu dès le début. Je n'avais aucun droit sur lui et j'avais encore très peu fait en tant qu'érudit. Il est vrai qu'il avait connu mon père en Italie et que Humboldt, avec sa gentillesse habituelle, lui avait écrit une forte lettre de recommandation en ma faveur, mais ce n'était guère une raison suffisante pour expliquer la véritable amitié avec laquelle il avait immédiatement m'a honoré.

La baronne Bunsen, dans la vie de son mari, écrit : « L'esprit apparenté, la sympathie de cœur, l'unité dans les aspirations les plus élevées, la convivialité dans les principes, la camaraderie dans la poursuite des objets favoris, qui attiraient et liaient Bunsen à son jeune homme. ami (c'est-à-dire moi-même), a rendu cette connexion l'une des plus heureuses de sa vie. Je suis fier de penser qu'il en est ainsi.

Au début, le principal lien entre nous était que j'étais occupé à une œuvre qu'il s'était proposée, étant jeune homme, comme l'œuvre de sa vie, à savoir l'*édition princeps* du Rig-veda. Il m'a souvent raconté comment, à l'époque où il poursuivait ses études à Göttingen, l'existence même d'un tel livre était encore inconnue en Allemagne. Le nom du Veda était sans aucun doute connu, et il y avait une aura de mystère autour de lui, en tant que livre le plus ancien du monde. Mais de quoi s'agissait-il et où il se trouvait, personne ne pouvait le dire. M. Astor, élève de Bunsen à Göttingen, s'était arrangé pour emmener Bunsen en Inde pour y poursuivre ses recherches. Mais Bunsen attendit et attendit en Italie, jusqu'à ce qu'enfin, après s'être entretenu en donnant des leçons particulières, il se rendit à Rome, fut pris en charge par Brandes et Niebuhr, l'ambassadeur de Prusse là-bas, devint l'ami du futur Frédéric-Guillaume IV, et ainsi progressivement dérivé vers la diplomatie, abandonnant tout espoir de découvrir ou de sauver le Rig-veda.

Les gens n'ont presque aucune idée aujourd'hui de la façon dont, malgré la conquête et le gouvernement de l'Inde par la Compagnie des Indes orientales, l'Inde elle-même est restée une *terra incognita* , inaccessible aux étudiants d'Angleterre et d'Europe. Qu'il y ait des trésors littéraires à découvrir en Inde, que les brahmanes étaient les dépositaires de la sagesse ancienne, cela était connu grâce aux travaux de certains des plus éminents serviteurs de la Compagnie des Indes orientales. On savait déjà auparavant, grâce aux communications intéressantes des missionnaires catholiques romains en Inde, que les manuscrits eux-mêmes, du moins ceux du Veda, n'étaient pas disponibles. Même à l'époque de Sir W. Jones, Colebrooke et du professeur Wilson, les brahmanes étaient très peu disposés à se séparer du MSS. des Veda, à l'exception des Upanishads. Le professeur Wilson m'a raconté qu'un jour, alors qu'il examinait la bibliothèque d'un Rajah indigène, il était tombé sur des manuscrits. du Rig-veda, et commença à les retourner ; mais «j'ai observé», dit-il, «des regards menaçants et menaçants de certains des brahmanes présents, et j'ai pensé qu'il était plus sage de battre en retraite.» Le Dr Mill connaissait un homme qui avait imprimé à Calcutta un hymne très sacré du Veda, le Gayatri. Les brahmanes furent furieux de cette profanation, et lorsque le gentilhomme mourut peu après, ils considérèrent sa mort prématurée comme la vengeance des dieux offensés. Colebrooke, cependant, fut autorisé à posséder plusieurs manuscrits védiques des plus précieux, et il trouva des brahmanes tout à fait disposés à lire avec lui, non seulement les textes classiques, mais aussi des parties du Veda. « Ils ne nous cachent même pas, écrit-il, les textes les plus sacrés des Veda ». Ses propres essais sur le Veda parurent dans *Asiatic Researches* dès 1801. Mais les gens continuèrent à rêver du Veda au lieu de lire les essais de Colebrooke.

Il était curieux, cependant, qu'à l'époque où je préparais mon édition du Rig-veda, l'érudition védique était au plus bas au Bengale même, et il y avait là-bas peu de brahmanes qui connaissaient l'intégralité du Rig-veda par cœur. , comme on le faisait encore dans le sud de l'Inde. Les manuscrits n'ont jamais été considérés en Inde comme d'une très haute autorité ; ils ont toujours été dominés par les traditions orales de certaines écoles. Cependant, de tels manuscrits, bons et mauvais, mais surtout mauvais, existaient et, après un certain temps, certains d'entre eux atteignirent l'Angleterre, la France et même l'Allemagne. J'avais copié et rassemblé des parties de ceux de Berlin et de Paris, afin de pouvoir montrer à Bunsen le livre même qu'il avait recherché dans sa jeunesse. Cela m'a ouvert son cœur ainsi que les portes de sa maison. « Je suis heureux, dit-il, d'avoir vécu suffisamment longtemps pour voir le

Veda. Quoi que vous vouliez, faites-le-moi savoir ; Je te considère comme étant moi-même redevenu jeune. Et il m'a aidé, comme seul un père peut aider son fils.

Peut-être attendait-il trop des Veda, comme beaucoup d'autres personnes le faisaient à cette époque et avant que la *verba ipsissima* ne soit imprimée. En tant que livre le plus ancien jamais composé, le Veda était censé nous donner une image de ce qu'était l'homme dans son état le plus primitif, avec ses idées les plus primitives et son langage le plus primitif. Tous ceux qui s'intéressaient à l'origine et aux premiers développements du langage, de la pensée, de la religion et des institutions sociales attendaient avec impatience le Veda comme une nouvelle révélation. Tous ces rêves, assez naturels avant que le Veda ne soit connu, furent dispersés par mes mains sacrilèges sur le Veda lui-même et par ma publication, le rendant propriété publique, au grand désarroi des brahmanes de l'Inde et au plus grand plaisir de tout le sanskrit. savants en Europe. Les savants essais de Colebrooke en Inde et les extraits publiés par Rosen, le bibliothécaire oriental du British Museum, auraient pu en effet enseigner aux gens que le Veda n'était pas un livre sans antécédents, qu'il ne nous révélerait pas les secrets d'Adam et Eve, ou de Deukalion et Pyrrha. J'avais moi-même dit et écrit que le Veda, comme un vieux chêne, montre des centaines et des milliers de cercles dans des cercles ; et pourtant on me rendit ensuite responsable d'avoir excité les espérances les plus folles parmi les archéologues, alors que j'avais fait de mon mieux, sinon pour les détruire, du moins pour les réduire à leur juste niveau. Schelling parut assez déçu lorsque je lui montrai quelques traductions des hymnes du Rig-veda ; et Bunsen, qui était encore sous l'influence de Schelling, s'attendait évidemment à beaucoup plus d'hymnes philosophiques comme le célèbre qui commence :

"Il n'y avait rien et il n'y avait rien à ce moment-là."

Pour le savant, il ne fait aucun doute que le Veda est resté et restera toujours le plus ancien des livres réels, qui nous a été conservé de manière presque miraculeuse. Mais par livre, comme je l'ai souvent expliqué, j'entends un livre divisé en chapitres et en versets, ayant un début et une fin, et qui nous est transmis sous forme d'écriture alphabétique. La Chine possédait peut-être des livres plus anciens, écrits à moitié phonétiques et à moitié symboliques ; L'Égypte possédait certainement des inscriptions hiéroglyphiques et des papyrus plus anciens ; Babylone avait ses monuments cunéiformes ; et certaines parties de l'Ancien Testament peuvent avoir existé sous forme écrite à l'époque de Josias, lorsque Hilkiah, le grand prêtre, trouva le livre de loi dans le sanctuaire (2 Rois xxii. 8). Mais le Veda, avec ses dix livres ou *Mandalas* , ses 1017 hymnes ou *Suktas* , avec chaque consonne, voyelle et accent clairement écrits, était une chose différente. On peut sans risque l'appeler un livre. Il a sans doute existé pendant longtemps, comme c'est encore le cas aujourd'hui, dans la tradition orale, mais tel qu'il était dans la tradition, il en était de même lorsqu'il était réduit à l'écriture, et sous une forme ou une autre, je doute qu'un autre livre réel puisse rivaliser avec lui. antiquité. Mais ce qui est plus important que l'ancienneté purement chronologique du livre, c'est l'antiquité ou le caractère primitif des pensées qu'il contient. Si les gens du Veda ne se sont pas révélés aussi sauvages qu'on l'espérait et l'espérait, ils nous ont néanmoins révélé une couche de pensée qui ne peut être explorée nulle part ailleurs. Les poètes védiques n'avaient pas honte d'exposer leur crainte que le soleil ne tombe du ciel, et il n'y a aucun autre poète, à ma connaissance, qui tremblait encore à la même pensée, pas tout à fait anormale. Je ne trouve même pas de sauvages qui s'interrogent encore et expriment leur surprise que les vaches noires produisent du lait blanc. N'est-ce pas assez enfantin pour n'importe quel sauvage ancien ou moderne ? La simple chronologie est ici aussi peu utile que chez les sauvages modernes, dont les coutumes et les croyances, bien que connues comme datant d'hier, nous sont représentées comme plus anciennes que les Veda, plus anciennes que les cylindres babyloniens, plus anciennes que tout ce qui est écrit. Lorsque certains sauvages modernes reconnaissent la relation de paternité, de maternité et de consanguinité, on dit que cela est très ancien. S'ils admettent des restrictions traditionnelles quant au mariage, à la nourriture, au traitement des morts, et même à la vie à venir, cela aussi peut sans doute être très ancien ; mais c'est peut-être d'hier aussi. Il existe même des dieux tout à fait nouveaux, dont la genèse a été observée par des missionnaires vivants. La grande difficulté de toutes ces recherches est de distinguer ce qui est commun à la nature humaine et ce qui est réellement hérité ou traditionnel. Toutes ces questions n'ont encore été qu'effleurées, et il faudra attendre leur réponse jusqu'à ce que de véritables érudits se lancent dans l'étude de la langue des sauvages vivants, dans le même esprit d'érudit dans lequel ils ont entrepris l'étude des langues védique et babylonienne. sauvages. Mais nous devons faire preuve de patience et apprendre à attendre. C'est une idée favorite parmi les anthropologues que les races sauvages habitant certaines parties de l'Inde nous donnent une idée exacte de ce qu'étaient les Aryens de l'Inde avant qu'ils ne soient civilisés. On peut dire en toute sécurité de cela comme d'autres simples idées, que cela peut être vrai, mais qu'il n'y a aucune preuve pour montrer que c'est vrai. En tout cas, elle prend beaucoup de choses pour acquises et néglige, semble-t-il, les leçons mêmes que la théorie de l'évolution nous a enseignées. C'est la nature de l'évolution d'être continue et de ne pas procéder *par saltum*. C'est là que réside la beauté de l'évolution généalogique : nous pouvons reconnaître les fibres qui relient les couches supérieures aux couches inférieures, jusqu'à atteindre la couche inférieure, ou du moins celle qui contient ce qui semble être les graines et les germes des premières pensées, paroles et actes. . Nous pouvons faire remonter les formes de langage les plus modernes au sanskrit, ou plutôt à cette strate linguistique postulée dont le sanskrit constituait le représentant le plus éminent, tout comme nous pouvons faire remonter le *Dieu français* au latin *Deus* et *aux Devas sanskrits* , les êtres brillants derrière le phénomènes naturels; et encore derrière eux, *Dyaus* , le ciel brillant, le grec *Zeus* , le romain *Iovis* et *Iuppiter* , le plus naturel de tous les dieux aryens de la nature. Il s'agit d'une véritable évolution, d'un véritable lien causal entre le présent et le passé. On l'appelait autrefois histoire ou histoire pragmatique, que l'on prenne l'histoire dans le sens de la description de l'évolution, ou dans celui de l'évolution elle-même. L'histoire doit généralement commencer par le présent, remonter vers le passé et souligner les étapes palpables par lesquelles le passé est devenu encore et encore le présent. L'évolution, au contraire, préfère partir d'un passé lointain, postuler des formations, même si elles n'ont laissé aucune trace, et parler de ces changements presque imperceptibles par lesquels le passé postulé est devenu le présent perceptible, comme non seulement nécessaires, mais aussi comme réel. La différence n'a peut-être pas d'importance, mais la méthode historique semble certainement la plus précise et la plus satisfaisante au point de vue purement scientifique.

Dans toutes ces recherches évolutionnistes, le langage a toujours été l'instrument le plus utile, et l'étude de la science du langage peut véritablement être considérée comme la première science traitée selon des principes évolutionnistes ou historiques. Ici aussi, sans doute, les liens intermédiaires qui ont dû exister sont parfois perdus de manière irréparable, et quand on arrive aux racines mêmes du langage, on sent qu'il y a peut-être eu des éternités entières avant cette période radicale. Ici la science doit reconnaître ses horizons inévitables, mais ici encore aucun monument littéraire survivant ne pourrait nous mener aussi loin que le Veda. D'où son importance suprême pour la philologie aryenne – pour la philologie des langues les plus importantes de l'humanité historique. D'autres langues, qu'elles soient babyloniennes ou accadiennes, qu'elles soient hottentotes ou maories, peuvent être, pour autant que nous le sachions, beaucoup plus anciennes ou beaucoup plus primitives ; mais, en tant qu'explorateurs scientifiques, nous ne pouvons parler que de ce que nous savons, et nous devons renoncer à toutes les conjectures qui dépassent les faits.

Dans toutes ces recherches, personne ne s'intéressa plus vivement et ne m'encouragea plus que Bunsen. Lorsque certaines de mes traductions d'hymnes védiques me semblaient assez satisfaisantes, je les lui apportais, et il était toujours ravi de revoir un peu plus cet ancien torse aryen, bien qu'à l'époque il s'intéressait plus spécialement à la chronologie égyptienne et archéologie. Souvent, lorsque j'étais seul avec lui, nous discutions des dates chronologiques et psychologiques de l'antiquité égyptienne et aryenne. Aussi bon qu'il fût, Bunsen pouvait se montrer très excité, voire même assez violent, dans ses disputes, et bien que ces crises fussent bientôt passées, elles rendaient néanmoins les discussions entre Son Excellence le ministre de Prusse et un jeune érudit allemand quelque peu difficiles. À cette époque, on en savait beaucoup moins sur la première chronologie égyptienne qu'aujourd'hui. Mais je n'ai jamais été très impressionné par de simples rendez-vous. Si un roi était censé avoir vécu 5 000 ans avant notre ère, « Qu'est-ce que cela nous fait ? Je disais : « Il est assis sur son trône *dans le vide* , et il n'y a rien qui le fixe, rien de contemporain qui seul donne de l'intérêt à l'histoire. En Inde, nous n'avons pas de dates ; mais quelles que soient les dates, les noms des rois et les récits de batailles que les inscriptions égyptiennes puissent nous donner, comme livre, il n'y a rien d'aussi vieux en Egypte que le Veda en Inde. En outre, nous avons dans les Veda des pensées ; et dans la chronologie de la pensée, le Veda me semble plus ancien que le Livre des Morts.

Quant à la date réelle du Veda, j'ai volontiers admis que chronologiquement il n'était pas aussi ancien que les pyramides, mais en supposant qu'il l'ait été, cela aurait-il augmenté de quelque manière sa valeur pour nos études ? Si l'on devait le situer à 5000 avant JC, je doute que quiconque puisse réfuter une telle date, tandis que si l'on remonte au-delà des Veda, et parvenons à mesurer le temps nécessaire à la formation du sanskrit et de la langue proto-aryenne, j'en doute. il est très peu probable que même 5 000 ans suffisent pour cela. Il y a une profondeur insondable dans le langage, couche après couche, bien avant que nous arrivions aux racines, et quel temps et quel effort ont dû être nécessaires pour leur élaboration et pour l'élaboration des idées qui y sont exprimées.

Nos combats devinrent parfois très violents, mais nous finissions généralement par arriver à une entente. En tant que jeune homme, Bunsen avait clairement perçu l'importance du Veda pour une étude historique de l'humanité et le développement de l'esprit humain, mais il ne se découragea pas lorsqu'il vit que cela nous apportait moins que ce à quoi on s'attendait. « C'est une forteresse, disait-il, qu'il faut assiéger et prendre, on ne peut pas la laisser derrière nous. » Mais il ne savait pas combien de temps il lui faudrait pour l'approcher, l'encercler et enfin le prendre. Elle n'a pas encore été abandonnée, et elle ne le sera pas de mon vivant. Il est vrai qu'il existe plusieurs traductions de l'ensemble du Rig-veda, et leurs auteurs méritent le plus grand mérite pour ce qu'ils ont fait. On s'est demandé pourquoi je n'en avais pas donné un dans mes Livres sacrés d'Orient. J'ai pensé qu'il était plus honnête de donner, en coopération avec Oldenburg, des spécimens uniquement en volumes. XXXII et XLVI de cette série, et voyons dans les notes combien d'incertitude il y a encore, et combien encore de travail acharné est nécessaire, avant que nous puissions nous appeler maîtres de la vieille forteresse védique.

L'intérêt de Bunsen pour mon travail a cependant pris une tournure plus pratique qu'un simple encouragement. Cela ne servait à rien de m'encourager à copier et à rassembler des MSS sanskrits. s'ils ne devaient pas être publiés. Il considérait que la Compagnie des Indes orientales était l'organisme approprié pour entreprendre ce travail. Le nom de Bunsen était une puissance en Angleterre, et son patronage était la meilleure introduction que j'aurais pu avoir. Ce n'était pas une tâche facile de persuader le conseil d'administration – composé uniquement d'hommes strictement pratiques et commerciaux – d'autoriser une dépense aussi considérable, simplement pour éditer et imprimer un vieux livre qu'aucun d'entre eux ne pouvait comprendre, et beaucoup d'entre eux n'avaient peut-être même jamais entendu parler. de. Bunsen fit remarquer quelle honte ce serait pour eux si un autre pays que l'Angleterre publiait cette édition des Livres sacrés des Brahmanes.

Le professeur Wilson, bibliothécaire de la Compagnie, appuya également mon projet et finalement, moins d'un an après mon arrivée en Angleterre, après une longue lutte et de nombreuses craintes d'échec, il fut décidé que la Compagnie des Indes orientales prendrait en charge les frais d'impression du Veda, et, entre-temps, me permettraient de rester à Londres et de préparer mon ouvrage pour l'impression.

J'avais déjà travaillé cinq ans à copier et à assembler, et mon premier volume du Rig-veda progressait, mais ce n'est que lorsque tout fut réglé que je réalisai combien il me restait encore à faire et que j'aurais un travail très dur à faire. en fait, avant que l'impression puisse commencer. Il me faut entrer dans quelques détails pour montrer les difficultés réelles auxquelles j'ai dû faire face.

J'étais convaincu que la première chose à faire était de publier un texte correct du Rig-veda. Cela n'a pas été si difficile, même si cela m'a valu les plus grandes félicitations. Le MSS. étaient très corrects, et le texte pouvait facilement être restauré en comparant les textes Pada et Sanhitâ, c'est-à-dire. e. le texte dans lequel chaque mot était séparé et le texte dans lequel les mots étaient unis selon les règles de Sandhi. N'importe qui aurait pu faire cela, mais c'est, comme je l'ai dit, la partie de mon travail pour laquelle j'ai reçu le plus d'éloges.

Lorsque mon édition du Rig-veda contenant texte et commentaire fut presque terminée, un autre savant, qui m'avait aidé dans mon travail, et qui avait toujours eu l'usage de mon MSS., de mes Indices, en fait de tout mon *appareil criticus* , a publié une transcription du texte en lettres latines, et a ainsi anticipé une partie du dernier volume de mon édition. Ses amis, qui n'étaient peut-être pas les miens, semblaient ravis de l'appeler le premier rédacteur du Rig-veda, bien qu'ils cessèrent de le faire lorsqu'ils découvrirent des fautes d'impression ou des fautes de ma propre édition répétées dans la sienne. Lui-même était bien au-dessus de telles tactiques. Il savait, et ils savaient parfaitement que, quoi qu'en pense le *vulgus profanum* , mon véritable œuvre était l'édition critique du commentaire de Sâyana sur le Rig-veda. J'avais décidé que celui-ci devait également être édité selon les règles de critique les plus strictes. Je savais quelle quantité de travail cela impliquerait, mais j'ai refusé de céder à la pression de mes collègues pour procéder plus rapidement mais de manière moins critique.

Sâyana cite un certain nombre d'ouvrages sanskrits qui, au moment où j'ai commencé mon édition, n'étaient pas encore édités. Tel était le Nirukta, le glossaire du Rig-veda ; l'Aitareya-brâhmana, une explication très ancienne du sacrifice védique ; les Âsvalâyana Sûtras, sur le cérémonial ; et divers ouvrages du même caractère. Sâyana ne fait généralement que très brièvement allusion à ces œuvres et présuppose qu'elles nous sont connues, de sorte qu'une brève référence suffirait à ses fins. Trouver de telles références et les comprendre exigeait cependant non seulement que je copie ces ouvrages, ce que je fis, mais que je fasse des index et puisse ainsi retrouver l'emplacement des passages auxquels il faisait allusion. C'est ce que j'ai fait aussi, mais à maintes reprises j'ai été arrêté par une brève référence énigmatique à la grammaire de Pânini ou au glossaire de Yaska, que je ne pouvais pas identifier. Toutes ces références sont maintenant ajoutées à mon édition, et ceux qui les chercheront dans les originaux verront quel genre de travail j'ai dû faire avant qu'une seule ligne de mon édition puisse être imprimée. Combien de fois étais-je dans un désespoir total, parce qu'il y avait dans Sâyana une allusion que je ne parvenais pas à comprendre et qu'aucun autre érudit sanskrit, pas même Burnouf ou Wilson, ne pouvait m'aider à éclaircir. Il me fallait souvent des jours entiers, voire des semaines, avant de voir la lumière. Une grande partie du commentaire était assez simple. C'était comme marcher sur la grande route, quand soudain se dresse une forteresse qu'il faut prendre avant de penser à une nouvelle avancée. Dans la partie purement mécanique, d'autres hommes ont pu m'aider et m'ont effectivement aidé. Mais chaque fois qu'une difficulté réelle surgissait, je devais y faire face par moi-même, même si, au bout d'un certain temps, je reconnaissais volontiers que là aussi, leurs conseils m'étaient souvent précieux. En fait, j'ai découvert, et tous mes assistants semblaient avoir découvert de même, que s'ils m'étaient utiles, le travail qu'ils faisaient pour moi leur était utile, et je suis fier de dire que presque tous se sont ensuite levés. une grande importance dans l'érudition sanscrite. De temps en temps, j'ai également travaillé à l'interprétation et à la traduction de certains hymnes védiques, même si j'avais toujours espéré que cette partie du travail serait reprise par d'autres érudits.

Bunsen était également mon parrain social à Londres, et mes premiers aperçus de la société anglaise ont eu lieu à la légation prussienne. Il m'invitait souvent à ses petits déjeuners et à ses dîners, et quand je vis pour la première fois les magnifiques salles remplies de ministres, de ducs, d'évêques et de dames dans leurs plus belles robes, j'étais comme dans un rêve et je me sentais comme dans un rêve. si j'avais été élevé dans un autre monde. Des hommes m'ont été signalés tels que Sir Robert Peel, duc de Wellington, Van der Weyer, le ministre belge, Thirlwall, évêque de Saint-David et auteur de l' *Histoire de la Grèce* , l'archidiacre Hare, Frederick Maurice et bien d'autres encore. Je ne le savais pas à l'époque, même si j'en ai connu plusieurs par la suite. Quiconque avait quelque chose à produire était le bienvenu dans la maison de Bunsen, et parmi les hommes que je me souviens avoir rencontrés lors de ses petits-déjeuners, il y avait Rawlinson, Layard, Hodgson, Birch et bien d'autres. Ces petits-déjeuners étaient alors une institution tout à fait nouvelle pour moi, et il est curieux de voir à quel point ils sont passés de mode, bien que Sir Harry Inglis, député d'Oxford, Gladstone, député d'Oxford, Monckton Milnes (plus tard Lord Houghton), les ait conservés. jusqu'à la fin, tandis qu'à Oxford ils ont survécu peut-être plus longtemps que partout ailleurs. Ils avaient un grand avantage : les gens venaient chez eux tout frais le matin ; mais ils interrompaient trop la journée, surtout quand, comme à Oxford, ils terminaient avec de la bière, du champagne et des cigares, comme c'était parfois le cas dans les chambres des étudiants.

Comment j'ai pu nager dans ce nouveau ruisseau, j'ai du mal à le comprendre, même maintenant. J'étais tout à fait peu habitué à ce genre de société et j'en ignorais les règles les plus simples. Bunsen, cependant, n'a jamais été gêné par mes gaucheries, mais m'a donné des conseils amicaux pour me frayer un chemin à travers ce qui me semblait un labyrinthe parfait. Il m'a dit que j'avais offensé les gens en ne les rappelant pas, ou en ne leur laissant pas de carte après avoir dîné avec eux, leur faisant ce qu'on appelle la visite de digestion. Comment devrais-je le savoir ? Personne ne me l'avait jamais dit et j'ai trouvé cela intrusif d'appeler. Je ne savais pas non plus qu'en Angleterre, toucher du poisson avec un couteau, ou se servir des pommes de terre avec une fourchette, était aussi fatal que de laisser tomber ou d'y mettre une *pomme de terre* . Je n'ai jamais non plus compris pourquoi couper une pâte croustillante dans votre assiette avec un couteau était de pire manière que de la diviser avec une fourchette, en l'éparpillant souvent sur votre assiette et éventuellement sur la nappe. Je dois avouer aussi que les couteaux à poisson m'ont toujours semblé plus civilisés que les fourchettes pour diviser le poisson, mais les couteaux à poisson n'existaient pas lorsque je suis arrivé en Angleterre pour la première fois. Le côté vraiment intéressant de tout cela est d'observer comment les coutumes changent – entrent et sortent – et par quel processus lent et imperceptible elles sont rejetées. Espérons que ce soit par la survie du plus fort. Quand je suis allé pour la première fois à Oxford, tout le monde prenait du vin avec ses voisins. Aujourd'hui, ce n'est que dans des collèges aussi conservateurs que le mien, All Souls, que cette vieille coutume survit encore. Mais nous n'avons pas encore renoncé aux bougies en cire et nous considérons le gaz comme une innovation des plus répréhensibles.

Une autre grande difficulté que j'ai eue a été d'écrire des lettres et de m'adresser correctement à mes amis en les appelant Monsieur, ou M. Smith, ou Smith. On m'a dit que la règle était très simple et qu'on s'adressait à tout le monde exactement comme on s'adressait à soi. Quelle a été la conséquence ? Lorsque j'ai reçu une invitation à dîner avec l'évêque d'Oxford qui m'a appelé « Mon cher Monsieur », j'ai répondu « Mon cher Monsieur » et j'ai dit que je devrais être très heureux. Comme Samuel Wilberforce a dû rire en lisant mon épître. Mais comment un étranger pourrait-il connaître toutes les subtilités de la littérature sociale, surtout s'il est mal informé par les plus hautes autorités ? Je dois avouer que même plus tard dans la vie, j'ai souvent été perplexe quant à la bonne façon de m'adresser à mes amis. Il n'y a aucune difficulté avec les amis intimes, mais à mesure qu'on vieillit, on connaît un certain nombre de personnes plus ou moins intimement, et selon leurs différents caractères et leur situation dans la vie, on ne sait souvent pas si l'on offense par trop ou pas assez de familiarité. J'écrivais un jour à un homme très éminent de Londres qui s'était montré extrêmement amical avec moi à Oxford, et je l'ai appelé « Mon cher professeur H ». À la fin de sa réponse, il a écrit : « Ne m'appelez pas professeur. » Tout dépend du ton sur lequel ces paroles sont prononcées. J'imaginais que, vivant dans la société à la mode de Londres, il n'aimait pas le titre quelque peu scolastique de professeur qui, à Londres en particulier, a toujours un arrière-goût d'omniscience et de vanité diluées. Je l'appelai donc dans ma lettre suivante : « Mon cher Monsieur », et cela, je suis désolé de le dire, produisit une certaine froideur et raideur, car mon ami imaginait évidemment que je refusais d'être en termes plus intimes avec lui, le fait étant donné que tout au long de ma vie, j'ai toujours été l'un de ses admirateurs les plus dévoués. J'ai fait de mon mieux pour me conformer à toutes les institutions britanniques, du mieux que je pouvais, même si au début j'ai sans doute commis de terribles erreurs, et peut-être offensé le Britannique véritablement insulaire. Bunsen semblait prendre plaisir à me demander chaque fois qu'il avait des princes ou d'autres grands pour déjeuner ou dîner avec lui.

Un jour, il m'emmena avec lui séjourner à Hurstmonceux avec l'archidiacre Hare, et ce fut un moment délicieux. Il y avait des livres dans chaque pièce, dans l'escalier et dans tous les coins de la maison, et l'archidiacre les connaissait tous, et dès qu'on parlait d'un livre, il allait le chercher. Il connaissait généralement l'endroit même où se produisait le passage dont il était question, et surpassait même le célèbre chien, à qui, lors d'un de ces petits-déjeuners littéraires - je crois chez Hallam -, on avait ordonné sur un coup de tête d'aller chercher le texte. cinquième volume de *l'Histoire de Gibbon*

, et gravit aussitôt l'échelle et fit descendre de l'étagère le volume même dans lequel le passage controversé s'était produit. On lui avait appris cette astuce consistant à aller chercher un certain volume sur les étagères de la bibliothèque, et la conversation tournait et tournait jusqu'à aboutir à un passage de ce même volume. Les invités étaient, sans aucun doute, étonnés, mais comme c'était le cas avant l'époque de Darwin et de Lubbock, cela n'a donné lieu qu'à un bon rire. J'ai été surpris et ravi de l'honnêteté avec laquelle l'archidiacre a admis les points faibles du système anglican et les dangers qui menaçaient non seulement l'Église, mais la religion d'Angleterre. Le véritable danger, pensait-il évidemment, venait du clergé et de son désir de Rome. « Ils ont oublié leur histoire, dit-il, et les souffrances que l'emprise du sacerdoce romain a infligées pendant des siècles à leur pays. » Je pense que c'est lui qui m'a raconté l'histoire d'un jeune vicaire romanisant, qui déclarait qu'il ne voyait jamais à quoi servaient les laïcs.

Un jour, alors que je rendais visite à Bunsen avec mes livres, et je l'appelais fréquemment lorsque j'avais quelque chose de nouveau à lui montrer, il me dit : « Vous devez m'accompagner à Oxford à la réunion de la British Association. » C'était en 1847. Bien sûr, je ne savais pas ce qu'était cette association britannique, mais Bunsen a dit qu'il m'expliquerait tout, mais que je devais immédiatement m'asseoir et rédiger un article. Lui, Bunsen, devait lire un article sur les « Résultats des récentes recherches égyptiennes en référence à l'ethnologie asiatique et africaine et à la classification des langues », et il voulait que le Dr Karl Meyer et moi-même le soutenions, le premier avec un article. sur la philologie celtique, et moi-même avec un article sur les langues aryennes et autochtones de l'Inde. Je lui ai assuré que cela me dépassait complètement. J'étais en Angleterre depuis à peine un an, et même si je savais écrire, je savais trop bien que je ne pourrais pas lire un journal devant un large public. Cependant, Bunsen n'accepterait aucun refus. « Nous devons leur montrer ce que nous avons fait en Allemagne pour l'histoire et la philosophie du langage, dit-il, et je compte sur votre aide. » Il n'y avait pas d'échappatoire et je devais aller à Oxford. J'étais terriblement nerveux car, comme Prince Albert devait être présent, de très nombreuses personnes distinguées s'étaient rassemblées à la réunion, ainsi que des ethnologues peu amicaux, tels que le Dr Latham et M. Crawford, connu sous le nom de l'objecteur général. Notre section était présidée par le célèbre docteur Prichard, auteur de cet ouvrage classique, *Recherches sur l'histoire physique de l'humanité* , en cinq volumes, et c'est lui qui me protégea le plus chevaleresquement contre les objections un peu frivoles de certains membres, qui n'étaient pas trop amicaux envers le prince Albert, le chevalier Bunsen et tout ce qu'on appelait allemand dans l'érudition. Mais tout s'est bien passé. Le discours de Bunsen connut un grand succès et il est dommage qu'il soit enterré dans les *Transactions de la British Association for 1847* . A cette époque, c'était un grand honneur que son discours y soit publié *in extenso* .

Lorsque Bunsen déclara qu'il ne le donnerait pas, à moins que l'article du Dr Meyer et le mien ne soient publiés en même temps dans les *Transactions*, *l'opposition se fit renouvelée*. J'étais si peu fier de mon propre essai que j'aurais préféré le garder pour l'améliorer davantage, mais il était imprimé dans les *Transactions* et largement examiné à l'époque dans différentes revues.

J'ai toujours douté de l'intérêt de ces réunions publiques, du point de vue des résultats scientifiques. Toute personne qui paie une guinée peut devenir membre et se faire entendre, qu'elle connaisse ou non le sujet. Les hommes les plus ignorants occupent souvent le plus de temps. Certains considèrent ces congrès simplement comme un moyen de se faire connaître, et j'ai même vu citer parmi les titres de gloire d'un homme le fait qu'il avait été membre de certains congrès. Un autre inconvénient est que personne, pas même le meilleur des érudits, n'est tout à fait lui-même devant un public mixte. Alors que dans une conversation privée, un homme est heureux de recevoir de nouvelles informations, personne n'aime qu'on lui dise en public qu'il aurait dû savoir ceci ou cela, ou que tous les écoliers le savent. S'ensuit généralement une querelle, et le meilleur plaideur est sûr d'avoir le rire de son côté, si ignorant qu'il soit du sujet dont on discute. Mais le Dr Prichard était un excellent président et modérateur, et même s'il devait composer avec des esprits indisciplinés, il réussit à maintenir un certain décorum entre eux. L'autorité du Dr Prichard était très élevée, et à juste titre, et ses *recherches sur l'histoire physique de l'humanité* restent encore sans précédent en ethnologie. Sa pesée minutieuse des faits et des difficultés est passée de mode lorsque la théorie de l'évolution est devenue populaire, et chaque changement d'une puce à un éléphant s'expliquait par des degrés imperceptibles. Il s'est principalement occupé de ce qui était perceptible, de faits bien observés, et bon nombre des faits qu'il a si bien organisés nécessitent même aujourd'hui, en ces jours post-darwiniens, j'oserais dire, une considération renouvelée. Comme tous les grands hommes, il était d'une humilité merveilleuse et me permettait de le contredire, qui aurait dû être fier de l'écouter et d'apprendre de lui.

Mais bien que je ne puisse pas dire que le résultat de ces rencontres et de ces disputes ait été très grand ou précieux, j'ai passé quelques jours des plus agréables à Oxford, et je ne pouvais pas imaginer un état d'existence plus parfait que celui d'être étudiant, étudiant ou étudiant. un professeur là-bas. Une sorte d'amour silencieux naissait dans mon cœur, même si je l'avouais à peine à moi-même, encore moins à l'objet de mes affections. Je savais que je devais retourner devenir tuteur à l'université ou même maître dans une école publique en Allemagne, et c'était une vie difficile comparée à la liberté d'Oxford. Être indépendant et libre de travailler comme je l'entendais, c'était tout pour moi, mais je ne sais pas comment j'ai réussi à réaliser mon idéal. À cette époque, je ne voyais devant moi qu'une vie de corvée et de lutte

acharnée, mais je ne me permettais pas de m'y attarder ; J'ai simplement
travaillé, sans regarder ni à droite ni à gauche, ni derrière ni devant.

Lors de ma première visite aérienne à Oxford, j'avais une chambre à
l'University College, le collège même dans lequel mon fils devait désormais
être étudiant de premier cycle. Mon hôte était le docteur Plumptre, le maître
du collège, une personne grande, raide et à mon avis très imposante. Il était
alors vice-chancelier, et je crois ne l'avoir jamais vu que dans son bonnet et
sa robe et avec deux bedels marchant devant lui, l'un avec un tisonnier d'or,
l'autre avec un tisonnier d'argent à la main. Nous n'avons plus de bedels
Esquire ! Tous les professeurs aussi, et même les étudiants, vêtus de leur
costume académique médiéval, me paraissaient très grandioses et si différents
des étudiants allemands de Leipzig ou plus encore d'Iéna, marchant dans les
rues en pantalons de coton rose et habillés... robes. Le monde me semblait
tout à fait différent et je faisais chaque jour de nouvelles découvertes. Étant
avec Bunsen, j'ai été invité à tous les dîners officiels lors de la réunion de
l'Association britannique, et ici aussi, le vice-chancelier a joué son rôle avec
dignité. Il ne s'est jamais déplié ; il ne se livrait jamais à une plaisanterie ni ne
se joignait aux rires de ses voisins. Quand j'ai remarqué ses traits immobiles,
on m'a dit qu'il dormait dans des draps amidonnés — et je l'ai cru. Lors d'un
de ces dîners, le prince Louis Lucien Bonaparte a fait rire lors d'un discours
sur la liberté dont jouissait le peuple en Angleterre. « En France, dit-il, avec
toutes les déclamations sur *la Liberté* , *l'Égalité* , *la Fraternité* , il y a très peu de
liberté, et avec tous les arbres de *la liberté* qu'on plante le long des boulevards,
il y a très peu de liberté réelle de être trouvé là-bas! "Mais vous, en
Angleterre," termina-t-il, "vous avez votre vieil arbre de la liberté, qui fleurit
toujours et fait pleuvoir *des petits pois* sur le monde entier." Il voulait dire la
paix. Nous avons essayé d'avoir l'air solennels, mais nous n'avons pas réussi,
et un rire étouffé a circulé jusqu'à atteindre le vice-chancelier. Là, ça s'est
arrêté. Il était bien trop bien élevé pour permettre à un seul muscle de son
visage de bouger. « Il jette une couverture froide sur tout », a déclaré mon
voisin ; et ma connaissance de l'anglais était encore si imparfaite que j'acceptai
beaucoup de ces remarques métaphoriques dans leur sens littéral, et devins
de plus en plus perplexe au sujet de mon hôte. C'était évidemment un plaisir
pour mes amis de voir avec quelle facilité je me laissais prendre. Sur les murs
des maisons d'Oxford, je vis les lettres F. P. à environ dix pieds du sol. Bien
sûr, il était destiné à Fire Plug, mais on m'a dit qu'il marquait la taille du vice-
chancelier, dont le nom était Frederick Plumptre.

Ma visite à Oxford s'est terminée trop tôt et je suis retourné à Londres pour
travailler dur sur mon MSS sanskrit. dans la petite chambre qui m'avait été
assignée dans la Old East India House de Leadenhall Street. Le bâtiment
dans lequel les rênes du puissant empire de l'Inde étaient tenues,
principalement par les mains des marchands, a également disparu, et l'endroit

où il se trouvait n'est plus connu. Cependant, je pensais peu à l'Inde, je pensais seulement à la bibliothèque de la Maison des Indes orientales, un véritable Eldorado pour un étudiant passionné du sanskrit, qui n'avait jamais vu de tels trésors auparavant. Je n'y ai pas vu grand-chose d'autre, je me souviens seulement d'avoir vu le tigre de Tippoo Sahib qui tenait un soldat anglais dans ses griffes, et qui était régulièrement remonté pour le bénéfice des visiteurs, puis qui poussait un grand couinement, de quoi déranger même les étudiants les plus absorbés. Je me sentais assez étourdi par tous les livres et manuscrits mis à ma disposition, et je m'en délectais tous les jours jusqu'à la tombée de la nuit, et je devais rentrer chez moi à pied en passant par Ludgate Hill, Cheapside et le Strand, généralement avec toujours autant de livres et de papiers. sous mes bras. Je ne connaissais personne dans la ville, et personne ne me connaissait ; et qu'importe au monde, tant que j'aurais mes manuscrits bien-aimés ?

En mars 1848, je dus me rendre à Paris pour y terminer quelques travaux, et je venais d'y entrer pour la révolution. De mes fenêtres, j'avais une belle vue sur tout ce qui se passait. Je me souviens bien du tumulte des rues, de l'aspect de la foule sauvage, des coups de feu gratuits sur des spectateurs silencieux, du hissement du pantalon de nankin de Louis-Philippe sur le mât du drapeau des Tuileries. Lorsque les balles ont commencé à passer par mes fenêtres, j'ai pensé qu'il était temps de partir tant que c'était encore possible. Puis vint la question de savoir comment transporter dans le train ma caisse pleine de manuscrits précieux, etc., appartenant à la Compagnie des Indes orientales. La seule voie ferrée ouverte était la ligne du Havre, interrompue près de la gare, mais plus loin elle était intacte, et pour y arriver il fallait escalader trois barricades. J'ai offert cinq francs à mon *concierge* pour porter ma boîte, mais sa femme n'a pas voulu entendre qu'il risquait sa vie dans les rues ; dix francs, même résultat ; mais à la vue d'un louis d'or, elle changea d'avis et, d'un « Allez, mon ami, allez toujours », envoya son mari dans sa périlleuse expédition. Arrivé à Londres, je me rendis directement à la légation prussienne et fut le premier à annoncer à Bunsen la nouvelle de la fuite de Louis-Philippe de Paris. Bunsen m'a emmené voir Lord Palmerston et j'ai pu lui montrer une balle que j'avais ramassée dans ma chambre comme preuve des scènes sanglantes qui s'étaient déroulées à Paris. Ainsi, même un pauvre érudit devait jouer son petit rôle dans les événements qui composent l'histoire.

CHAPITRE VII

LES PREMIERS JOURS À OXFORD

IL avait été convenu que mon édition du Rig-veda serait imprimée à l'Oxford University Press, et je découvris que je devais souvent m'y rendre pour superviser l'impression. Non pas que les imprimeurs nécessitaient beaucoup de surveillance, car je dois dire que l'impression à l'imprimerie universitaire était et est excellente, bien meilleure que tout ce que j'avais connu en Allemagne. En fournissant une copie d'un ouvrage de six volumes, chacun d'environ 1000 pages, il était tout à fait naturel que le *lapsus calami* se produise de temps en temps. Ce qui m'a surpris, c'est que plusieurs d'entre elles ont été corrigées dans les épreuves qui m'ont été envoyées. Finalement, je demandai s'il y avait un érudit sanskrit à Oxford qui révisait mes épreuves avant qu'elles ne me soient rendues. On m'a répondu que non, mais que les requêtes étaient faites par l'imprimeur lui-même. Cet imprimeur était un homme extraordinaire. Son bras droit était légèrement paralysé et il avait donc été soumis à des travaux lents et difficiles, comme le sanskrit. Il existe plus de 300 types qu'un imprimeur doit connaître pour composer le sanskrit. De nombreuses lettres du sanskrit sont incompatibles, c'est-à-dire. e. ils ne peuvent pas se suivre, ou s'ils le font, il faut les modifier. Chaque *d* , par exemple, s'il est suivi de a *t* , est remplacé par *t* ; chaque *dh* perd son aspiration, devient également *t* , ou transforme le *t suivant* en *dh* . Ainsi de *budh* + *ta* , nous avons *Bouddha* , c'est-à-dire. e. réveillé. Dans l'écriture j'avais parfois négligé ces modifications, mais dans les épreuves ces cas étaient toujours soit interrogés, soit corrigés. Quand j'ai demandé à l'imprimeur, qui ne connaissait bien sûr pas un mot de sanskrit, comment il en était arrivé à faire ces corrections, il a répondu : « Eh bien, monsieur, mon bras se balance régulièrement d'un compartiment de caractères à l'autre, et là sont certains mouvements qui ne se produisent jamais. Alors si je dois soudainement aborder des types qui entraînent un nouveau mouvement, je le ressens et je pose une question. Un imprimeur anglais pourrait peut-être être surpris de la même manière s'il devait, en anglais, reprendre un *s* immédiatement après un *h* . Mais il était certainement extraordinaire qu'un mouvement inhabituel des muscles du bras paralysé ait conduit à la découverte d'une erreur dans l'écriture du sanskrit. Cependant, malgré l'extrême précision de mon imprimeur, j'ai compris qu'après tout ce serait mieux pour moi et pour le Veda si j'étais sur place, et j'ai décidé d'émigrer de Londres à Oxford.

Ma première visite m'avait enthousiasmé pour la belle vieille ville, que je considérais comme une maison idéale pour un étudiant. D'ailleurs, je trouvais que je devenais trop gai à Londres, et pour pouvoir consacrer mes soirées à la société, je devais me lever et commencer à travailler peu après cinq heures. May me vit donc établi pour la première fois à Oxford, dans une petite pièce de Walton Street. Le déménagement de mes livres et papiers de Londres n'a pas pris longtemps. A cette époque ma bibliothèque pouvait encore tenir dans mon portemanteau, elle n'avait pas encore atteint 12 000 volumes, menaçant de me chasser de chez moi. C'était une époque heureuse où je ne possédais pas de livres que je n'avais pas lus, et où personne ne m'envoyait des livres dont je ne voulais pas et où je devais cependant trouver une place dans mes chambres et remercier l'auteur de sa gentillesse.

Je constatai aussitôt que mon travail allait plus vite à Oxford qu'à Londres, mais si j'avais espéré échapper à toute hospitalité, je n'étais certainement pas autorisé à le faire. Habitué que j'étais au régime spartiate d'un *convictorium allemand*, ou à un dîner au Palais Royal *à deux francs*, les dîners auxquels j'étais invité par quelques-uns des boursiers en salle ou en salle commune ne me surprirent pas peu. La vieille vaisselle, les vieux meubles et tout le style de vie m'ont profondément impressionné, en particulier le chemin de fer après le dîner, invention ingénieuse pour alléger la peine des invités qui prenaient du vin dans la salle commune. Il y avait un petit chemin de fer fixé devant la cheminée, sur lequel un chariot contenant les bouteilles allait et venait, s'arrêtant devant chaque invité jusqu'à ce qu'il se soit servi. Ce chemin de fer, j'en ai peur, n'est plus là ; et ce qui est plus grave, les soirées agréables et bavardes passées dans la Salle Commune appartiennent également au passé. Les boursiers mariés, s'ils dînent dans la salle, rentrent chez eux après le dîner, et les jeunes boursiers vont à leurs livres ou à leurs élèves. À mes débuts à Oxford, un membre marié aurait ressemblé à un solécisme. L'histoire raconte que les boursiers mariés n'étaient pas entièrement inconnus et que l'on pouvait même détenir une bourse, si l'on savait tenir sa langue. Mais les jeunes gens, qui ne possédaient pas ce don du silence, devaient souvent attendre jusqu'à cinquante ans, avant qu'une résidence universitaire ne devienne vacante, et que le quinquagénaire devienne un jeune mari et un jeune vicaire.

Mais ce qui m'a impressionné, plus encore que la grande hospitalité d'Oxford, c'est la réelle gentillesse manifestée à l'égard d'un érudit allemand inconnu. Après tout, j'avais encore très peu fait, mais les paroles aimables que Bunsen et le Dr Prichard avaient prononcées à mon sujet lors de la réunion de l'Association britannique avaient évidemment produit en ma faveur une impression bien au-delà de ce que je méritais. J'ai dû paraître comme un oiseau très étrange, tel qu'il n'avait jamais construit son nid à Oxford. J'étais très jeune, mais j'avais l'air encore plus jeune que je ne l'étais, et ma connaissance des mœurs de la société, particulièrement de la société anglaise, était vraiment nulle. Peu de gens savaient sur quoi je travaillais. Certains avaient une sorte de vague impression que j'avais découvert une religion très ancienne, plus ancienne que la religion juive et la religion chrétienne, qui contenait la clé de bien des mystères qui avaient intrigué le monde ancien, voire même le monde moderne. Souvent, lorsque je me promenais dans les rues d'Oxford, j'observais comment les gens me regardaient et semblaient murmurer des informations à mon sujet. Les commerçants ne me faisaient pas toujours confiance, même si je ne devais jamais un sou à personne ; quand je voulais de l'argent, je pouvais toujours le gagner en imprimant plus rapidement le Rig-veda, pour lequel je recevais quatre livres la feuille. Cela me paraissait alors une somme importante, même si de nombreuses feuilles me prenaient au début plus d'une semaine pour les préparer, les copier, les assembler, les comprendre et enfin les imprimer. Si j'étais intéressé par un autre sujet, mon Trésor en souffrait en conséquence – mais je pouvais toujours récupérer mes pertes en veillant tard le soir. Aussi pauvre que j'étais, je ne me suis jamais soucié de l'argent, et quand j'ai commencé à écrire en anglais pour des revues anglaises, j'en avais vraiment plus que ce que je voulais. Mon premier article dans l' *Edinburgh Review* parut en octobre 1851.

A cette époque, l'idée de m'installer à Oxford, de rester dans ce paradis académique, ne m'était jamais venue à l'esprit. J'étais ici pour imprimer mon Rig-veda et travailler au Bodleian ; que je sois dans quelques années titulaire d'une maîtrise de Christ Church, membre du plus exclusif des collèges, voire marié, un être qui n'avait même pas été inventé à l'époque, et professeur à l'université, n'est jamais entré dans mes rêves les plus fous. Je ne pouvais qu'admirer, et admirer de tout mon cœur. Tout semblait parfait, les jardins, les promenades dans le quartier, les collèges et surtout les habitants des collèges, aussi bien les Fellows que les étudiants. Mes idées étaient encore si purement continentales que je ne comprenais pas comment l'Université pouvait faire une chose telle qu'incorporer un universitaire étranger - pouvait, en fait, se gouverner sans un ministre de l'Éducation pour nommer les professeurs, sans un commissaire royal pour s'occuper de l'éducation. étudiants de premier cycle et leurs sentiments moraux et politiques. Et ici à Oxford, on m'a dit que le gouvernement ne connaissait pas Oxford, ni Oxford le gouvernement, que le seul pouvoir dirigeant résidait dans les statuts de l'université, que les professeurs et les tuteurs étaient parfaitement libres tant qu'ils se conformaient à ces statuts, et qu'aucun ministre ne pourrait certainement jamais nommer ou révoquer un professeur, à l'exception des professeurs Regius. « Si nous voulons qu'une chose soit faite, m'expliquaient mes amis, nous le faisons nous-mêmes, à condition que cela ne soit pas contraire aux statuts. »

Mais Oxford change à chaque génération. Il vieillit toujours, mais il rajeunit toujours. Il y avait un vieil Oxford il y a quatre cents ans, et il y avait un vieil Oxford il y a cinquante ans. Pour un homme qui prépare sa maîtrise, Oxford, comme c'était le cas lorsqu'il était étudiant en première année, semble appartenir au passé. Aux yeux du grand public, aucun endroit n'est censé être aussi conservateur, aussi immuable, voire aussi obstiné à résister aux idées nouvelles, qu'Oxford ; et pourtant, les gens qui l'ont connu il y a quarante ou cinquante ans, comme moi, le trouvent aujourd'hui tellement changé que, quand ils regardent en arrière, ils ont du mal à croire que c'est le même endroit. Même sur le plan architectural, les rues de l'Université ont changé, et ici pas toujours pour le mieux. Malheureusement, les architectes s'opposent à la simple imitation du vieux style de construction d'Oxford ; ils veulent produire quelque chose qui leur est entièrement propre, qui peut être très bien en soi, mais qui n'est pas toujours en harmonie avec le ton général des bâtiments du collège. Je me souviens encore du tollé contre la Taylor Institution, le seul bâtiment palladien d'Oxford, et pourtant tout le monde s'y est désormais réconcilié, et même Ruskin y a donné des conférences, ce qu'il n'aurait pas fait s'il avait désapprouvé son architecture. Il n'a jamais donné de cours à l'Indian Institute et m'a écrit une lettre me reprochant tristement d'avoir causé la dégradation de Broad Street par un tel bâtiment, alors que je n'avais absolument rien à voir avec cela. Il a condamné très haut les autres nouveaux bâtiments. Il abusa même du Nouveau Musée, même s'il y était pour beaucoup lui-même. Il avait espéré que ce serait l'architecture du futur, mais il a avoué après un certain temps qu'il n'était pas satisfait du résultat.

À son époque, nous avions encore le vieux pont de la Madeleine, le Bodléien non restauré et aucun tramway. Ruskin était tellement offensé par le nouveau pont, par le Bodleian restauré et par les tramways, qu'il faisait toujours le tour pour éviter ces horreurs, lorsqu'il devait donner ses conférences ; et ce n'était en aucun cas un pèlerinage facile. Bien sûr, cela ne servait à rien de discuter avec lui. La plupart des gens aiment le nouveau pont de la Madeleine parce qu'il s'accorde mieux avec la largeur de High Street ; ils considèrent que le Bodleian est bien restauré, surtout maintenant que la nouvelle pierre s'atténue progressivement jusqu'à la couleur des vieux murs, et quant aux tramways, si répréhensibles qu'ils soient à bien des égards, ils offensent certainement moins l'œil que les vieux sales et des omnibus branlants. Les nouveaux immeubles de Merton, dans le style d'un commissariat de police de Londres, l'offensèrent profondément et avec plus de justice, d'autant plus qu'il dut habiter à côté d'eux lorsqu'il avait des chambres à Corpus.

Ces nouveaux bâtiments ne pouvaient pas être aidés à Oxford. La pierre avec laquelle étaient construits la plupart des anciens collèges provenait d'une carrière proche d'Oxford et commençait à se décoller et à s'effriter d'une manière très curieuse. Les artistes aiment ces murs en damier, et au clair de lune ils sont certes pittoresques, mais les collèges ont dû penser à ce qui était sûr. Mon propre collège, All Souls, compte de très nombreux sommets, et nous avons volontairement engagé un architecte pour surveiller lesquels d'entre eux n'étaient pas sûrs et devaient être restaurés ou remplacés par de nouveaux. Chacun de ces pinacles nous a coûté environ cinquante livres, et à chacune de nos réunions, on nous a dit que de nombreux pinacles avaient été testés et devaient être réparés ou remplacés. Il y a de nombreuses années, alors que je passais mes longues vacances à Oxford, je pouvais observer depuis mes fenêtres un homme qui était censé tester la solidité de ces pinacles. Il était armé d'un grand pied-de-biche, qu'il lança de toutes ses forces contre le malheureux pinacle. Je doute que les murs d'un castellum romain aient pu résister à un pareil bélier. J'ai parlé à quelques-uns des Fellows, et lorsque le constructeur nous a fait son rapport suivant, nous avons plutôt protesté contre le grand nombre d'invalides. Il ne devait cependant pas être réduit au silence si facilement, mais il nous dit avec un visage très grave qu'il ne pouvait pas en assumer la responsabilité, car un sommet pourrait tomber d'un jour à l'autre sur notre directeur lorsqu'il se rendrait à la chapelle. Cela, pensait-il, réglerait le problème. Mais non, cela n'a fait aucune impression sur les jeunes boursiers, et le nombre annuel des estropiés a certainement été considérablement réduit en conséquence.

Il est vrai qu'Oxford a toujours préféré le vieux au nouveau et a résisté jusqu'au bout à la plupart des innovations. Un homme d'État libéral bien connu avait l'habitude de dire que lorsqu'une mesure de réforme était soumise au Parlement, il se réjouissait toujours de voir une pétition d'Oxford contre cette mesure, car cette mesure était sûre d'être adoptée très bientôt. Il ne faut cependant pas oublier qu'il y a toujours eu une minorité libérale à Oxford. Il est encore mentionné comme quelque chose de tout à fait antédiluvien qu'Oxford, c'est-à-dire le Conseil Hebdomadal, a adressé une pétition contre le Great Western Railway qui envahissait son enceinte sacrée ; mais il est également vrai que peu d'années plus tard, elle a demandé un embranchement pour maintenir l'Université en contact avec le reste du monde.

Bien sûr, beaucoup de choses ont changé et changent chaque année sous nos yeux ; mais ce qui ne peut jamais être changé, malgré quelques atrocités récentes dans la brique et le mortier, c'est la beauté naturelle de ses jardins et le caractère historique de son architecture. Nous ne savons pas si frère Bacon, dès le XIIIe siècle, admirait les collèges, les chapelles et les jardins d'Oxford ; et même si nous l'avions fait, peu d'entre eux auraient pu être les mêmes que ceux que nous admirons aujourd'hui. Nous ne devons pas oublier que *l'Honorable Histoire du Frère Bacon de Greene* ne nous donne pas une image de ce qu'était Oxford lorsque ce célèbre philosophe, qui est parfois considéré comme membre du Brasenose College, probablement bien avant que ce Collège n'existe, ne nous donne pas une image de ce qu'était Oxford ; mais ce qui est dit dans cette pièce faisant l'éloge de l'Université peut au moins être considéré comme un souvenir de ce que Greene lui-même voyait lorsqu'il obtint son diplôme de baccalauréat ès arts en 1578. Dans sa pièce sur l' *Histoire de frère Bacon* , Greene présente l'empereur d'Allemagne, Henri II,

1212-50, comme rendant visite à Henri III d'Angleterre, 1216-73, et il met dans sa bouche les lignes suivantes, qui, bien qu'elles ne puissent pas être comparées à celles de Shelley ou de Mat Arnold, sont en tout cas, le premier témoignage des attraits naturels d'Oxford. Quoi qu'il en soit, les lignes de Shelley et de Mat Arnold sont bien connues et sont toujours citées, de sorte que j'ose citer les lignes de Greene, non pas pour leur beauté, mais simplement parce qu'elles sont probablement connues de très peu de mes lecteurs :

« Croyez-moi, Plantagenêt, ces écoles d'Oxford
sont richement situées près du bord de la rivière :
les montagnes pleines de cerfs gras et de daims,
les pâturages en combat [10] regorgent de vaches et de troupeaux,
la ville magnifique avec des collèges haut construits,
et des érudits convenables. dans leur tenue funéraire.

Les montagnes autour d'Oxford doivent être considérées comme une licence poétique audacieuse, qu'elles soient destinées à Headington Hill ou à Wytham Woods. Le voyageur allemand Hentzner, qui a décrit Oxford en 1598, est plus fidèle à la nature lorsqu'il parle des collines boisées qui entourent la plaine dans laquelle se trouve Oxford.

Mais si la beauté naturelle d'Oxford a toujours été admirée et louée par les étrangers, les médecins et professeurs de l'ancienne université n'ont pas toujours été aussi bien accueillis par les critiques anglais et étrangers. Je ne citerai pas Giordano Bruno, qui visita l'Angleterre en 1583-1585 et qualifie Oxford de « veuve de la vraie science [11] », mais Milton ne peut sûrement pas être soupçonné de préjugés contre Oxford. Pourtant il écrit en 1656 dans une lettre à Richard Jones : « Il y a en effet beaucoup d'agrément et de salubrité dans l'endroit quand vous y êtes. Il y a assez de livres pour les besoins d'une université : si seulement l'agrément du lieu contribuait autant au génie des habitants qu'à la douceur de vivre, rien ne semblerait manquer au bonheur du lieu.

Ces remarques malveillantes à l'égard des Oxford Dons semblent perdurer jusqu'au tout début de notre siècle. Les bâtiments et les jardins sont loués, mais par contraste, semble-t-il, ou par une sorte de jalousie, leurs habitants sont toujours ridiculisés. Il n'y a pas si longtemps, un livre a été publié, *Mémoires d'une dame des Highlands* . Bien que publiés en 1898, il faut rappeler que les mémoires remontent à 1809. Il ne faut pas non plus oublier qu'à cette époque l'auteure avait à peine plus de treize ans, et certainement d'un caractère très jeune, pour ne pas dire frivole. , disposition. Elle est restée quelque temps chez le maître d'université de l'époque, le Dr Griffith, et pour lui, il faut le dire, elle montre toujours un certain respect. Mais personne d'autre à Oxford n'est épargné. Elle y arriva au moment de l'installation de

Lord Grenville comme chancelier de l'Université. Bien que si jeune, elle fut emmenée au Théâtre, et voici sa description de ce qu'elle vit et entendit : « Ce fut un choc pour moi ; Je m'attendais à être charmé par une pièce de théâtre, au lieu d'être presque endormi par des discours en latin en chaire. Il y avait du pourpre et de l'or, des robes et des perruques, une grande foule, et certains s'agitaient parfois, tandis que beaucoup de discours banals et de spectacles stupides étaient suivis par les démonstrations bruyantes des étudiants, alors qu'ils applaudissaient ou condamnaient le honneurs accordés; mais pour l'essentiel, je me lassais de la chaleur, de la foule et de l'inquiétude de ces matins, et ainsi, comptez-y, le pauvre Lord Grenville, qui s'assit sur le fauteuil d'État parmi les dignitaires, comme le Grand Lama dans son siège. temple gardé par ses prêtres. Une seule chose qui la ravissait, c'était le chant du catalan lors d'un des concerts. Pourtant, même ici, elle ne peut réprimer sa remarque selon laquelle elle a chanté « Gott Safe the King ». Elle était évidemment une jeune femme ou une enfant désinvolte, et avec sa sœur, qui la rejoignit ensuite à Oxford, elle semble s'être retrouvée comme un poisson hors de l'eau dans la grave société de l'Université.

La pièce de la Loge du Maître qui la consternait le plus et qui semble avoir été utilisée comme une sorte de salle de classe était la Bibliothèque, pleine de livres de Divinité, mais sans rideaux, sans tapis ni cheminée. Ici, ils suivaient des cours de musique, de dessin, d'arithmétique, d'histoire, de géographie et de français. « Et le Maître, ajoute-t-elle, nous a ouvert ce qui était jusqu'alors un livre scellé, le Nouveau Testament, de sorte que cette visite à Oxford s'est avérée vraiment une des heureuses chances de ma vie. »

Cela en dit long sur la jeune femme, qui, plus tard dans sa vie, semble avoir occupé une position des plus honorées et des plus influentes dans la société écossaise. Mais la société d'Oxford ne trouvait visiblement aucune grâce à ses yeux.

Son oncle et sa tante, comme elle nous le raconte, dînaient fréquemment avec d'autres chefs de maison, car il n'y avait, bien sûr, aucune autre société. Ces dîners semblent avoir été très somptueux, même si leur vie domestique était certainement très simple. Au petit-déjeuner, ils prenaient du thé et du beurre sur leur pain, et au dîner, un petit verre de bière, une bière brassée maison. « Comme nous sommes devenus gros ! » s'exclame-t-elle. Le Maître semble avoir été un homme au goût raffiné, passionné de dessin et de ce qu'on appelait la peinture au poker ; il s'adonnait aussi à la caricature et à l'écriture de cracmols. Les deux jeunes filles aimaient évidemment sa société, mais de l'autre société d'Oxford, elle ne mentionne que la politique ultra-conservatrice, ainsi que la stupidité et la frivolité des chefs de maison. « Les différents chefs, écrit-elle, avec leurs femmes respectives, étaient extrêmement inférieurs à mon oncle et à ma tante. Plus de la moitié des docteurs en théologie étaient d'origine modeste, fils de la petite noblesse ou du clergé de campagne, voire d'un grade inférieur. Beaucoup d'entre eux, fidèles aux amours de leur jeunesse, amenaient des dames de manières inférieures à une position qui leur paraissait si digne. Ce n'était pas un bon style ; il y avait peu de talent, moins de poli, et aucune sorte de connaissance du monde. Et pourtant l'ignorance de cette classe était moins offensante que la présomption d'une autre, lorsqu'une dame de haut rang était tombée amoureuse du précepteur de son frère et l'avait généreusement pourvu dans l'Église, afin de pouvoir s'excuser de l'épouser. Parmi le petit clergé, il y avait des jeunes spirituels, odieux ; les jeunes érudits, les ennuyeux ; et les personnes âgées – pompeuses ; tous, cependant, de toutes qualités, gentils et hospitaliers. Mais le pasteur chrétien, humble, doux, prévenant et dévoué, n'avait aucun représentant, à ce que j'ai pu voir, parmi ces marchands de vieux vins, de dîners riches, de porcelaine fine et d'assiettes massives.

« La religion d'Oxford semblait alors consister à honorer le roi et ses ministres, et à entrer et sortir perpétuellement de la chapelle. La chapelle était annoncée par les coups d'un gros marteau, frappé dans chaque escalier une demi-heure auparavant par un éclaireur. L'éducation était adaptée à la Divinité. On disait qu'une sorte de surveillance était exercée sur la communauté jeune et turbulente, et dans une certaine mesure, les surveillants de l'université et les doyens des différents collèges voyaient bien qu'aucun scandale très ouvert ne se commettait. Il y avait des règles auxquelles il fallait obéir d'une manière générale, et des conférences auxquelles il fallait assister, mais quant aux soins visant à atteindre des objectifs élevés, à fournir des divertissements raffinés, à donner un ton digne au caractère des êtres responsables, il n'y en a jamais eu aucun. pensé. Le sens même du mot « éducation » ne semble pas être compris. Le collège était une suite digne de l'école. Les jeunes hommes se rassemblaient ; ils vivaient dans leurs chambres, et ils vivaient hors d'eux, dans les villages voisins, où beaucoup avaient des établissements confortables... On recourut à toutes sortes d'artifices pour permettre aux dissipés de rester dehors toute la nuit, pour protéger un coupable, pour tromper les dignitaires. C'était en 1809, et même plus tard.

Et pourtant, avec tout cela, et alors qu'on nous dit que l'on se moquait de ceux qui assistaient aux conférences, il semble étrange que les meilleurs théologiens, avocats et hommes politiques de la première moitié de notre siècle, dont certains que nous avons peut-être nous-mêmes connus, doit avoir été formé sous ce système. Nous avons peine à croire que la situation ait été aussi grave que celle décrite ici, et nous devons nous rappeler qu'une grande partie des *Mémoires* de cette dame écossaise peut avoir été écrite de mémoire seulement, et bien après l'époque où elle et sa sœur vivaient au Collège universitaire. La vie là-bas, sans doute, pouvait être très ennuyeuse, car il n'y avait pas d'autres jeunes dames à Oxford, et il ne pouvait pas être très amusant pour ces jeunes filles de dîner avec seize chefs de maison, tous vêtus de larges soutanes de soie, d'écharpes et de bandeaux. , un ou deux en perruques poudrées, de sorte que, comme on nous le dit, ils rentraient souvent chez eux en pleurant. Tout rapport sexuel avec les jeunes hommes était strictement interdit, bien qu'il ne semble pas avoir été tout à fait impossible de communiquer, depuis le jardin de la Loge du Maître, avec les jeunes hommes se penchant aux fenêtres du collège ou descendant vers les jardins.

L'un de ces jeunes hommes, qui étudiait à l'University College à la même époque, n'aurait certainement pas été considéré comme un compagnon très désirable pour ces deux Écossaises. Ce n'était autre que Shelley. Ce qu'on dit de lui ne nous dit pas grand-chose de nouveau, mais cela mérite d'être répété. "M. Shelley, lisons-nous, si célébrée par la suite, était à moitié folle. Il a commencé sa carrière avec toutes sortes de farces sauvages à Eton. À l'université, il était très insubordonné, enfreignant toujours une règle dont il savait qu'il était impossible d'ignorer la violation. Il était négligé dans sa tenue vestimentaire, et lorsqu'on lui parlait de ces irrégularités et d'autres, il avait l'habitude de faire des gestes si extraordinaires, exprimant son humilité face aux reproches, qu'ils bouleversaient d'abord la gravité, puis l'humeur du professeur. Lorsqu'il alla jusqu'à coller des cracmols athées sur les portes de la chapelle, il fut jugé nécessaire de l'expulser en privé, par respect pour Sir Timothy Shelley, le père, qui arriva immédiatement. Lui et son fils ont quitté Oxford ensemble.

Personne ne reconnaîtrait sur cette image l'Université d'Oxford telle qu'elle est actuellement. *Nous avons changé tout cela* pourraient dire avec beaucoup de vérité les chefs de maisons, les professeurs et les boursiers d'aujourd'hui. Et pourtant, ce que décrit la dame des Highlands, ou plutôt la jeune fille des Highlands, fait référence à une époque pas si lointaine mais à laquelle certains des hommes que nous avons connus ont peut-être vécu. Je ne peux pas dire comment ce changement s'est produit, même si je peux témoigner de quelques survivances de l'ancien état de choses.

L'Oxford de 1848 était encore l'Oxford des chefs de maison et du Conseil Hebdomadal. Ce conseil était presque entièrement composé de chefs de maisons, et il s'agissait d'un conseil des plus importants, étant donné que toute l'administration de l'Université était en réalité entre ses mains. Les collèges, au contraire, étaient très jaloux de leur indépendance ; et même l'autorité des surveillants, qui représentaient l'université en tant que telle, était souvent contestée à l'intérieur des portes d'un collège. Il est merveilleux que cet ancien système de gouvernance de l'Université par l'intermédiaire des chefs de maisons ait pu perdurer si longtemps et si facilement. Les membres de sa propre société lui ayant confié un pouvoir considérable dans l'administration de son propre collège, on supposait que le directeur se révélerait également utile dans l'administration de l'université. Un chef de maison devenait immédiatement membre du Conseil. Et, dans l'ensemble, ils conduisaient très bien le carrosse et les chevaux. Mais souvent, lorsque je devais emmener des étrangers écouter le sermon universitaire, ils voyaient un groupe très extraordinaire de vieux messieurs entrer en procession dans St. Mary's, avec une combinaison de couleurs des plus surprenantes, noir et rouge, écarlate et rose, sur leurs vêtements. lourdes robes et manches, j'ai eu du mal à expliquer qui ils étaient. « Sont-ils vos professeurs ? » Quelqu'un m'a demandé. « Oh non, dis-je, les professeurs ne portent pas de robes rouges, seulement des docteurs en théologie et en droit civil, et comme tout chef de maison doit avoir quelque chose à porter en public, il est invariablement nommé docteur. » Je ne me souviens que d'une seule exception, et bien plus tard, à savoir le maître de Balliol, qui, comme Canning au Congrès de Vienne, considérait comme l'une de ses distinctions les plus appréciées de ne jamais avoir porté la robe d'un DCL ou d'un DD. On sait que lorsque le maréchal Blücher fut nommé docteur à Oxford, il demanda, dans l'innocence de son cœur, que le général Gneisenau, son bras droit, puisse au moins devenir chimiste. Il avait certainement préparé une poudre des plus efficaces pour l'armée française sous Napoléon.

"Mais, me demandait mon ami, n'avez-vous pas de *Senatus Academicus* , n'avez-vous pas de facultés de professeurs comme il y en a dans toutes les autres universités chrétiennes ?" "Oui et non", dis-je. "Nous avons des professeurs, mais ils ne sont pas divisés en facultés, et ils ne forment certainement pas le *Senatus Academicus* , ou la plus haute autorité de l'Université."

Cela semble très étrange, mais il est néanmoins un fait que, dès qu'un bon tuteur devient professeur, il est considéré comme inutile pour le véritable travail d'enseignement des collèges. Ses cours sont généralement déserts ; et je pourrais citer les noms de certains professeurs qui par la suite s'élevèrent à une grande notoriété, mais qui à Oxford furent tout simplement ignorés et leurs salles de cours désertées. Le véritable enseignement, l'encadrement ou la préparation aux examens est laissé aux tuteurs et aux boursiers de chaque collège, et les examens sont également principalement entre leurs mains. De nombreux étudiants de premier cycle ne voient jamais de professeur et, en ce qui concerne le travail d'enseignement de l'Université, les postes de professeur pourraient être supprimés en toute sécurité. Et pourtant, comme je pourrais honnêtement l'assurer à mes amis étrangers, les meilleurs hommes qui obtiennent des diplômes d'honneur à Oxford sont tout à fait les égaux des meilleurs hommes de Paris ou de Berlin. Les professeurs ne sont peut-être pas aussi distingués, mais cela est dû dans une certaine mesure aux faibles salaires attachés à certaines chaires. L'Angleterre a produit de grands noms dans les domaines de la science, de la philosophie et de l'érudition, mais ceux-ci ont généralement dérivé vers des centres plus attractifs ou plus lucratifs. Quand je suis arrivé à Oxford, un professeur recevait 40 £ par an, un autre 1 500 £, et personne ne se plaignait de ces inégalités. Une certaine quantité de terre avait été laissée par un roi ou un évêque pour doter une certaine chaire, et chaque détenteur de la chaire recevait ce que rapportait la dotation. Le mode de nomination des professeurs était alors très curieux. Souvent, les élections ressemblaient à des élections parlementaires, où l'on accordait bien plus d'importance à la partisanerie politique ou théologique qu'aux qualifications scientifiques. Chaque MA disposait d'un vote, et ces électeurs étaient dispersés dans tout le pays. La prospection s'est déroulée de manière très ouverte. Les frais de voyage étaient payés librement et des listes étaient tenues dans chaque collège des hommes sur lesquels on pouvait compter pour voter pour le candidat libéral ou conservateur. Imaginez un professeur de médecine ou de grec élu parce qu'il est libéral ! Certaines nominations incombaient au premier ministre ou, comme on l'appelait, à la Couronne ; et il a été cité en l'honneur du duc de Wellington que lui, lorsqu'il était chancelier de l'université, avait un jour insisté pour que les électeurs élisent le meilleur homme, et qu'ils durent céder, bien qu'il y ait des électeurs qui déclareraient leur propre candidat le meilleur. meilleur homme, quelle que soit l'opinion des juges réellement qualifiés. Toute cette machine électorale est aujourd'hui bien améliorée, bien qu'on n'ait pas encore découvert un système infaillible pour élire les meilleurs hommes. Un seul électeur, qui n'est pas troublé par une conscience trop tendre, peut déjà vicier toute une élection ; sans parler de la situation pénible dans laquelle se trouve placé un électeur, s'il doit voter contre un ami personnel ou un membre de son propre collège, surtout lorsque le sentiment qu'il est déshonorant de divulguer le vote de chaque électeur n'est plus fort suffisamment pour protéger les meilleurs intérêts de l'Université.

Il m'a fallu du temps avant de pouvoir comprendre tout cela. L'ancien système a disparu sous mes yeux, non sans frictions évidentes entre mes différents amis, et puis est venue la difficulté d'apprendre à comprendre le fonctionnement du nouvel appareil conçu et sanctionné par le Parlement. Des réformateurs surgirent même parmi les chefs de maison, comme, par exemple, le Dr Jeune, le maître du Pembroke College, à qui on attribuait le mérite d'avoir *rajeuni l'ancienne université*. Mais il n'était en aucun cas le seul, ni même le principal acteur de la réforme universitaire. Beaucoup de mes amis personnels, tels que le Dr Tait, plus tard archevêque de Canterbury, le révérend H. G. Liddell, plus tard doyen de Christ Church, le professeur Baden-Powell et le révérend G. H. S. Johnson, plus tard doyen de Wells, avec Stanley et Goldwin. Smith en tant que secrétaires, a rendu un service honnête au sein des diverses commissions royales et parlementaires et a consacré une grande partie de son temps précieux au service de l'Université et du pays. Je n'ai pu que répondre aux questions que m'ont adressées les commissaires et mes amis, et c'est en réalité toute la part que j'avais alors à la réforme de l'Université, ou à ce qu'on appelait la germanisation des universités anglaises. À une époque, l'impopularité de ces réformateurs était telle au sein même de l'Université que l'un d'eux demanda à l'un des jeunes professeurs de l'inviter à dîner, car les chefs de maison ne voulaient plus l'admettre dans leurs conseils d'administration hospitaliers.

Il est certain qu'avoir été membre du conseil d'administration de l'Hebdomadal, qui a fait l'objet de tant d'abus, et directeur d'un collège à l'époque précédant la réforme, a dû être une vie délicieuse. Avant les jours de détresse agricole, les revenus des collèges étaient abondants ; l'autorité des chefs était incontestable dans leurs propres collèges ; non seulement les étudiants de premier cycle, mais les boursiers devaient également être soumis. Aucun jeune boursier n'aurait alors osé s'opposer à son chef lors des réunions du collège. S'il y avait par hasard un junior tapageur, il était facilement réduit au silence ou prié de se retirer. Le temps n'était pas encore venu où un Maître de la Trinité se hasardait à faire remarquer que même un jeune membre pouvait se tromper. Les collèges semblaient être la propriété des directeurs, et dans certains d'entre eux, les boursiers étaient en réalité choisis par eux, et le reste des boursiers après une sorte d'examen. La gestion des affaires universitaires était également entièrement entre les mains des directeurs des collèges, et ce n'était qu'en de rares occasions qu'une question théologique suscitait l'intérêt des MA non-résidents et les amenait à Oxford pour enregistrer leur vote pour ou contre l'université. autorités constituées. Des hommes comme le doyen de Christ Church, le Dr Gaisford, le directeur de Wadham, le Dr Parsons et le prévôt d'Oriel, le Dr Hawkins, étaient dans leur domaine suprême, jusqu'à ce que l'esprit rebelle commence à se manifester chez des hommes tels que le Dr. . Jeune, le professeur Baden-Powell, A. P. Stanley, Goldwin Smith et autres.

Il n'y a pas non plus eu d'abus très flagrants sous l'ancien régime. C'était plutôt le manque de vie dont on se plaignait. On commença à penser qu'Oxford devait prendre sa place sur un pied d'égalité aux côtés des universités étrangères, non seulement en tant que lycée, mais aussi en tant que foyer de ce qu'on appelait alors pour la première fois « la recherche originale ». Il ne fait aucun doute qu'Oxford, en tant qu'organisme enseignant et lycée à la tête de toutes les écoles publiques d'Angleterre, a noblement rempli son devoir. Un homme qui, à cette époque, pouvait remporter un Double First était en effet un homme fort, bien équipé pour n'importe quel travail dans l'au-delà. Il ne deviendrait pas nécessairement un penseur original, un érudit ou un découvreur en sciences physiques, mais il saurait ce que signifie connaître quelque chose à fond. Obtenir les honneurs en même temps en lettres classiques et en mathématiques exigeait de la force et de la maîtrise, et l'effort était certainement considérable, comme je l'ai découvert en lisant occasionnellement un auteur grec ou latin avec un jeune ami de premier cycle. Ce qui m'a le plus frappé, c'est la connaissance précise qu'acquérait un candidat des auteurs spéciaux et des livres spéciaux, mais aussi le manque de cette familiarité avec la langue, grecque ou latine, qui lui permettrait de lire n'importe quel nouvel auteur avec une relative aisance. Les jeunes hommes que j'ai connus au moment où ils se sont présentés à leur examen final avaient certainement de bonnes bases en lettres classiques et ce qu'ils savaient, ils le connaissaient parfaitement.

Les relations personnelles existant entre les étudiants et leurs tuteurs étaient très intimes. Un tuteur était fier de ses élèves et devenait souvent leur ami pour la vie. L'enseignement était presque un enseignement privé et l'idée de lire un cours écrit à une classe d'université n'existait pas encore. C'était un véritable enseignement avec des questions et des réponses ; tandis que les cours, écrits et lus, étaient considérés comme suffisants pour les professeurs, mais totalement inutiles pour les écoles. Le ton social de l'Université était excellent. Beaucoup de professeurs et d'étudiants de premier cycle venaient de bonnes familles, et la lutte pour la vie, ou pour une vie universitaire, ou pour un poste universitaire, n'était pas encore aussi féroce qu'elle le devint par la suite. Les tuteurs d'université ont travaillé toute leur vie et ont certainement fait leur travail jusqu'au bout avec la plus grande conscience. Il y avait peut-être peu d'ambition, peu d'intrigues ou de pressions, mais le travail de l'Université, tel que le pays le voulait, était bien fait. Si les listes d'honneur étaient petites, le nombre d'échecs complets n'était pas non plus très grand.

Pour un jeune érudit, comme moi, venu vivre à Oxford à cette époque lointaine, la paix et la sérénité de la vie étaient des plus agréables, même si plusieurs de mes amis furent parmi les premiers à s'inquiéter et à souhaiter davantage de travail. et pour une meilleure utilisation des richesses et des opportunités de l'Université. Mon impression à cette époque était la même que depuis lors, qu'une réforme des universités était impossible tant que les écoles publiques n'auraient pas été complètement réformées. Les universités doivent prendre ce que les écoles leur envoient. Il y a chaque année un nombre limité de garçons issus des meilleures écoles qui feraient honneur à n'importe quelle université. Mais un grand nombre de jeunes gens envoyés s'inscrire à Oxford ne répondent pas aux normes académiques. À moins que les collèges n'acceptent de rester vides pendant un an ou deux, ils ne peuvent pas s'en empêcher, mais doivent maintenir le niveau de l'examen d'entrée à un niveau bas et font en fait, dans une large mesure, le travail qui aurait dû être fait à l'école. . Pensez aux garçons envoyés à Oxford qui, après avoir passé en moyenne six ans dans une école publique, sont incapables de lire une ligne de grec ou de latin qu'ils n'ont jamais vue auparavant. Pourtant, c'était le cas, et c'est toujours le cas, à moins que je ne sois très mal informé.

Il est facile pour certains collèges qui maintiennent un niveau élevé d'inscription de produire des hommes de première classe ; le véritable fardeau incombe aux collèges et aux tuteurs qui doivent travailler dur pour amener leurs élèves au niveau d'un diplôme de réussite, et peu de gens ont la moindre idée à quel point un diplôme de réussite peut signifier peu. Ces tuteurs ont en effet un travail dur à accomplir et n'en obtiennent que peu de crédit, bien que leur dévouement envers leur collège et leurs élèves soit hautement louable. Il y a cinquante ans, même l'obtention d'un diplôme était plus difficile qu'aujourd'hui, car les candidats n'étaient pas autorisés à réussir dans différentes matières à des moments différents, mais l'ensemble de l'examen devait être passé en une seule fois, ou pas du tout.

J'avais naturellement pris pour règle à Oxford de me tenir à l'écart des conflits entre partis, qu'ils soient académiques, théologiques ou politiques. J'avais mon propre travail à faire, et il ne me semblait pas de bon goût d'imposer mes opinions, qui étaient naturellement différentes de celles qui prévalaient à Oxford. La plupart des gens aiment laver leur linge sale entre eux ; et bien que je parlais volontiers de ces sujets avec mes amis qui me consultaient souvent, je ne me sentais pas appelé à me joindre à la mêlée. J'ai vécu plusieurs crises graves à Oxford et, même si j'avais des amis intimes des deux côtés, je suis resté tout au long de la situation un spectateur.

Rarement une université a connu un changement aussi complet qu'Oxford depuis 1854. Et pourtant, le changement n'a jamais été violent, et l'Université a traversé cette épreuve vraiment rajeunie et revigorée. On a dit que notre constitution était devenue trop démocratique et qu'une université devrait être dirigée par un Senatus plutôt que par une Juventus. Cela est vrai dans une certaine mesure. Il y a eu trop de troubles, des changements trop constants et un manque de continuité dans les études et dans la gestion de l'Université. Tous les trois ans, une nouvelle vague de jeunes maîtres arrivait, procédait à une réforme du système d'enseignement et d'examen, puis partait pour laisser la place à une nouvelle vague qui apportait de nouvelles idées, avant que les anciens ne soient jugés équitablement. Les hauts responsables de l'Université, les chefs de maisons et les professeurs, n'ont pas plus de pouvoir de vote que les jeunes gens qui viennent d'obtenir leurs diplômes, et ont même en réalité moins d'influence que ces jeunes maîtres, qui se réunissent toujours et forment une sorte de pacte. phalange lorsque les votes doivent avoir lieu. Il existait même un club non-placet, prêt à rejeter toute mesure qui semblait émaner du parti réformateur, ou menaçait de changer toutes les coutumes établies, qu'elles soient bénéfiques ou non pour l'Université. L'Université, en tant que telle, était beaucoup moins considérée que les collèges, et l'argent retiré des collèges à des fins universitaires était considéré comme un vol, même si, bien sûr, les collèges profitaient de l'amélioration de l'université et que les intérêts des deux ne devaient jamais être pris en compte. avoir été divisé, aussi peu que les intérêts d'une armée peuvent être séparés des intérêts de chaque régiment.

Quand je suis arrivé à Oxford, il n'y avait encore pratiquement aucune société, à l'exception de celle des chefs de maison, et il n'y avait aucune jeune femme pour honorer leurs dîners. Chaque chef se relayait successivement et avait deux ou trois fois au cours du mandat pour nourrir ses collègues. Ces dîners étaient des repas somptueux, bien qu'ils aient souvent lieu dès cinq heures. Y être invité était considéré comme une grande distinction et, bien que très jeune homme, j'avais le droit d'y être présent de temps en temps, et j'appréciais grandement cet honneur. La compagnie était presque entièrement composée de chefs de maisons, de chanoines et de professeurs ; parfois il y avait une pincée de personnalités distinguées de Londres, et même de dames d'âges et de degrés divers. J'avoue que je me suis souvent assis parmi eux, comme on dit en allemand, *verrathen und verkauft* . Après le dîner, j'ai vu un certain nombre de jeunes gens affluer et j'ai pensé que la soirée allait devenir plus animée. Mais loin de là. Ces jeunes hommes aux cravates blanches et en tenue de soirée se tenaient dans leurs rares robes, blottis les uns contre les autres sur un côté de la pièce. Ils reçurent une tasse de thé, mais personne ne les remarqua ni ne leur parla, et ils osèrent à peine parler entre eux. Ceci, comme on me l'a dit, s'appelait « faire la perpendiculaire », et ils ont dû se sentir très soulagés lorsque, vers dix heures, ils ont été autorisés à partir et à échanger la perpendiculaire contre une position plus confortable, se livrant à des chants et à des conversations agréables. , auquel j'étais parfois invité à participer.

A cette époque, je me souviens de très peu de maisons en dehors du cercle des chefs de maison, où se trouvaient une dame et une certaine vie sociale - les maisons du Dr Acland, du Dr Greenhill, du professeur Baden-Powell, du professeur Donkin et M. Greswell. Dans leurs maisons, l'étiquette académique était moins stricte, et comme ils aimaient la musique, notamment les Donkins, je passais avec eux des soirées vraiment délicieuses. Bien plus, alors que je jouais du pianoforte, même les chefs de maison ont commencé à privilégier la musique lors de leurs soirées, bien qu'aucun gentleman à cette époque n'aurait joué à Oxford. Étant allemand et le professeur Donkin étant déclaré invalide, nous avons été autorisés à jouer et nous avons certainement eu un public reconnaissant, bien que pas toujours silencieux.

D'une certaine manière, l'ancien système des bourses d'Oxford était encore très perceptible dans la société universitaire. Aucun Fellow n'était autorisé à se marier, et la conséquence naturelle était que la plupart d'entre eux attendaient de pouvoir vivre à l'université, devenir professeur ou bibliothécaire, ce qui leur arrivait généralement lorsqu'ils n'étaient plus de jeunes hommes. Il fallait également attendre si longtemps pour obtenir les postes de direction des collèges que la plupart d'entre eux étaient généralement occupés par des hommes très expérimentés et pour la plupart célibataires. En outre, les postes de direction n'étaient que rarement attribués pour l'excellence dans les domaines de l'érudition, de la science ou même de la théologie, mais plutôt pour le bien de la popularité personnelle et des habitudes commerciales. Certains boursiers donnèrent des dîners agréables et, à mon avis, très Luculliques au Collège ; et je me souviens encore de ma surprise lorsqu'on m'a invité au premier dîner dans la salle commune du Jesus College. Mon hôte était M. Ffoulkes, qui devint ensuite catholique, puis de nouveau pasteur anglican. Les tapis, les rideaux, tous les meubles et l'assiette m'ont complètement confondu, et je suis devenu encore plus confus lorsque j'ai été soudainement appelé à faire un discours à un moment où je pouvais à peine articuler deux mots en anglais.

La société de la Cité était complètement séparée de la société universitaire, de sorte que même les riches banquiers et autres messieurs n'auraient jamais osé inviter les membres de l'Université à dîner.

Compte tenu de la position alors occupée par les chefs de maison, j'estime devoir consacrer quelques pages à la description de certains des plus éminents d'entre eux. À mon âge, je peux très bien m'en tenir à la maxime *seniores priores* et je commencerai donc par le Dr Routh, président centenaire de Magdalen, car, même si la direction d'une maison semble être une excellente prescription pour la longévité, il n'y avait personne. contester la prétention du vénérable docteur à la préséance à cet égard. Il avait alors presque cent ans, et il mourut dans sa centième année, et obtint son souhait d'avoir le *C, anno centesimo* , sur sa pierre tombale, car, bien que fatigué de la vie, il déclarait souvent, m'a-t-on dit, que il ne serait pas en reste à cet égard par un autre très vieil homme, qui était dissident ; il n'a jamais aimé voir l'Église battue. J'aurais pu faire sa connaissance personnelle, des amis du vieux président se proposant de me présenter à lui. Mais je n'ai pas profité de leur offre, car je savais que le vieil homme n'aimait pas être montré comme une curiosité. Quand je le voyais assis à sa fenêtre, il portait toujours une perruque, et rares étaient ceux qui l'avaient vu sans perruque et sans sa toge académique. C'était certainement un homme exceptionnel, et je crois qu'il était le seul dans toute l'histoire de la littérature, à avoir publié des livres à soixante-dix ans d'intervalle. Son édition des *Enthymèmes* et *Gorgias de Platon* fut publiée en 1784, ses articles sur les *Épîtres ignatiennes* en 1854. Sa *Reliquia Sacra* parut pour la première fois en 1814, et c'est un ouvrage qui, à cette époque, aurait fait la réputation de tout érudit et divinité. . Ses éditions d'ouvrages historiques, tels que *l'Histoire de son propre temps de Burnet* et l'*Histoire du règne du roi Jacques* , montrent sa connaissance considérable de l'histoire anglaise. J'ai déjà mentionné comment il parlait d'événements bien antérieurs à son temps, comme l'exécution de Charles Ier, comme s'il avait été présent ; il n'hésita pas non plus à déclarer que même Mgr Burnet était un grand menteur. Il avait certainement vu beaucoup de choses qui le liaient au passé. Il avait vu Samuel Johnson monter les marches du bâtiment Clarendon dans Broad Street, et bien qu'il n'ait pas lui-même vu Charles Ier lorsqu'il tenait son Parlement à Oxford, il avait connu une dame dont la mère avait vu le roi se promener dans les parcs d'Oxford. .

Cependant, nous ne devons pas oublier que de nombreuses histoires sur l'ancien président étaient plus ou moins mythiques, comme le sont d'ailleurs de nombreuses histoires d'Oxford. On m'a dit qu'il dormait en fait avec une perruque, une casquette et une robe, de sorte qu'une fois qu'une alarme d'incendie a été déclenchée dans le quadrilatère de son Collège, il a passé la tête par la fenêtre en un temps incroyablement court, entièrement équipé comme ci-dessus. Beaucoup de ces histoires ou « Common-Roomers », comme on les appelait, vivaient encore dans les salles communes à mon époque, lorsque les boursiers de chaque collège se réunissaient régulièrement après le dîner, pour prendre du vin et des desserts et pour parler de tout sauf de ce qui était. appelé *Shop* , je. e. Grec et latin. Personne ne s'est enquis de la véracité de ces histoires, pour autant qu'elles soient bien racontées. Dans un endroit comme Oxford, il existe une descendance régulière, par héritage, de bonnes histoires. Je me souviens des histoires racontées sur le Dr Jenkins, en tant que maître de Balliol, puis transférées à son successeur, M. Jowett. Les histoires bodléiennes sont descendues de la même manière du Dr Bandinell à M. Coxe, et seront probablement racontées par les bibliothécaires successifs jusqu'à ce qu'elles deviennent tout à fait incongrues. Je suis assez vieux pour avoir assisté à la descente des histoires à Oxford, tout comme on reconnaît les mêmes meubles dans les salles de collège occupées par les générations successives d'étudiants de premier cycle. Ils me paraissent parfois élimés comme les vieux tapis turcs des salles de collège, mais je ne les gâte jamais en trahissant leur âge, et, s'ils sont bien racontés, je peux les apprécier autant que si je ne les avais jamais entendus auparavant.

Le Dr Hawkins, prévôt d'Oriel, était tout à fait un représentant du vieil Oxford et un personnage bien connu de l'université. Je lui avais été présenté par le baron Bunsen et il m'a montré beaucoup d'hospitalité. On m'avait prévenu que je le trouverais très raide et rébarbatif. Ses propres camarades l'appelaient le vent d'Est. Mais même s'il était certainement condescendant, il me traitait avec une grande urbanité. Il avait une habitude très particulière ; lorsqu'il devait serrer la main de personnes qu'il considérait comme ses inférieurs, il tendait deux doigts, et si certains d'entre eux, connaissant sa particularité, lui tendaient deux doigts en retour, la poignée de main devenait assez gênante. Un des Fellows de son collège m'a dit que, tant qu'il n'était que Fellow, il ne recevait jamais plus de deux doigts ; cependant, lorsqu'il devenait directeur d'une école, il était récompensé par trois doigts, ou même par la main entière, mais, dès qu'il abandonna cette place et revint vivre au collège, il fut aussitôt réduit à les deux doigts statutables. Je ne me souviens pas exactement du nombre de doigts qui m'ont été offerts, et je les ai peut-être secoués de toute ma main. Quoi qu'il en soit, je suis tout à fait conscient maintenant du nombre de fois où j'ai dû offenser l'étiquette académique. Comment, par exemple, peut-on savoir que les gens qui vivent à Oxford en période scolaire ne se serrent la main qu'une fois pendant la période scolaire ? En fait, je doute que cette étiquette existait lorsque je suis arrivé à Oxford, mais elle existait certainement depuis un certain temps avant que je la découvre.

Le Dr Jenkins, maître de Balliol, fut également le héros de nombreuses anecdotes. C'est de lui qu'on a raconté pour la première fois qu'il avait autrefois critiqué un étudiant parce que, chaque fois qu'il regardait par la fenêtre, il voyait invariablement le jeune homme flâner dans la cour ; à quoi l'étudiant a répondu : " Comme c'est très curieux, car chaque fois que je traverse le quad, je vous vois toujours, Monsieur, regardant par la fenêtre. " Il avait son propre humour tranquille et aimait dire des choses qui faisaient rire les autres, mais sans jamais déranger un muscle de son propre visage. L'un de ses étudiants de premier cycle s'appelait Wyndham et il devait lui dire quelques mots tranchants lors d'une « poignée de main », c'est-à-dire à la fin du trimestre. Après avoir dit tout ce qu'il voulait, il termina en latin : « Et nunc valeas Wyndhamme », les deux dernières syllabes étant prononcées avec beaucoup d'emphase. Le Maître avait un très grand respect pour sa propre dignité. Un jour, au retour d'une promenade solitaire, il glissa et tomba. Deux étudiants, voyant l'accident, coururent pour l'aider et étaient sur le point de lui imposer les mains pour le soulever, lorsqu'il aperçut un maître ès arts arriver. « Arrêtez, cria-t-il, arrêtez, je vois un Maître des Arts qui descend la rue. » Et il renvoya les étudiants avec beaucoup de remerciements, et fut aidé à se relever par le MA.

Des accidents, ou des lapsus, arriveront à tout le monde, même à un chef de maison. L'un de ces vieux messieurs, le Dr Symons, de Wadham, alors qu'il présidait une réunion missionnaire, dut présenter Sir Peregrine Maitland, un officier très distingué et un homme tout à fait bon. En s'étendant sur l'œuvre chrétienne que Sir Peregrine avait accomplie en Inde, il l'appelait encore et encore Sir Peregrine Pickle. L'effet fut des plus ridicules, car tout le monde connaissait évidemment bien *Roderick Random*, et Sir Peregrine eut beaucoup de mal à rester sérieux lorsque le président appela une fois de plus Sir Peregrine Pickle à s'adresser à son auditoire quelque peu perplexe.

Mais quoi qu'on puisse dire des anciens chefs de maison, la plupart d'entre eux étaient certainement des gentlemen, tant par leur naissance que par leur nature. Ils sont oubliés aujourd'hui, mais ils ont fait du bien en leur temps, et une grande partie de leur bon travail demeure. Si je considère qui étaient le doyen, les chanoines et les étudiants que j'ai rencontrés à Christ Church lorsque je suis devenu membre de la Chambre, je devrais donner un récit très différent de celui donné par la dame des Highlands dans ses *Mémoires* . Le doyen de Christ Church, qui m'a reçu, qui m'a proposé pour le diplôme de maîtrise, et qui m'a ensuite permis de devenir membre de la Chambre, était le Dr Gaisford, un véritable érudit, même s'il appartenait peut-être à la vieille école. Il était considéré comme très dur et grossier, mais je peux seulement dire qu'il m'a fait preuve de plus de courtoisie à l'époque que quiconque à Oxford. Il était, je crois, un peu timide et facilement contrarié lorsqu'il soupçonnait quelqu'un, particulièrement les jeunes gens, de manquer de considération. Je peux tout à fait croire que lorsqu'un étudiant, en s'adressant à lui, marchait sur le tapis sur lequel il se tenait, il aurait pu dire : « Descendez de mon tapis », c'est-à-dire « restez à votre distance ». Je peux seulement dire que je ne l'ai jamais trouvé que gentil et courtois. Il se trouvait qu'il avait été nommé membre de l'Académie bavaroise et que, bien que très jeune, j'avais reçu la même distinction en récompense de mon travail sanskrit, et le doyen était plutôt content lorsqu'il l'entendit. Quand je lui ai demandé s'il voulait inscrire mon nom dans les livres de la Chambre, il a certainement hésité un peu et m'a finalement demandé de revenir le lendemain dîner avec lui. J'y suis allé, mais j'avoue que j'avais un peu peur que le doyen soulève des difficultés. Cependant, il m'a parlé très gentiment : « J'ai parcouru les livres, dit-il, et j'ai trouvé deux précédents d'Allemands étant membres de la Chambre, l'un du nom de Wernerus et l'autre du nom de Nitzschius. » ou un nom similaire. "Mais," continua-t-il en souriant, "même si je n'avais pas trouvé ces noms, cela ne me dérangerait pas de faire de votre cas un précédent." Les gens ont été étonnés à Oxford lorsqu'ils ont entendu parler de la courtoisie du doyen, mais je peux seulement répéter que je ne l'ai jamais trouvé que courtois.

La plupart des chefs de maison m'ont demandé de dîner avec eux en m'envoyant une invitation. Le doyen seul est venu le premier et m'a rendu visite. Je vivais alors dans une petite pièce de Walton Street dans laquelle je travaillais, dînais et fumais. Ma chambre était à proximité et je me levais généralement tôt, me rasais et finissais ma toilette vers 11 heures. Je venais d'aller me raser dans ma chambre, mon visage était à moitié couvert de mousse, quand ma logeuse s'est précipitée et m'a dit que le doyen avait appelé et que mes chiens le tiraient. Le fait est que j'avais un Scotch Terrier avec une portée de chiots dans un panier, et lorsque le doyen entra en tenue académique, les chiens se précipitèrent vers lui, tirant sur les manches de sa robe et aboyant furieusement. Couvert de mousse comme j'étais, je dus me précipiter pour calmer les chiens, et dans cet état je dus recevoir le très révérend le doyen et lui expliquer la nature du travail qui m'amenait à Oxford. C'était certes gênant, mais malgré le désordre de ma chambre, malgré aussi la fumée de tabac que le doyen n'approuvait pas, tout se passa bien, même si, je l'avoue, j'en avais un peu honte. Dans la même interview, le doyen m'a posé des questions sur un dictionnaire islandais proposé à la presse par

Cleasby et Dasent. "C'est sûrement une petite île barbare", dit-il, "et comment peuvent-ils avoir de la littérature ?" J'ai essayé, du mieux que je pouvais, d'expliquer au doyen l'étendue et la valeur de la littérature islandaise, et peu après la presse, qui était alors le doyen, a accepté le dictionnaire qui fut publié plus tard par le Dr Vigfusson, dans un manière la plus prudente et la plus érudite. On pourrait en effet l'appeler en toute sécurité son Dictionnaire, compte tenu du nombre de dictionnaires qui sont appelés, non pas d'après le nom du ou des compilateurs, mais d'après celui de leur éditeur.

Ce docteur Vigfusson était tout un personnage. Il était parfaitement pâle et exsangue, et n'avait qu'un souhait, celui d'être laissé seul. Il vint d'abord à Oxford pour assister le Dr Dasent, à qui Cleasby, à sa mort, avait remis ses collections ; mais ensuite il resta, pensant que l'Université lui donnerait le peu qu'il désirait. Mais même ce peu était difficile à fournir, car il n'y avait pas de fonds pouvant être utilisés à cette fin, même si d'autres fonds pouvaient sembler inutilement gaspillés. Cela a conduit à des grognements constants de sa part. De nombreux expédients furent tentés pour le satisfaire, mais aucun ne réussit vraiment. Finalement, il tomba malade et mourut, et lorsqu'il était patient à la maison Acland, où les infirmières faisaient tout ce qu'elles pouvaient pour lui, il me dit plusieurs fois, lorsque j'étais assis avec lui, qu'il n'avait jamais été aussi heureux dans son état. la vie comme dans cette Maison. Je me reproche parfois de ne pas l'avoir vu davantage à Oxford. Mais il me paraissait toujours plein de suspicion et très facilement offensé, ce qui rendait toute relation libre avec lui difficile et loin d'être agréable. Peut-être que c'était aussi ma faute. Il a peut-être pensé qu'il aurait pu prétendre à une chaire d'islandais tout aussi bien que moi, et il a peut-être eu du regret de ma position stable à Oxford, de mon indépendance et de ma liberté. Chaque fois que nous travaillions ensemble, je le trouvais toujours agréable au début, mais très vite il devenait capricieux et sensible, faisait ce que je voulais, et je devais le laisser suivre son propre chemin, comme je suivais le mien.

Je me souviens d'avoir dîné avec le célèbre Dr Bull, chanoine de Christ Church, qui a certainement réussi à préparer un dîner qui aurait fait honneur à n'importe quel chef français. Il fut l'un des derniers pluralistes et de nombreuses histoires furent racontées à son sujet. Une histoire, pourtant parfaitement vraie, montrait en tout cas sa grande sagacité. Un banquier bien connu était depuis des années le banquier de Christ Church. Le Dr Bull, qui était économe du Collège, devait gérer toutes les affaires financières avec lui. Personne ne soupçonnait la maison de banque qu'il représentait. Cependant, la dernière fois qu'il l'invita à dîner, le Dr Bull fut frappé par ses remarques très pieuses et orthodoxes et par le changement de ton de sa conversation, qui pourrait convenir à un chanoine de Christ Church, mais non à un banquier luxueux. de Londres. Sans dire un mot, le Dr Bull se rendit à Londres le lendemain, sortit tout l'argent du collège, prit tous ses papiers à la banque, et le lendemain, au grand désarroi de Londres, la banque fit faillite, les déposants perdirent leur de l'argent, mais Christ Church était indemne.

Un autre chanoine de Christ Church de l'époque avait passé un demi-siècle dans ce lieu et y lisait les leçons deux fois par jour. Bien sûr, il connaissait le livre de prières par cœur, et tant qu'il pouvait voir pour lire, il n'y avait aucun mal à lire. Mais lorsque sa vue lui faisait défaut et qu'il devait se fier entièrement à sa mémoire, il passait souvent d'un mot de la prière du soir au même mot lors du service de mariage, et de là au service d'enterrement, avec un glissement occasionnel vers le baptême. . Le résultat fut qu'il n'était plus autorisé à lire le service à la chapelle, sauf pendant les longues vacances, lorsque les jeunes gens étaient absents. Je restais fréquemment à Oxford pendant les vacances et pensais bien sûr que le service du soir ne finirait jamais, jusqu'à ce qu'on me demande enfin de nommer l'enfant, puis je rentrais chez moi.

Un dimanche, je me souviens d'être allé à la chapelle, et après le début des prières, la conversation suivante a eu lieu, assez fort pour être entendue dans toute la chapelle. Entre le vieux Canon précédé d'un bedeau. Il se rend directement à son stand, et le trouvant occupé par un DD bien connu de Londres, profondément engagé dans la prière, il se lève et regarde l'intrus, et comme cela ne produit aucun effet, il dit au bedeau : « Dites cet homme, c'est mon stand ; dis-lui de sortir.

Beadle : « Dr. Les compliments de A. et si vous auriez la gentillesse d'occuper un autre stand.

DD : « Je suis vraiment désolé ; Je vais me changer immédiatement.

Le vieux chanoine s'installe dans sa stalle, les prières continuent, et après une dizaine de minutes le chanoine crie : « Beadle, dis à cet homme de dîner avec moi à cinq heures.

Beadle : « Dr. les compliments de A., et si vous lui feriez plaisir d'être en votre compagnie à cinq heures du dîner.

DD : « Vraiment désolé, je suis fiancé. »

Beadle : "DD regrette d'être fiancé."

Vieux chanoine : "Oh, il ne dînera pas !"

La cathédrale était très vide et, heureusement, cette conversation n'était écoutée que par une petite congrégation. Je peux cependant en témoigner, car j'étais assis à proximité et je l'ai entendu moi-même.

La bibliothèque de Bodley regorge également de bonnes histoires, même si beaucoup d'entre elles ne méritent pas d'être répétées. Lorsque j'ai commencé à travailler là-bas, le Dr Bandinell était bibliothécaire Bodleian.

Travailler au Bodleian, c'était alors comme travailler dans sa bibliothèque privée. On pourrait avoir autant de livres et de MSS. comme on le souhaitait, et les six heures pendant lesquelles la bibliothèque était ouverte constituaient une très bonne allocation pour un travail aussi fatiguant que la copie et la collation de MSS sanskrits. Je me souviens bien de ma joie lorsque je m'assis pour la première fois à ma table près d'une des fenêtres donnant sur le jardin d'Exeter. Cela semblait être un paradis parfait pour un étudiant. Je dois avouer que j'ai légèrement changé d'avis lorsque j'ai dû rester assis là tous les jours pendant un hiver rigoureux sans aucun feu, frissonnant et tremblant, et presque incapable de tenir mon stylo, jusqu'à ce que le gentil M. Coxe, le sous-bibliothécaire, prenne pitié. et m'apporta une magnifique fourrure qui lui avait été envoyée en cadeau par un érudit russe, qui avait été témoin de la misère du bibliothécaire de cette bibliothèque sibérienne. Maintenant, tout cela a changé. La Bibliothèque est tellement pleine d'étudiants, hommes et femmes, qu'on a du mal à trouver une place, encore moins un endroit tranquille ; et toutes sortes de règlements ont été introduits, devenus sans doute nécessaires à cause du grand nombre de lecteurs, mais qui ont complètement changé, ou comme certains diraient, amélioré le caractère du lieu. Toutefois, quant à une amélioration, il ne peut y avoir deux opinions. La bibliothèque et la salle de lecture, appelée Camera, sont maintenant confortablement chauffées, et les étudiants peuvent y lire pendant douze heures sans interruption, sans être expulsés comme nous l'étions par une sonnerie d'avertissement à quatre heures. Et malheur à vous si vous n'obéissez pas à l'avertissement. Un jour, un malheureux lecteur était tellement absorbé par son livre qu'il n'entendit pas la sonnette et fut enfermé. Il essaya en vain d'attirer l'attention par les fenêtres, car ce n'était pas une perspective agréable de passer une nuit parmi tant de fantômes. Finalement, il aperçut une femme solitaire et lui cria qu'il était enfermé. « Non, dit-elle, ce n'est pas le cas. La bibliothèque ferme à quatre heures. On ne sait pas s'il a passé la nuit parmi les livres. Espérons qu'il ait rencontré une personne moins logique pour le libérer de sa froide prison.

Le Dr Bandinell régnait en maître dans sa bibliothèque, et même les conservateurs tremblaient devant lui lorsqu'il leur disait quelle était la coutume invariable de la bibliothèque depuis des années et ne pouvait être modifiée. Et, curieusement, il disposait toujours de fonds, ce qui n'est pas le cas aujourd'hui et chaque fois qu'il y avait une collection de précieux MSS. sur le marché, il se vantait souvent de l'avoir obtenu bien avant qu'aucune autre bibliothèque n'ait l'argent disponible. De temps à autre, il est vrai, il se laissait convaincre par un plausible vendeur de livres rares ou de manuscrits, mais en général il se montrait très méfiant. Il n'était pas toujours très courtois envers les visiteurs, et encore moins envers ses sous-bibliothécaires. Le professeur Reay, sous-bibliothécaire oriental, en particulier, qui était vieux et quelque peu infirme, avait beaucoup à souffrir de lui, et la langue dans laquelle on lui donnait des ordres était telle qu'elle ne s'adresserait plus à aucun subalterne. Et pourtant le professeur Reay appartenait à une très bonne famille, même si le Dr Bandinell insistait pour l'appeler Ray et déclarait qu'il n'avait aucun droit au e dans son nom. Pour se venger, certains lui donnaient un i supplémentaire et l'appelaient Dr Bandinelli, ce qui le mettait très en colère, car, comme il me disait, « il n'avait jamais été un de ces sales étrangers ». Le silence était imposé dans la bibliothèque, mais la voix du bibliothécaire brisait toutes les règles du silence. Je me souviens qu'un jour, alors que le professeur Reay cherchait depuis très longtemps ses lunettes sans lesquelles il ne pouvait pas lire les manuscrits arabes, et qu'il demandait à tout le monde s'ils les avaient vus, une voix retentit enfin dans la bibliothèque : « Tu as laissé tes lunettes sur ma chaise, espèce de vieux..., et je me suis assis dessus ! Fin des spectacles et des MSS arabes. après cela. Il n'y avait que deux hommes dont le Dr Bandinell et H. O. Coxe avaient également peur, le Dr Pusey, qui était l'un des conservateurs, et plus tard, Jowett, le maître de Balliol.

Il y avait un poste vacant dans la sous-bibliothèque orientale, et un jeune érudit hébreu très distingué, William Wright, ensuite professeur à Cambridge, était certainement de loin le meilleur candidat. Mais par malheur — je veux dire par malheur pour la Bibliothèque —, il s'était offensé en donnant une conférence à Dublin, dans laquelle il déclarait que les habitants de Canaan étaient sémites et non, comme le dit la Genèse, les habitants de Canaan. enfants de Cham. Personne n'en doute désormais, et chaque nouvelle inscription le confirme. Néanmoins, de gros efforts furent déployés pour présenter le Dr Wright comme un jeune homme des plus dangereux, et ainsi empêcher sa nomination à Oxford. La nomination était en réalité entre les mains du Dr Bandinell ; et après lui avoir franchement expliqué les motifs de cette agitation malveillante contre le Dr Wright, et lui avoir assuré qu'il était un érudit et qu'il n'était nullement enclin à ce qu'on appelait alors « la libre manipulation de l' Ancien Testament », il m'a promis qu'il le nommerait lui et personne d'autre. Cependant, le pauvre homme, il a été pressé, menacé et effrayé, et à ma grande surprise, la nomination a été donnée à quelqu'un d'autre, qui à cette époque n'avait guère fait preuve d'un travail indépendant en tant qu'érudit sémitique, bien qu'il ait ensuite rendu de très bons résultats. et un service honnête. Je n'ai pas caché mon opinion sur ce qui s'était passé ; et pendant plus d'un an, le Dr Bandinell ne m'a jamais parlé, ni moi à lui, bien que nous nous rencontrions presque quotidiennement à la bibliothèque. Finalement, le vieillard, sentant visiblement qu'il s'était trompé, vint me dire qu'il regrettait ce qui s'était passé, mais que ce n'était pas sa faute : après cela, bien sûr, tout fut oublié. Le Dr Wright avait une carrière bien plus brillante qui s'offrait à lui, d'abord au British Museum, puis comme professeur à Cambridge, qu'il n'aurait pu avoir comme sous-bibliothécaire à Oxford. Il est toujours resté un érudit et n'a jamais touché à la théologie.

Il y avait à cette époque une correspondance très animée et je me souviens avoir gardé ces lettres longtemps. Ils étaient curieux car ils montraient l'état alors de l'opinion théologique à Oxford ; mais j'ai évidemment rangé si soigneusement la correspondance que je ne la retrouve nulle part maintenant. Qu'il soit oublié et pardonné.

Beaucoup, sinon la totalité, des histoires que j'ai écrites dans ce chapitre peuvent être légendaires, et elles perdent ou gagnent naturellement selon les récits de différentes personnes. Qui n'a pas entendu différentes versions de l'histoire d'un chanoine bien connu de Christ Church à mes débuts, qui, alors qu'il ramait sur la rivière, a vu un homme qui se noyait s'emparer de son bateau et a failli le renverser. « Providentiellement, expliqua-t-il, j'avais apporté mon parapluie et j'avais assez de présence d'esprit pour lui frapper les jointures. Il a lâché prise, a coulé et ne s'est plus jamais relevé. Personne, j'imagine, n'aurait pu garantir la véracité de cette histoire, mais elle a été si souvent répétée qu'elle a donné au vieux monsieur un surnom qui lui est toujours resté.

Je pourrais ajouter d'autres histoires d'Oxford, mais cela semble presque malhonnête de le faire, et je ne peux que dire dans la plupart des cas *relata refero* . Quand je suis arrivé ici pour la première fois, Oxford et la société d'Oxford me paraissaient si étranges que j'ai probablement accepté de nombreuses histoires similaires comme étant la vérité de l'Évangile. Mes jeunes amis ne me traitaient guère équitablement à cet égard. J'avais beaucoup de questions à poser, et mes amis trouvaient évidemment très amusant de me taquiner et de me raconter des histoires auxquelles je croyais naturellement, car il y avait beaucoup de choses qui me paraissaient très étranges, et pourtant elles étaient vraies et je devais y croire. eux. L'existence de boursiers qui recevaient de 300 à 800 livres par an, comme une simple sinécure pour la vie, à condition qu'ils ne se marient pas, me parut au début parfaitement incroyable. En Allemagne, l'éducation dans les écoles publiques et les universités était si bon marché que même les plus pauvres pouvaient réussir à obtenir ce qui était recherché pour les emplois les plus élevés, en particulier s'ils pouvaient obtenir une exposition ou une bourse. Mais une fois qu'un homme avait réussi ses examens, le pays ou le gouvernement n'avaient plus rien à voir avec lui. « Nager ou se noyer » était la maxime suivie partout ; et il était tout à fait naturel que les premières années de la vie professionnelle, que ce soit en tant qu'avocat, médecin ou ecclésiastique, soient des années de grand renoncement. Mais ce furent aussi des années de lutte intense, et les années de faim auraient permis de réaliser un excellent travail pour forcer les portes d'un meilleur emploi. Imaginer qu'après que le pays aurait accompli son devoir en fournissant des écoles et des universités, il fournirait des béquilles aux hommes qui devraient apprendre à marcher par eux-mêmes, cela dépassait mon entendement, surtout quand on me disait combien d'argent était dépensé chaque année par le gouvernement. les collèges à payer ces bourses sans exiger de *contrepartie* .

Ayant fini par croire cela, ainsi que plusieurs autres choses qui me paraissaient inintelligibles à Oxford, j'étais prêt à croire presque tout ce que mes amis me disaient. Il y a par exemple quelques images en pierre célèbres autour du théâtre et du musée Ashmolean. Ils sont hideux, car le grès dont ils sont faits s'est effondré à maintes reprises, mais même lorsqu'ils ont été restaurés, la même pierre fragile a été utilisée. Ils ont la forme d'Hermae et ont été planifiés par non moins un architecte que Sir Christopher Wren. Quand j'ai demandé à quoi elles étaient destinées, on m'a assuré très sérieusement qu'il s'agissait d'images d'anciens chefs de maison. Je le croyais, même si j'exprimais ma surprise que le tailleur de pierre qui fabriquait de nouvelles têtes, alors que les anciennes ne montraient guère plus de deux yeux, un nez et une bouche très large, copie soigneusement les visages en ruine, car, comme je l'étais, informé, on lui avait dit de copier les anciens messieurs.

C'était certainement un amusement très courant chez mes jeunes amis de premier cycle que de se moquer des chefs de maison. Ils ne semblaient pas ressentir à leur égard ce frisson de crainte indescriptible dont parle Mgr Thorold ; bien plus, ils étaient tout sauf respectueux en parlant des docteurs en théologie dans leurs robes rouges à manches de velours noir. S'il est toujours difficile aux vieillards de comprendre les jeunes hommes, il est certainement encore plus difficile aux jeunes hommes de comprendre les vieillards. Il y a un très vieux dicton : « Les jeunes hommes pensent que les vieillards sont des imbéciles, mais les vieillards savent que les jeunes le sont. » Bien que très jeune moi-même, j'ai connu plusieurs anciens chefs de maison, et bien qu'ils aient certainement leurs particularités, ils n'appartenaient en aucun cas tous à l'âge des Dodo. Ils jouissaient de leur *otium cum dignitate* , comme il convient aux messieurs, aux érudits et aux théologiens, et ils méritaient certainement un plus grand respect de la part des étudiants qu'ils n'en recevaient.

Encaenia annuelle , une grande liberté était accordée aux jeunes hommes ; et je connais plusieurs étrangers, en particulier des étrangers, qui ont été scandalisés par le comportement tumultueux des étudiants du théâtre, l'Oxford *Aula* , lorsque le vice-chancelier s'est levé pour s'adresser au public assemblé. Ma première expérience fut avec le docteur Plumptre, qui, comme je l'ai dit, était très grand et majestueux ; alors que ses premiers mots n'étaient pas tout à fait distincts, les étudiants de premier cycle ont crié : « Parle, vieux bâton. » Alors que le directeur de Wadham, le révérend Dr Symons, conduisait de jolies jeunes femmes à leurs sièges dans le théâtre, il fut menacé par les jeunes hommes, qui crièrent à pleine voix : « Je vais le dire à Lydia, espèce de méchant vieillard. Lydia était désormais sa plus excellente épouse. Au début, les remarques des étudiants de l' *Encaenia* , ou plutôt *des Saturnales*

, étaient pour la plupart bon enfant et pour le moins spirituelles ; mais ils finirent par devenir si grossiers que des hommes distingués, que l'Université voulait honorer en leur conférant des diplômes honorifiques, s'en sentirent profondément offensés. Sir Arthur Helps a déclaré qu'il était venu pour recevoir un honneur et qu'il avait reçu une insulte. Je me souviens bien du révérend Dr Salmon, à qui on a demandé où il avait laissé sa sauce au homard ; On a crié au Dr Wendell Holmes s'il avait traversé l'Atlantique dans son « One Hoss Shay » ; le très honorable. W. H. Smith, premier lord de l'Amirauté, a reçu un tablier et Lord Wolseley une montre noire. Il y avait une certaine dose d'esprit dans ces allusions, et la meilleure manière de prendre en compte la querelle académique et l'émeute était celle de Tennyson, qui m'a dit en sortant qu'« il avait tout le temps l'impression d'être debout sur les galets du bord de mer, le la tempête hurlait et les embruns le couvraient à droite et à gauche. Au bout d'un certain temps, cependant, ces *Saturnales* durent être arrêtées, et elles furent arrêtées d'une manière curieuse, en accordant des places aux dames parmi les étudiants. Cela parle bien pour eux que leur estime pour les dames les retenait et les faisait se comporter comme des gentlemen.

Le règne des chefs de maison, qui était en pleine vigueur lorsque je m'installai pour la première fois à Oxford, commença à décliner au moment où on s'y attendait le moins. Il y avait cependant eu des grognements parmi les boursiers et les tuteurs d'Oxford, qui se sentaient lésés par l'ingérence volontaire des directeurs des collèges dans leur travail de tutorat et, peut-être, étaient mécontents des airs pris par des hommes qui, après tous étaient leurs égaux, et en aucun cas leurs meilleurs, à l'Université.

La société a nettement profité lorsque les boursiers et les tuteurs ont été autorisés à se marier, et lorsque plusieurs des chefs de maison nouvellement élus, ayant des femmes et des filles, ont ouvert leur maison et ont invité à dîner avec eux des personnes intéressantes du quartier et de Londres.

Le doyen de Christ Church n'a pas seulement été transformé architecturalement en une nouvelle maison, mais sous le Dr Liddell, avec sa charmante épouse et ses filles, il est devenu un centre social difficile à rivaliser ailleurs. On y rencontrait non seulement la royauté, le jeune prince de Galles, mais de nombreux écrivains, artistes et hommes politiques éminents de Londres, Gladstone, Disraeli, Richmond, Ruskin et bien d'autres. Une autre maison lumineuse de la nouvelle ère était celle du directeur de Brasenose, le Dr Cradock, et de sa joyeuse et très amusante épouse. On y rencontrait souvent des hommes tels que Lord Russell, Sir George C. Lewis, le jeune Harcourt et bien d'autres encore. Elle était la véritable marquise de la porcelaine de Dresde, avec ses plaisanteries amusantes, qui sans doute offensaient souvent les chefs de maison graves et les professeurs calmes. Personne ne connaissait son âge, elle était si jeune ; et pourtant elle avait été demoiselle d'honneur d'une reine, comme je lui ai dit un jour, de la reine Anne. Ayant été demoiselle d'honneur, elle n'a jamais caché ses sentiments particuliers à l'égard des personnes qui n'avaient pas été présentées. Lorsqu'elle voulait rester seule, elle regardait par la fenêtre et disait aux visiteurs qui venaient l'appeler : « Je suis vraiment désolée, mais je ne suis pas chez moi aujourd'hui. » Le Queen's College, sous la direction du Dr Thomson, futur archevêque d'York, était également une maison des plus hospitalières. Mme Thomson l'a présidé avec sa grâce particulière et sa gentillesse authentique, et j'y ai passé de nombreuses soirées agréables avec des performances musicales. Mais ici aussi, le vieux levain d'Oxford éclate parfois. Bien sûr, nous jouions généralement la musique de Haendel et d'autres auteurs classiques ; Les compositions de Mendelssohn étaient encore considérées comme de simples bêtises par certains membres de la vieille école. Lors d'une de ces soirées, le vieil organiste du New College, avec sa jambe de bois, après avoir assisté à une répétition de *l'Hymne de louange de Mendelssohn* , que je dirigeais au pianoforte, s'est approché de moi, comme je le pensais, pour me remercier ; mais non, il a éclaté dans un torrent d'insultes réelles et quelque peu grossières à mon égard, pour avoir osé introduire une musique aussi fragile à Oxford. Je ne me sentais pas très coupable et, heureusement, je restais silencieux, que ce soit par véritable désarroi ou pour une meilleure cause, je ne peux pas le dire.

F. Max Müller,
30 ans.

Bien avant l'arrivée des commissions à Oxford, une nouvelle vie semblait y naître, et ce qui était autrefois l'exception devint de plus en plus la règle parmi les jeunes boursiers et tuteurs. Ils virent quelle magnifique opportunité s'offrait à eux : avoir la fleur même de l'Angleterre à éduquer, avoir l'avenir de la société anglaise à former. Ils en ont certainement tiré le meilleur parti, aidés, je crois, par ce qu'on appelle le mouvement d'Oxford, qui, quoi qu'il en soit advenu par la suite, était certainement au début tout à fait authentique et consciencieux. Les Tuteurs virent bon nombre de jeunes gens confiés à leurs soins, et le résultat fut que même ceux qu'on appelait les « rapides » pensèrent que c'était une bonne chose de suivre un bon cours. Je pourrais citer un certain nombre de jeunes nobles et de riches étudiants qui, dans mes premières années, lisaient pour un premier cours et le suivaient ; et mon expérience a certainement été que ceux qui ont suivi un premier cours sont ressortis plus tard dans leur vie comme des membres éminents et utiles de la société. Non que l'excellence dans la vie politique, cléricale, littéraire et scientifique soit réservée aux premières classes, loin de là. Mais les hommes de première classe manquaient rarement de réapparaître à la surface plus tard dans la vie. Il est peut-être vrai qu'une première classe ne signifiait pas toujours un homme de première classe, mais cela semblait toujours signifier un homme qui avait appris à travailler honnêtement, qu'il devienne Premier ministre ou archevêque, ou qu'il passe ses journées dans l'un des bureaux publics, ou même dans un bureau de comptabilité ou de presse.

Je pensais que c'était un excellent mélange qu'un jeune homme, après avoir obtenu un bon diplôme à Oxford, passe un an ou deux dans une université allemande. Il revenait généralement avec des idées nouvelles, savait quel genre de travail restait à faire dans les différentes branches d'études et le faisait avec une persévérance qui produisit bientôt des résultats excellents. Bien sûr, il y avait toujours une difficulté : les jeunes hommes souhaitaient se frayer un chemin dans la vie, c'est-à-dire gagner leur vie. L'Église, le barreau et l'hôpital absorbèrent nombre de ceux qui, en Allemagne, auraient espéré faire carrière à l'université. Dans ma propre matière plus particulièrement, mes meilleurs élèves ne voyaient pas le moyen d'acquérir ne serait-ce qu'une indépendance, à moins qu'ils ne consacrent leur temps à obtenir d'abord une curation ou une maîtrise à l'école ; et ils se rendaient généralement compte que, pour faire leur travail consciencieusement, ils devaient abandonner leurs études préférées dans lesquelles ils auraient certainement fait un excellent travail, s'il n'y avait pas eu de *dira necessitas* . J'ai souvent essayé de persuader mes amis d'Oxford de rendre les bourses vraiment utiles en les concentrant et en donnant aux hommes studieux la possibilité de se consacrer à l'Université à des études non lucratives. Mais le sentiment de la majorité était toujours contre ce qu'on appelait avec dérision la Recherche Originale, et les fonds des bourses continuaient à être dilapidés, le paiement aux résultats étant considéré comme un principe totalement erroné, de sorte que souvent, comme dans le cas des nouvelles bourses septennales , il ne restait que le paiement, mais aucun résultat.

Pourtant, tout cela ne m'est apparu clairement que bien plus tard. Mes premières années à Oxford se sont déroulées dans un parfait désarroi de joie et d'admiration. Personne ne peut voir cette université pour la première fois, surtout au printemps ou en automne, sans en être enchanté. Cela me semblait un paradis parfait, et je n'aurais pu souhaiter pour moi un sort meilleur que celui que la bonté de mes amis m'y assura plus tard.

NOTES DE BAS DE PAGE :

[10] Croira-t-on que les battels (projets de loi) du Collège sont liés à ce mot ?
[11] *Opéra* , éd. Wagner, IP 179.

CHAPITRE VIII

PREMIERS AMIS À OXFORD

J'ÉTAIS encore très jeune lorsque je suis venu m'installer à Oxford, vingt-quatre ans seulement en fait ; et, bien que parfois honoré par des invitations de directeurs de maisons et de professeurs, je vivais naturellement principalement avec des étudiants de premier cycle et de jeunes boursiers, tels que Grant, Sellar, Palgrave, Morier et d'autres. Grant, devenu ensuite Sir Alexander Grant et directeur de l'Université d'Édimbourg, était un charmant compagnon. Il avait toujours quelque chose de nouveau en tête et discutait avec de nombreux éclairs d'esprit et de satire. Il possédait un mépris aristocratique pour tout ce qui était banal ou évident, de sorte qu'il fallait être prudent lorsqu'on conversait avec lui. Mais il était généreux, et son rire réconciliait certaines de ses saillies acerbes. Comme on anticipe peu la grandeur future de ses amis. Ils ne nous semblent pas tous meilleurs que nous-mêmes, quand soudain ils surgissent. Grant avait montré ce qu'il pouvait faire avec son édition de *l'Éthique d'Aristote* . Il devint l'un des professeurs de la nouvelle université de Bombay et contribua beaucoup au premier démarrage de cette université, si chaleureusement patronnée par Sir Charles Trevelyan. De retour dans ce pays, il fut choisi pour occuper le poste distingué de directeur de l'Université d'Édimbourg. On attendait davantage de lui lorsqu'il jouissait de cet *otium cum dignitate* , mais sa santé semblait avoir souffert du climat énervant de l'Inde et, bien qu'il appréciait pleinement son retour auprès de ses amis et sa vie d'ami parmi des amis, il mourut relativement jeune, et peut-être sans réaliser tous les espoirs qu'on nourrissait en lui. Mais c'était un homme tout à fait sympathique, et sa poignée de main et son clin d'œil lorsqu'il rencontra un vieil ami ne seront pas facilement oubliés.

Sellar était un autre Écossais que j'ai connu lorsque j'étais étudiant à Balliol. Quand je l'ai connu pour la première fois, il était plein d'inquiétudes au sujet de sa santé et très préoccupé par les doutes habituels sur la religion, en particulier sur la présence du mal ou de quelque chose d'imparfait dans ce monde. C'était un honnête garçon, chaleureusement attaché à ses amis ; et personne ne pourrait souhaiter avoir un meilleur ami pour le défendre en toutes occasions et contre vents et marées. Il devint ensuite marié et devint un professeur utile de latin à Édimbourg. Je suis resté avec lui plus tard dans ma vie en Écosse et je l'ai trouvé toujours le même, appréciant vraiment la société de ses amis et les discussions sur le bon vieux temps. Il avait commencé à souffrir la dernière fois que je l'ai vu, mais le vieux garçon était toujours là, même lorsqu'il était malheureux à cause de ses misères principalement imaginaires. Peu de temps après l'avoir quitté, j'ai reçu son dernier message et ses adieux depuis son lit de mort. On nous dit que tout cela est très naturel et que nous devons nous y préparer, mais quelles lacunes cela laisse. Mes pensées reviennent souvent vers lui, comme s'il était encore parmi les vivants, et alors on ressent encore et encore sa propre solitude et son manque d'amitié.

Palgrave a suscité de grandes attentes parmi les étudiants d'Oxford, mais il nous a fait attendre un certain temps. Il s'est lancé très tôt dans la vie de bureau au sein du Département de l'Éducation, ce qui semble l'avoir anéanti et l'avoir rendu inapte à d'autres travaux. Il avait un merveilleux don d'admiration, son grand héros étant Tennyson, et il était plus que déçu si d'autres ne se joignaient pas à ses panégyriques sans réserve du grand poète. Enfin, un peu tard dans sa vie, il fut élu professeur de poésie à Oxford et donna des conférences des plus savantes et instructives. Sa connaissance de la littérature anglaise, en particulier de la poésie, était tout à fait étonnante. Je ne suis certainement jamais allé vers lui pour lui poser une question à laquelle il n'avait pas répondu d'emblée et de manière exhaustive. Certains de ses amis se plaignaient de sa grande maîtrise du langage, et même Tennyson, m'a-t-on dit, le trouvait parfois trop. Tout ce que je peux dire, c'est que ce fut pour moi un plaisir de l'écouter. Je lui dois des remerciements particuliers pour avoir, de la manière la plus aimable, révisé mes premières compositions anglaises. Il était toujours prêt et infatigable, et je devais certainement beaucoup à ses corrections et à ses conseils avisés. Son *trésor d'or* est devenu un bien national et témoigne certainement de ses vastes connaissances et de son bon goût.

Enfin, il y avait Morier, dont personne ne s'attendait certainement, lorsqu'il était à Balliol, à ce qu'il devienne ambassadeur britannique à Saint-Pétersbourg. Ses premières études avaient été quelque peu négligées, mais lorsqu'il arriva à Balliol, il travailla dur pour réussir un examen honorable. C'était un géant de taille, très beau, et ses manières, quand il le voulait, étaient des plus charmantes et attirantes. Étant le fils d'un diplomate, il y avait quelque chose à la fois anglais et étranger dans ses manières, et il était certainement l'un des favoris à Oxford. Son grand désir était d'entrer dans le service diplomatique, mais lorsque cela s'est avéré impossible, il a trouvé un emploi pendant un certain temps au ministère de l'Éducation. Mais la société londonienne était trop pour lui, il était fait pour le monde, et la société était ravie de le recevoir. Mais il lui était en même temps difficile de remplir ses fonctions au Bureau de l'Éducation, et le résultat fut qu'il dut céder sa place. Les choses commencèrent à paraître sérieuses, lorsque, heureusement, Lord Aberdeen, grand ami de son père, lui trouva un emploi diplomatique ; et cela une fois trouvé, Morier était dans son élément. Il était souvent presque imprudent ; mais tandis que plusieurs de ses amis tombaient complètement en ruine, il réussissait toujours à tomber sur ses pieds et à se maintenir à flot tandis que d'autres tombaient. En tant qu'étudiant de premier cycle, il est venu me voir pour lire le grec avec moi, et j'avoue qu'avec des erreurs telles que o ἰ π ά θοι au lieu de τ ά ά θη , j'ai tremblé devant ses examens. Cependant, il réussit bien à l'école, sachant cacher ses points faibles et tirer le meilleur parti de ses points forts. J'ai voyagé avec lui en Allemagne et lorsque la question du Schleswig-Holstein s'est posée, il a écrit un pamphlet qui aurait certainement pu lui coûter sa carrière diplomatique. Il m'a demandé de laisser entendre que le pamphlet, qui rendait pleinement justice aux revendications du Holstein et de l'Allemagne, avait été rédigé par moi. J'ai reçu beaucoup de compliments, que j'ai essayé de parer du mieux que j'ai pu. Heureusement, Lord John Russell se tenait aux côtés de Morier et ses prophéties se sont certainement avérées vraies. "Ne laissez pas les Allemands se réveiller de leur sommeil et trouver pour eux une œuvre toute faite sur laquelle ils sont tous d'accord." Mais les signataires du traité de Londres firent exactement ce contre quoi Morier avait élevé sa voix d'avertissement, en tant qu'ami de l'Allemagne, quoique peut-être pas de l'Allemagne qui devait être. Le Schleswig-Holstein *meer-umschlungen* devint le match (le Schwefel-hölzchen) qui devait allumer le feu de l'unité allemande, une unité qui, pendant un temps, n'était peut-être pas exactement ce que l'Angleterre aurait pu souhaiter, mais qui à l'avenir deviendra, nous l'espérons, la sécurité de l'Europe et le soutien de l'Angleterre.

Les progrès ultérieurs de Morier dans sa carrière diplomatique furent certainement des plus réussis. Il possédait l'art très important de gagner la confiance des têtes couronnées et des ministres avec lesquels il avait affaire. Bismarck, il est vrai, ne pouvait le supporter et essayait à plusieurs reprises de le faire trébucher. Même lorsque Morier était à Berlin, en tant que secrétaire de légation, Bismarck demanda son renvoi, mais Lord Granville refusa simplement de renvoyer un jeune diplomate qui lui donnait des informations sur tous les partis en Allemagne et, pour ce faire, dut se mêler à des personnes que Bismarck n'a pas approuvé. De plus, Morier a toujours été *persona grata* auprès du prince héritier et de la princesse héritière, et cela a suffi à faire que Bismarck ne l'aime pas. Plus tard dans sa vie, Bismarck l'accusa d'avoir transmis aux gardes françaises des informations privées sur la position militaire des Allemands, ces informations provenant de la cour anglaise. L'accusation était ridicule. Morier fut tout au long de la guerre un sympathisant de l'Allemagne plutôt que de la France. La Cour d'Angleterre n'avait aucune information militaire à transmettre ou à communiquer à Morier, et Morier était trop diplomate et trop gentleman, si par accident il possédait de telles informations, pour trahir un tel secret à un ennemi sur le terrain. Bismarck était complètement mis en déroute, même si son fils semblait enclin à se lancer en duel contre le diplomate anglais. Morier s'élève de plus en plus haut et devient enfin ambassadeur à Saint-Pétersbourg. Quand je riais et le félicitais, il dit : « Ce doit être un grand imbécile qui n'atteint pas le sommet de l'arbre diplomatique. » C'était trop de modestie, et pourtant la modestie n'était pas exactement de sa faute ; mais il était d'accord avec moi sur *quam parva sapientia regitur mundus* .

Rien ne semble plus prospère que la carrière de mon ami Morier ; mais peu de gens savaient à quel point il était vraiment malheureux. Il eut un fils, à bien des égards l'image même de son père, un géant de stature, très beau et très attirant. Malgré tout ce que nous lui avons dit, il n'enverrait pas son fils dans une école publique en Angleterre, mais le gardait avec lui dans les différentes ambassades, où ses seuls compagnons étaient les jeunes attachés et secrétaires. Il avait un précepteur particulier, et lorsque ce précepteur déclara que le jeune Morier était apte à l'Université, son père réussit à le faire entrer à Balliol, en le recommandant aux soins particuliers du Maître. Il vécut en fait dans la maison du Maître pendant un certain temps, mais jouit de la plus grande liberté dont puisse jouir un étudiant d'Oxford. Son père était absorbé par son fils, mais essayait en même temps de l'effrayer pour qu'il travaille dur, ou du moins qu'il réussisse les examens. Tout était en vain ; le jeune Morier était si nerveux qu'il ne réussit jamais à passer un examen. Ce à quoi on pouvait s'attendre s'ensuivit, et le père dut finalement le renvoyer pour commencer à travailler comme attaché honoraire dans sa propre ambassade. J'aimais beaucoup ce jeune homme, mais j'ai l'impression que sa nervosité ne le rendait pas du tout apte à un travail sérieux. La fin était au-delà de toute description triste. Il partit pour l'Afrique du Sud dans la police, se distingua beaucoup, revint en Angleterre, puis, lors de son deuxième voyage au Cap, mourut subitement à bord du paquebot. J'ai rarement vu une misère aussi totale que celle de son père. Il aimait son fils et le fils aimait son père passionnément, mais le père attendait plus que ce qu'il était physiquement et mentalement possible pour le fils. De là naissaient des malentendus, et pourtant, sous la surface, il y avait cet amour passionné, comme l'amour des amants. La dernière fois que j'ai revu mon vieil ami, il pleurait et sanglotait comme un enfant : son cœur était vraiment brisé. Il continua encore quelques années, souffrant de problèmes de santé, mais finalement tué par sa misère totale. Je l'ai connu au beau matin de sa vie, au méridien de son grand succès, et le dernier dans la nuit noire, quand la lumière et la vie semblent disparues, quand la lune et toutes les étoiles s'éteignent et qu'il ne reste plus que la souffrance patiente et le l'espoir d'une matinée plus lumineuse à venir.

Comme on ne rêvait pas de tout cela quand nous étions jeunes, et quand un ambassadeur, voire même un professeur, nous paraissait bien hors de portée de notre ambition. Je pourrais continuer à citer bien d'autres noms d'hommes avec lesquels j'ai vécu à Oxford dans la plus délicieuse intimité, et qui se sont ensuite présentés comme évêques, archevêques, juges, ministres et tout le reste. Il est vrai qu'il est tout à fait naturel qu'il en soit ainsi pour un homme qui, comme moi, a commencé sa vie anglaise presque comme un étudiant parmi des étudiants. Presque tous les Anglais qui reçoivent une éducation libérale doivent passer soit par Oxford, soit par Cambridge, et j'ai sans doute eu la chance de faire si tôt la connaissance d'un certain nombre d'hommes qui, plus tard dans leur vie, devinrent éminents à juste titre. Le seul inconvénient était que, connaissant très intimement mes amis, je n'ai peut-être pas conservé plus tard en toutes occasions cette déférence que la dignité d'un ambassadeur ou d'un archevêque est en droit d'exiger.

Thomson était un de mes chers amis lorsqu'il était encore membre du Queen's College. Nous avons travaillé ensemble, comme en témoignent mes contributions à ses *Lois de la Pensée* et la traduction d'un hymne védique qu'il m'a aidé à réaliser. Je pense qu'il avait une sorte d'anticipation de ce qui l'attendait. Bien que pendant un certain temps il ait dû se contenter, même lorsqu'il était marié, d'un très petit logement à Londres, il a rapidement progressé dans l'Église, à une époque où les ecclésiastiques de pensée libérale n'avaient pas beaucoup de chances d'être promus à la Couronne. Mais s'étant rendu à la tête d'une députation auprès de Lord Palmerston, pour l'informer que la prochaine élection de Gladstone comme député d'Oxford devenait douteuse, en raison de tous les évêchés donnés au parti de la Low Church, le parti de Lord Shaftesbury, Palmerston se souvint de son son allure majestueuse et courtoise, et lorsque le siège de Gloucester devint vacant, lui donna cet évêché pour faire taire les partisans de Gladstone. Il s'agissait d'une promotion très inattendue à Oxford, mais Thomson fit si bon usage de cette opportunité que, lorsque l'archevêché d'York devint vacant et que Palmerston eut du mal à faire accepter à la reine son propre candidat ou celui de Lord Shaftesbury, il suggéra que tout l'un des évêques récemment élus et approuvés par la couronne pourrait se rendre à York, et quelqu'un d'autre occuperait le siège ainsi libéré. Il se trouve que le nom de Thomson fut le premier à être mentionné, et il fut nommé archevêque, probablement l'un des plus jeunes archevêques que l'Angleterre ait jamais connu. Il a certainement répondu à toutes les attentes et s'est révélé être l'archevêque du peuple, car il était lui-même fils d'un petit commerçant, ce dont il n'avait jamais honte, même si ses ennemis ne manquaient pas de le lui faire remarquer. J'avoue que je me suis d'abord senti un peu gêné avec mon vieil ami qui, autrefois, avait discuté assez librement avec moi de tous les problèmes religieux et philosophiques possibles, et qui était maintenant Sa Grâce le Seigneur Archevêque, avec un palais à habiter et un revenu d'environ 10 000 £ par an. année. Cependant, bien qu'en tant qu'Allemand et ami de Bunsen j'étais considéré comme une sorte d'hérétique, je n'ai jamais fait rougir l'archevêque pour son vieil ami, et je l'ai toujours trouvé le même jusqu'à la fin de sa vie, gentil, courtois. , et prêt à aider, même s'il est juste de se rappeler qu'un archevêque d'York est l'un des premiers sujets de la reine et ne peut pas faire ou dire tout ce qu'il aimerait faire ou dire. Quand j'ai dû lui demander de faire quelque chose pour un de mes amis, qui, en tant que ecclésiastique, avait beaucoup offensé par ses opinions très libérales, il a fait tout ce qu'il pouvait, même s'il aurait pu encourir une grande injure en le faisant.

Mais quand je pense à ces hommes, amis et connaissances, dont je me souviens comme étant jeunes, très capables et travailleurs sans doute, mais pas si différents des autres qui, tout au long de leur vie, sont restés inconnus, c'est comme si j'avais dormi pendant toute la vie. J'ai rêvé pendant plusieurs années, puis je me suis soudainement réveillé dans une nouvelle vie. Certains de mes amis, je suis heureux de le dire, j'ai toujours trouvé la même chose, que ce soit en hermine ou en manches de gazon ; d'autres cependant, j'ai le regret de le dire, étaient *devenus* quelque chose, le vieux garçon avait disparu, et l'on ne voyait plus que l'évêque, le juge ou le ministre.

Ce n'était pas à moi de leur rappeler leur ancien moi et de les faire douter de leur propre identité, mais j'ai souvent ressenti la vérité des discours de Matthew Arnold, qui, dans sa position sociale, ne s'est jamais élevé au-delà de celui d'inspecteur des écoles, et qui il riait souvent lorsque, dans les grands dîners, il se trouvait entouré de Leurs Grâces, de Leurs Excellences et de Messeigneurs, reconnaissant des visages qui étaient assis au-dessous de lui à l'école et dont les noms dans les listes de classe n'occupaient pas une place aussi élevée que le sien. Non pas que Matthew Arnold soit mécontent ; il connaissait sa valeur, mais comme lui-même ne demandait rien, il est étrange que ses amis n'aient jamais demandé pour lui quelque chose qui aurait montré au monde entier qu'il n'était pas en reste dans la course. Il est frappant de constater que pendant qu'il était à Oxford, peu de gens décelaient en Arnold seulement le poète ou l'homme au génie remarquable. J'ai eu beaucoup de lettres de lui, mais je ne les ai jamais gardées, et je me reproche souvent maintenant que dans son cas, comme dans d'autres, j'aurais jeté des lettres comme sans importance. Puis vint soudain le moment où il retourna à Oxford comme poète, comme professeur de poésie, et plus tard comme philosophe aussi, placé en haut par l'opinion publique parmi les dignes vivants d'Angleterre. Ce qui lui reprochait parfois, c'était son manque de sérieux. Il appréciait davantage le rire de ses auditeurs ou de ses lecteurs que leur opposition sérieuse ou leur assentiment convaincu. Il faisait confiance, comme d'autres, au *persiflage* , et le résultat était que lorsqu'il essayait d'être sérieux, les gens ne pouvaient pas oublier qu'il pouvait à tout moment se retourner et sourire, et refuser d'être pris *au grand sérieux* . On ne sait pas à quel point ce *persiflage français* est un jeu dangereux, surtout en Angleterre, et combien il devient difficile de l'échanger ensuite contre du sérieux.

Ces débuts d'Oxford étaient des jours brillants pour moi, et maintenant, quand ces visages jeunes et vieux, qu'ils soient étudiants ou archevêques, se lèvent à nouveau devant moi, étant presque le seul qui reste de cette heureuse compagnie, je demande à nouveau : « Est-ce qu'ils appartiennent également à un simple pays de rêve, eux qui ont donné vie à ma vie et ont fait de l'Angleterre ma véritable patrie ? Lorsque je les ai vus pour la première fois à Oxford, j'étais en réalité étudiant, même si j'avais obtenu mon doctorat à Leipzig. J'ai en fait revu ma vie universitaire heureuse et il serait difficile de dire quelles années académiques j'ai le plus appréciées, celles de Leipzig et de Berlin, ou celles d'Oxford. Il y avait des années intermédiaires à Paris, mais pendant mon séjour là-bas, je n'ai que peu vu les étudiants et la vie étudiante. J'étais trop accablé de soucis et d'inquiétudes concernant mon présent et mon avenir pour penser beaucoup à la société et aux plaisirs. À Oxford, ces soucis étaient devenus bien moindres, et je pouvais, en travaillant dur, gagner autant d'argent que je voulais et que j'avais envie de dépenser. A Paris, j'étais déjà un peu érudit et écrivain ; à Oxford, je suis redevenu étudiant.

Cette jeune société dans laquelle j'ai été reçu était certainement très attractive, même si le fait qu'elle contenait les germes d'une grandeur future ne m'a jamais frappé à l'époque. Ce qui m'a frappé, c'est le ton général de la conversation. Bien sûr, comme Lord Palmerston le disait lui-même lorsqu'il n'était plus très jeune, « les garçons resteront des garçons », mais il n'y avait jamais rien de grossier ou de vulgaire dans leur conversation, et je n'entendais presque jamais de remarque offensante entre eux. La plupart de mes amis venaient de Balliol et étaient des hommes sérieux, dont beaucoup étaient préoccupés et troublés par des problèmes religieux, philosophiques et sociaux.

Ce qui m'a le plus intrigué, c'est l'absence totale de duels. Parfois, il y avait des querelles et des paroles grossières qui, entre étudiants allemands, ne pouvaient avoir qu'un seul résultat : un duel. Mais à Oxford, soit un homme s'excusait immédiatement ou le lendemain matin, et l'affaire était oubliée, soit, si un homme se révélait être un idiot ou un snob, il était tout simplement laissé de côté. Je n'ai pas l'intention de condamner totalement les duels d'étudiants en Allemagne. Compte tenu de la mixité de la société des universités allemandes et de la parfaite égalité qui règne entre elles — ils s'appelaient tous « tu » de mon temps —, le fils d'un gentilhomme avait besoin d'une certaine protection contre le fils d'un boucher ou d'un homme d'affaires. journalier. La boxe et les coups de poing étaient entièrement interdits entre étudiants, de sorte qu'il ne restait plus au jeune étudiant qui voulait échapper aux insultes d'un jeune voyou que de l'interpeller. Dès qu'un défi était lancé, tous les abus cessaient aussitôt, et la puissance de l'opinion publique dans les universités était telle qu'aucun mot d'insulte ne serait prononcé. De cette façon, bien des méfaits sont évités. D'ailleurs, toutes les précautions sont prises pour se prémunir contre les accidents mortels, et je crois qu'il y a moins d'accidents graves sur la *mensura* que sur les champs de chasse en Angleterre. Quand j'étais à Leipzig, où nous avons eu au moins quatre cents duels dans l'année, il n'y a eu que deux accidents mortels, et c'étaient effectivement des accidents comme il en arrive même au football. Bien sûr, les duels ne peuvent jamais être défendus, mais pour maintenir les bonnes manières, aussi pour faire ressortir le caractère d'un homme, ces duels académiques semblent utiles. Si petit que soit le danger, il effraie le lâche et retient le poltron. Cependant, ce qui s'est passé en Angleterre pourra, un jour, se produire aussi en Allemagne, et les hommes cesseront de penser qu'il est impossible de défendre leur honneur sans un morceau d'acier ou un pistolet. La dernière chose qu'un étudiant allemand désire faire en duel est de tuer son adversaire. C'est pourquoi les duels au pistolet, que préfèrent généralement les étudiants en théologie, parce qu'ils ne peuvent pas facilement gagner leur vie si leur visage est couvert de cicatrices, sont généralement les plus inoffensifs, sauf peut-être pour les seconds.

Avant de terminer ce chapitre, je voudrais dire quelques mots sur les impressions que l'atmosphère théologique d'Oxford en 1848 produisit sur moi, et qui me remplissent encore aujourd'hui d'émerveillement et d'étonnement.

Quand je suis arrivé à Oxford, j'ai été fortement recommandé à Stanley d'un côté et à Manuel Johnson de l'autre, curieux mélange. Johnson, l'Observateur, s'est montré extrêmement gentil et hospitalier avec moi. C'était un homme génial, plein d'amour, peut-être un peu faible, mais tout à fait honnête, voire transparent. J'ai rencontré chez lui presque tous les dirigeants du mouvement de la Haute Église, même si je n'ai jamais rencontré Newman lui-même, qui était alors déjà allé résider dans sa retraite de Littlemore. D'un autre côté, Stanley m'a reçu à bras ouverts en tant qu'ami de Bunsen, Frederick Maurice et Julius Hare, et comme je revenais tout droit de la révolution de Février 1848, il était plein d'intérêt et de curiosité pour savoir de moi ce que j'avais. vu à Paris.

Au début, je ne savais rien et je ne comprenais rien du mouvement, qu'on l'appelle ecclésiastique ou théologique, qui se déroulait à cette époque à Oxford. Je dînais presque tous les dimanches chez Johnson, et lors de ses dîners et des garden-parties du dimanche après-midi, je rencontrais des hommes tels que Church, Mozley, Buckle, Palgrave, Pollen, Rigaud, Burgon et Chrétian, qui m'inspiraient un grand respect, tant pour leur apprentissage et pour ce que j'ai pu saisir de leur caractère. Stanley, en revanche, Froude et Jowett se sont montrés de véritables amis en me faisant sentir chez moi et en m'initiant aux secrets de l'endroit. Il y avait cependant une curieuse réticence de part et d'autre, et ce n'est que par de soudains aperçus que je parvins à comprendre que ces deux groupes étaient tout à fait divisés, voire opposés, et avaient devant eux des idéaux très différents.

J'avais étudié dans une université allemande et l'étude historique du christianisme m'était aussi familière que l'étude de l'histoire romaine. Des professeurs que j'avais considérés comme de grandes autorités implicitement dignes de confiance, tels que Lotze et Weisse à Leipzig, Schelling et Michelet à Berlin, m'avaient, après m'avoir d'abord causé une certaine surprise, laissé la ferme conviction que le L'Ancien et le Nouveau Testament étaient des livres historiques et devaient être traités selon les mêmes principes critiques que tout autre livre ancien, en particulier les livres sacrés d'Orient dont on savait si peu de choses alors, et dont moi aussi je savais très peu encore ; il suffit cependant de voir qu'ils ne contenaient que ce qu'ils pouvaient contenir dans les circonstances, des traditions d'une extrême antiquité rassemblées par des hommes qui rassemblaient tout ce qu'ils croyaient utile à l'éducation du peuple. Tout ce qui ressemblait à une révélation au sens ancien du terme, la croyance que ces livres avaient été communiqués verbalement par la Divinité, ou que ce qui y semblait miraculeux devait être accepté comme historiquement réel, simplement parce que cela était enregistré dans ces livres sacrés, était pour moi, un point de vue abandonné depuis longtemps. Pour moi, les questions qui préoccupaient mes pensées étaient de savoir à quelle date ces livres, tels que nous les possédons, pouvaient être attribués, quelles parties d'entre eux étaient importantes pour nous, quelles étaient les simples vérités qu'ils contenaient et ce qui leur avait été ajouté. par des collectionneurs ultérieurs. Je me souviens bien quand, avant d'aller à Oxford, j'ai parlé à Bunsen de la préface de mon Rig-veda et que j'ai utilisé l'expression « les grandes révélations du monde », il, comprenant parfaitement ce que je voulais dire, m'a prévenu dans son voix forte et chaleureuse : « Ne dis pas ça à Oxford. » Je ne voyais aucun mal, ni Bunsen non plus, ni son fils qui était un homme d'Oxford et un ecclésiastique de l'Église d'Angleterre ; mais on m'a dit que je devrais être mal compris. J'en savais trop peu pour imaginer que j'avais le droit de parler de ce qui fermentait et grandissait en moi. Durant mon séjour à Leipzig et à Berlin, puis au cours de mes relations avec Renan et Burnouf, les principes de l'école historique m'étaient devenus tout à fait familiers, mais l'application de ces principes à l'histoire ancienne des religions était une autre affaire. La question de savoir dans quelle mesure l'Ancien et le Nouveau Testament résisteraient aux tests critiques énoncés par Niebuhr était un sujet de controverse fréquent, pendant le temps que je passais à Paris, entre le jeune Renan et moi. Même si je ne l'ai pas suivi dans sa reconstruction de l'histoire des Juifs et de la religion juive, ainsi que des premiers chrétiens et de la religion chrétienne, j'étais d'accord avec lui en principe, m'opposant seulement à sa reconstruction trop libre et trop idyllique de ces histoires. grands mouvements religieux. D'ailleurs, avant tout, j'étais alors adonné aux études philosophiques, principalement à l'enquête sur les limites de notre connaissance au sens kantien du terme, sur l'origine de la pensée et du langage, sur les premiers pas hésitants et à demi mythologiques de l'histoire. langage dans la recherche de causes ou d'agents divins. Tout cela m'occupait bien plus que l'époque du Quatrième Évangile et sa position à côté des

Évangiles synoptiques. J'avais parlé avec Schelling et Schopenhauer, et même si j'appréciais ou comprenais tous leurs enseignements, il restait dans mon esprit certaines aspirations qui me conduisaient bien au-delà des fondements historiques du christianisme. Que pouvons-nous savoir ? C'était la question que j'opposais souvent à Renan au tout début de nos conversations et de nos controverses. Qu'il y ait de grandes vérités dans l'enseignement et la prédication du Christ, Renan était toujours prêt à l'admettre, mais même si cela m'intéressait de savoir comment les vérités proclamées par le Christ avaient pu surgir dans son esprit et à cette époque de l'histoire du genre humain, Le regard de Renan était toujours tourné vers l'évidence et vers ce que l'on pouvait encore savoir de l'histoire ancienne du christianisme et de son fondateur. Je ne pouvais pas nier que, historiquement parlant, nous connaissions très peu de choses sur la vie, l'œuvre et les enseignements du Christ ; mais c'est précisément pour cette raison que je doutais que nous soyons justifiés à donner notre interprétation et notre reconstruction aux fragments qui nous ont été laissés de la véritable histoire de la vie et de l'enseignement du Christ. Je suis resté fidèle à cette opinion tout au long de ma vie. Je revendiquais pour chacun la liberté de croire en son propre Christ, mais je m'opposais au Christ idyllique de Renan comme je m'opposais à ce que Niebuhr remplisse la toile de l'histoire romaine antique avec les figures de sa propre imagination.

Naturellement, lorsque je suis arrivé à Oxford, je pensais que ces choses étaient familières à tous, même si elles pouvaient être soigneusement corrigées. Je ne doute pas non plus que certains de mes amis qui étaient de grands théologiens étaient mieux connus que d'un jeune érudit oriental comme moi. Mais à moins d'engager une conversation sur ces sujets, et c'était principalement le cas avec mes amis du parti Stanley, je ne me sentais pas appelé à prêcher ce que, je pensais, tout étudiant sérieux savait aussi bien et probablement beaucoup mieux que moi. , bien qu'il puisse, pour une raison ou une autre, préférer garder le silence à ce sujet.

Quelle ne fut pas ma surprise lorsque je découvris que la plupart de ces hommes excellents et réellement savants s'intéressaient bien plus profondément aux questions purement ecclésiastiques, à la validité des ordres anglicans, au port des robes ou des surplis en chaire, à la question des chandeliers. et génuflexions. « Qu'est-ce que tout cela a à voir avec la vraie religion ? » J'ai dit un jour à mon cher Johnson. Il rit de son rire génial, et soufflant la fumée de son cigare, il dit : « Oh, tu ne comprends pas ! Mais j'ai compris, et bien plus que ce à quoi il s'attendait. Les hommes véritablement religieux, pensai-je, pourraient se faire plaisir avec de l'encens et des chandeliers, à condition de ne pas offenser leurs voisins. Il me semblait également tout à fait naturel que des hommes comme Johnson, ayant le goût de l'art, préféraient le rituel romain au service simple et parfois assez dépouillé de l'Église anglicane, mais que des choses telles que l'encens et les encensoirs, le surplis et la robe, devraient être pris tels quels, comme un attirail, l'œuvre d'êtres humains, le résultat d'influences personnelles et locales, comme un service religieux, sans doute, mais pas comme un service de Dieu. Dieu doit être servi par des choses très différentes, et il existe un danger de voir le formel l'emporter sur l'essentiel, un danger d'idolâtrie des symboles comme des réalités, chaque fois qu'une trop grande importance est accordée aux formes extérieures du culte et du service divin.

La validité des ordres anglicans a souvent été discutée à l'Observatoire, et j'ai sans doute été très offensé en déclarant ouvertement dans mon anglais imparfait que je considérais Luther comme un meilleur canal pour la transmission du Saint-Esprit qu'un César Borgia ou même un Wolsey. Quoi qu'il en soit, je ne pouvais pas me résoudre à voir l'importance de telles questions, si seulement le cœur était droit et si toute notre vie était en fait une vie réelle et constante avec Dieu et en Dieu. C'est ce que j'appelle une vie véritablement religieuse et véritablement chrétienne. Ce qui m'a particulièrement frappé, tant du côté de Newman que parmi ceux que j'ai rencontrés chez Jowett et Froude, c'est un curieux manque d'ouverture et de virilité dans l'examen de ces questions simples, simples, sinon compliquées, par les théories ecclésiastiques. Quand on parlait de Newman à Iffley, c'était à voix basse, et quand les rumeurs de son départ pour Rome parvenaient à ses amis d'Oxford, leur consternation semblait être comme celle de ceux qui regardent le lit de mort d'un ami. Je suis désolé de n'avoir rien vu de Newman à cette époque ; Lorsque je m'assis ensuite avec lui dans son bureau de Birmingham, il était visiblement fatigué des controverses et peu disposé à rouvrir des questions qui pour lui étaient réglées une fois pour toutes, ou si elles ne l'étaient pas, du moins closes et abandonnées. Je n'ai jamais pu me faire une idée précise de cet homme, même si j'admirais ses sermons ; son frère et ses propres amis ont donné de lui des versions très différentes. Que même à Littlemore il était encore fidèle à sa propre Église nationale, soucieux seulement de la rapprocher de son ancien type, peut-être romain, cela ne peut guère être mis en doute. Lorsqu'il écrivait depuis Littlemore à son ami De Lisle, il n'avait aucune raison d'économiser la vérité. De Lisle espérait que Newman rejoindrait bientôt ouvertement l'Église de Rome, mais Newman répondit : « Vous devez me permettre d'être honnête avec vous en ajoutant une chose. Un sentiment pénible surgit dans mon esprit que de telles marques de gentillesse de votre part sont causées par la conviction que je serai un jour susceptible de rejoindre votre communion... Je dois donc vous assurer avec une grande sincérité que je n'ai pas l'ombre d'un mouvement interne que je connais vers une telle démarche. Tant que Dieu est avec moi là où je suis, je ne le chercherai pas ailleurs. Je pourrais presque dire, avec les mots de l'Écriture : « Nous avons trouvé le Messie ! »... »

Comme c'est vrai, et pourtant le même Newman est passé à l'Église non réformée, parce que l'archevêque de Cantorbéry avait approuvé la proposition de Bunsen d'un évêché anglo-allemand de Jérusalem, oubliant complètement le fait que Synésius avait également été évêque de Ptolémaïs. Encore une fois, je dis : qu'est-ce que ces choses ont à voir avec la vraie religion, telle que nous la lisons dans le Nouveau Testament, en tant qu'idéal à réaliser dans notre vie sur terre ? Et il se trouve qu'en même temps je connaissais des familles rendues misérables par l'influence de Newman, des jeunes filles, filles d'anglicans bornés, précipitées vers Rome, des jeunes hommes d'Oxford à la conscience troublée qui, sous l'influence directe ou indirecte de Newman, la direction ne pouvait s'arrêter qu'à Rome. L'influence de Newman a dû être extraordinaire ; le ton avec lequel ceux qui voulaient se libérer de lui, qui l'avaient réellement quitté, parlaient de lui, semblait tremblant de crainte. Je donnerais tout pour l'avoir connu à cette époque, alors que je ne le connaissais qu'à travers ses disciples. Ils ont été capturés de diverses manières. J'en connais un, un écrivain brillant, à qui Newman avait confié la rédaction de certaines des *Vies des Saints* . Il le fit avec beaucoup d'industrie, mais au cours de ses recherches il parvint à la conviction qu'il n'y avait presque rien de véritablement historique chez ses saints et que les miracles qu'on leur prêtait étaient insipides et pourraient être les inventions de leurs amis ; De telles légendes, pensait-il, ne prendraient pas racine sur le sol anglais, en tout cas pas dans la génération actuelle. En conséquence, il informa Newman qu'il ne pouvait pas tenir sa promesse, ou que, s'il le faisait, il devait dire la vérité, dire aux gens ce qu'ils pouvaient croire au sujet de ces saints et ce qu'il y avait de purement fantaisiste dans les récits de leur vie. Et quelle a été la réponse de Newman ? Il ne respecta pas les scrupules du jeune homme, mais l'encouragea à continuer, parce que, disait-il, les gens ne croiraient jamais plus de la moitié de ces vies, et que par conséquent certaines de ces légendes non étayées pourraient aussi s'avérer utiles, ne serait-ce que comme source d'information. une sorte de lest.

« Je me réjouis d'apprendre votre succès », écrit-il le 21 août 1843. « Quant à St. Grimball, bien sûr, nous devons nous attendre à de telles déficiences ; là où se trouve la matière, tout est gain, et il y a beaucoup de vies à rassembler, comme vous le verrez lorsque vous verrez la liste complète.

« Je suis plutôt pour *insérer* (bien sûr discrètement et par voie de sélection) les miracles dont vous n'avez pas de preuves solides. (1) Ils sont beaux, dites-vous, et le récit le racontera. (2) Ensuite, vous pouvez dire que les preuves sont faibles, et cela apportera du crédit aux autres où vous dites que les preuves sont solides. Les gens n'iront jamais *aussi loin* que votre récit. Réduisez-le à ce qui est vrai, et ils n'en croiront pas une *partie* ; ajoutez ces légendes et elles s'ajouteront au vrai au sacrifice de ce qui peut être vrai, mais qui n'est pas bien attesté.

J'avoue que je n'arrive pas à suivre tout à fait. Si un homme comme Newman croyait en ces saints et en leurs miracles, sa plaidoirie deviendrait intelligible, mais il semble d'après cette même lettre que ce n'était pas le cas, et pourtant il essaya de persuader son jeune ami de continuer et de ne pas ramasser l'ivraie. « De peur qu'il ne déracine le blé avec eux. Laissez les deux grandir ensemble jusqu'à la récolte. Je n'aime pas juger, mais je doute que ce genre d'enseignement aurait pu renforcer la saine fibre morale de la conscience d'un homme et l'amener à dépendre entièrement de son sens de la vérité. Et pourtant, c'était l'homme qui, à une certaine époque, était censé attirer avec lui à Rome les meilleurs esprits d'Oxford. C'était l'homme à qui certains des meilleurs esprits d'Oxford avouaient tout ce qu'ils avaient à avouer, et cela pouvait être très peu, et dont ils parlaient à voix basse comme de l'apôtre qui restaurerait toute la foi et ramènerait le Des moutons anglicans au bercail romain.

J'ai vu et entendu tout ce qui se passait, les espoirs différés, les visites secrètes à Littlemore, les rumeurs et plus que les rumeurs sur la défection de Newman. Le dévouement de certains de ces disciples était tel qu'ils s'attendaient jour après jour à une grande catastrophe ou à une grande victoire, car après la publication de tant de lettres écrites à l'époque par Wiseman, Manning, De Lisle et d'autres, il ne peut y avoir grand-chose. Il ne fait aucun doute qu'une grande conversion ou perversion de l'Angleterre vers l'Église romaine était pleinement attendue. De Lisle écrit : « L'Angleterre est maintenant en pleine révolution religieuse, cette fois de retour au catholicisme et au Siège romain comme son véritable centre... les meilleurs amis de Rome dans l'Église anglicane sont obligés encore d'être sur leurs gardes. » De tels mots n'ont qu'un seul sens, et si Newman avait été suivi par un grand nombre de ses amis d'Oxford, les résultats pour l'Angleterre auraient pu être des plus terribles. Mais ici, sans aucun doute, le sentiment national anglais est entré en jeu. Ce que l'Angleterre avait souffert sous la domination ecclésiastique romaine n'avait pas encore été entièrement oublié, et l'idée qu'un potentat étranger et un sacerdoce étranger devaient interférer avec les intérêts les plus élevés de la nation était heureusement, toujours aussi déplaisant, non seulement pour une grande partie du clergé, mais aussi pour une partie encore plus importante des laïcs. Il me parut très curieux qu'un si grand nombre de partisans de Newman ne se rendent pas compte du caractère antipatriotique de leur agitation. Soit la soumission à Rome, soit la guerre civile dans leur pays étaient le résultat inévitable de ce dont ils discutaient très innocemment à l'Observatoire, et même si je ne comprenais pas leurs projets pour l'avenir, je me sentais souvent surpris par ce qui me semblait des déclarations très antipatriotiques.

Une autre chose qui m'a semblé totalement anti-anglaise et sur laquelle les historiens de ce mouvement ont souvent insisté, c'est le caractère curieusement secret de l'agitation. Qu'est-ce qu'un Anglais a à craindre lorsqu'il proteste ouvertement contre ce qu'il désapprouve dans l'Église ou dans l'État ? Mais les amis de Newman à Oxford se comportaient en réalité, comme on l'a souvent dit, comme tant d'écoliers coquins, ou comme des conspirateurs, et pourtant ils n'étaient ni l'un ni l'autre. Une accusation très similaire a cependant été portée contre le parti libéral. Ils semblaient aussi penser qu'ils étaient hors de portée et qu'ils faisaient en secret ce qu'ils n'osaient pas faire ouvertement. Il est bien connu qu'un ami de Newman, devenu plus tard catholique, fit installer une petite chapelle dans sa chambre à l'université, avec des tableaux, des bougies et des instruments de flagellation. Personne n'était autorisé à voir cette pièce, jusqu'au soir où le flagellant s'était retiré après le dîner et s'était endormi, les domestiques le trouvèrent étendu devant l'autel. Il ne lui restait alors plus qu'à échanger ses confortables chambres d'université contre la cellule moins confortable d'un monastère romain, et ses nouveaux amis ne faisaient pas grand-chose pour rendre la soirée de sa vie sereine et sans anxiété. Ces choses étaient connues et évoquées à Oxford, et généralement avec tout le sérieux que le sujet me semblait exiger. Toujours à l'Observatoire, on mettait un point d'honneur à organiser des jeux dans le jardin comme la pétanque le dimanche après-midi, évitant ainsi la stricte observance du sabbat, sans chercher ouvertement à lui redonner le caractère qu'il avait dans les pays catholiques.

On parlait de la théologie allemande comme d'une sorte de fruit défendu, comme s'il n'était pas juste pour eux de la regarder, de la goûter ou de l'examiner. Même des années plus tard, les gens avaient peur de rencontrer chez moi le professeur Ewald, l'évêque Colenso et d'autres soi-disant hérétiques. Ils sont même tombés sur le pauvre Ewald lors d'une soirée. Ewald restait avec moi et travaillait dur sur un MSS en hébreu. au Bodléien. Il était alors déjà un vieil homme, mais en apparence un champion puissant et vénérable. C'est le seul homme dont je me souviens qui, après avoir copié le MSS hébreu. passé douze heures au Bodleian avec rien d'autre qu'un sandwich pour subvenir à ses besoins, se plaignit du peu de temps qui lui était accordé pour travailler. Il rentrait dîner très fatigué, et lorsque la conversation ou plutôt la dispute commençait entre lui et quelques-uns de nos jeunes théologiens libéraux, il ne parlait que par phrases courtes et concises. Il se considérait comme parfaitement orthodoxe, voire comme l'un des piliers de la religion en Allemagne, et il faisait la loi avec une conviction sans hésitation. Pour autant que je me souvienne, il répondait à un certain nombre de questions sur saint Paul et sur ce qu'il pensait du Christ, du Royaume du Christ et de la vie à venir, et il était harcelé et acculé par ses différents questionneurs. , et lui demandant enfin comment il connaissait les pensées secrètes de saint Paul, lui ne sachant pas comment s'exprimer dans un anglais courant, s'écria d'une voix forte : « Je le sais par le Saint-Esprit. » Ici, la conversation s'arrêta naturellement et le pauvre Ewald fut autorisé à terminer son dîner en paix. Il avait été professeur à Bonn lorsque Pusey y est venu jeune homme pour étudier l'hébreu après avoir été nommé chanoine de Christ Church et professeur d'hébreu, et il m'a exprimé le souhait de voir le Dr Pusey. Je lui ai dit qu'il ne serait pas facile d'organiser une réunion, compte tenu de l'opposition farouche du Dr Pusey aux opinions d'Ewald. Personnellement, j'ai toujours trouvé Pusey tolérant et sa gentillesse à mon égard a surpris tous mes jeunes amis. Mais le fait est que nous avons voyagé sur des plans différents, et bien qu'il connaisse bien mes opinions religieuses, elles ne faisaient qu'exciter un sourire, et il disait souvent avec un soupir : « Je sais que vous êtes allemand. » Sa propre idée était qu'il avait été placé à Oxford pour empêcher la jeune génération de voir l'abîme dans lequel lui-même avait regardé avec terreur. Il avait lu plus d'hérésies que quiconque, disait-il, et il souhaitait que personne ne subisse les épreuves et les angoisses qu'il avait traversées, principalement, je pense, pendant son séjour dans une université allemande. L'élément historique lui manquait ; bien plus, comme Hegel, il semblait parfois insister sur le caractère non historique du christianisme. Mon idée, au contraire, était que le christianisme était un véritable événement historique, préparé par de nombreux événements antérieurs et qui seuls le rendaient possible et réel. Même l'abîme, s'il existait un tel abîme, était, me semblait-il, destiné à être là lors de notre passage dans la vie, et devait être affronté avec un cœur courageux.

Mais pour revenir à mes premières expériences de l'atmosphère théologique d'Oxford, j'avoue que j'ai été perplexe de voir des hommes, dont j'admirais sincèrement le savoir et le caractère, absorbés dans des sujets qui me paraissaient simplement enfantins. Je m'attendais à entendre de leur part de nouveaux points de vue sur la date des évangiles, le sens de la révélation, la valeur historique de la révélation ou les débuts de l'histoire de l'Église. Non, de tout cela, pas un mot. Rien que des discussions sur les vêtements sacrés, sur la confession privée, sur les cierges sur l'autel, qu'ils soient nécessaires ou non, sur l'autel étant en pierre ou en bois, sur le vin consacré mélangé à de l'eau, sur le prêtre tournant le dos au congrégation, etc. Je ne comprenais pas comment ces hommes, si au-dessus du niveau ordinaire des hommes à tous autres égards, pouvaient mettre de côté les questions fondamentales du christianisme et se consacrer entièrement à ce qui me semblait à juste titre appeler dans les journaux « de simples chapelleries ». J'ai demandé des informations à Stanley, mais il a haussé les épaules et m'a conseillé de me tenir à l'écart et de ne rien dire. C'est ce que j'étais le plus disposé à faire ; Je ne me souciais d'aucune de ces choses. Mon esprit était occupé par des problèmes bien plus graves, tels que ceux que j'avais entendus expliquer par des hommes profondément érudits et honnêtes dans les grandes universités allemandes ; ces troubles provenaient de questions qui me semblaient n'avoir aucun rapport avec la vraie religion. Même les différences entre les Églises réformées et non réformées n'étaient pour moi que de simples questions d'histoire, de simples questions d'opportunité humaine. Je ne considérais pas les catholiques romains comme des hérétiques : j'en avais connu trop nombreux en Allemagne, au caractère irréprochable. J'aurais pu regretter les abus qui appelaient une réforme, les excroissances qui avaient défiguré le christianisme comme beaucoup d'autres religions, mais qui pouvaient être tolérées tant qu'elles ne conduisaient pas à tolérer l'intolérance. Luther ne m'apparaîtrait peut-être plus comme un saint parfait, s'il avait eu raison de supprimer les abus séculaires de l'Église romaine, je l'avouais sans aucun doute. Un grand nombre a toujours eu cet effet sur moi, et quand j'ai vu combien d'hommes bons et excellents étaient satisfaits de l' enseignement non réformé de l'Église romaine, j'ai été convaincu qu'ils devaient attacher à certaines doctrines et pratiques ecclésiastiques un sens différent de celui que nous faisions. . J'avais appris à découvrir ce qu'il y avait de bon et de vrai dans toutes les religions, et je pouvais entièrement être d'accord avec Macaulay lorsqu'il disait : « Si les gens avaient vécu dans un pays où des gens très sensés adoraient la vache, ils ne se brouilleraient pas avec des gens qui adorent la vache. saints. »

Je sais que beaucoup de mes amis des deux côtés me considéraient comme un latitudinaire, mais ma conviction a toujours été que nous ne pouvions pas être assez larges. Ils me considéraient comme désireux de rester en bons termes avec les hauts et les bas et avec les larges, et je ne cachais pas que je pensais pouvoir comprendre Pusey aussi bien que Stanley, et attribuer à chacun sa place. Stanley était bien sûr plus à mon goût que Pusey, mais Pusey était aussi un homme qui m'intéressait beaucoup. J'ai vu qu'il pourrait devenir une grande puissance, que ce soit pour le bien ou pour le mal en Angleterre. C'était en fait un personnage historique, et ce sont toujours ces hommes qui m'intéressaient. Il était pleinement conscient de son importance en Angleterre et de la grande influence qu'exerçait son nom. Cette influence ne s'exerçait pas toujours de la bonne manière, du moins me semblait-il, surtout lorsqu'elle était dirigée contre des amis comme Kingsley, Froude ou Jowett. Une fois, je me souviens, lorsqu'il était venu chez moi, j'ai osé lui dire qu'il ne pouvait pas penser ce qu'il avait dit en déclarant que le Dieu adoré par Frédéric Maurice n'était pas le même que son Dieu. Curieux de le dire, il a cédé et a admis qu'il avait utilisé un langage trop fort. Tout ce qui était dit de Dieu me semblait imparfait et ne s'appliquait jamais à Dieu lui-même, mais seulement à l'idée que l'esprit humain s'était fait de lui. Pour moi, même l'Hindou, s'il parlait de Brahman ou de Krishna, semblait avoir visé le vrai Dieu, malgré les épithètes idolâtres qu'il utilisait ; alors comment pourrait-on dire qu'un homme comme Frédéric Maurice a adoré un Dieu différent, étant donné que nous ne pouvons que le ressentir dans l'obscurité, ne pouvant faire plus qu'exclure tout ce qui nous semble indigne de Dieu ?

Un élément très important dans les vues ecclésiastiques de certains de mes amis était sans aucun doute le côté artistique. Si Johnson penchait pour Rome, c'était le service le plus orné et le plus beau qui le touchait et l'attirait. Je me suis assis près de lui dans l'église Saint-Gilles ; il m'a dit quoi faire et quoi ne pas faire pendant le service. Malgré le Livre de prières, il n'est en aucun cas aussi facile qu'on l'imagine de faire exactement ce qu'il faut à l'église, et j'ai bien sûr dû apprendre par cœur un certain nombre de prières et de réponses. Le service, tel qu'il se déroulait dans mon église paroissiale, me paraissait déjà trop orné, étant habitué comme je l'étais au service un peu dépouillé et froid de l'église luthérienne de Dessau. Mais Johnson se plaignait constamment des performances monotones et mécaniques du clergé. Il avait un fort sentiment pour tout ce qu'il y avait de beau et d'impressionnant dans l'art, et il voulait voir le service de Dieu dans l'église plein à la fois de révérence et de beauté.

La collection privée de trésors artistiques de Johnson était très considérable et j'ai beaucoup appris des gravures italiennes et hollandaises qu'il possédait et aimait à montrer. Je passais souvent des heures heureuses avec lui à examiner ses portefeuilles et je me demandais comment il pouvait se permettre d'acheter de tels trésors. Mais il savait quand et où acheter, et je crois que lorsque sa collection a été vendue après sa mort, cela lui a rapporté bien plus que ce qu'elle lui avait coûté. Une autre collection d'art était celle du Dr Wellesley, directeur de New Inn Hall, qui était un ami de Johnson et avait collectionné les antiquités les plus précieuses au cours de son long séjour en Italie. C'était le fils du marquis de Wellesley, un bel homme, avec tout le raffinement et la courtoisie du vieux gentleman anglais. Même s'il n'était peut-être pas très utile au travail de l'Université, il était très agréable à vivre et plein d'informations sur son propre domaine d'études, l'histoire de l'art, principalement de l'art italien.

Les beaux services de l'Église romaine à l'étranger, et en particulier à Rome, exerçaient certainement une sorte d'attraction magique sur de nombreux amis de Wiseman et de Newman, même si l'on peut se demander si la grandeur ensoleillée de Saint-Pierre à Rome aurait jamais semblé plus impressionnante. que la sombre sublimité et la sereine magnificence de l'abbaye de Westminster. Malheureusement, l'introduction d'un service plus orné, voire de chandeliers inoffensifs et d'encens souvent très utiles, a toujours eu une signification secrète. Ils étaient utilisés comme symboles de quelque chose dont les gens n'avaient aucune conception, alors que dans l'Église primitive, ils étaient vraiment naturels et utiles.

Au milieu de toute cette agitation, et surtout de cette agitation secrète, je me sentais un parfait étranger ; J'ai vu les côtés lumineux et sombres, mais j'avoue que j'ai peu vu ce que j'appelle la religion. Même si mes propres luttes religieuses étaient derrière moi, il restait encore de nombreuses questions qui réclamaient une solution, mais pour lesquelles mes amis d'Oxford semblaient soit indifférents, soit non préparés. Ma religion pratique était celle que j'avais apprise de ma mère ; qui est resté inébranlable dans toutes les tempêtes, et dans son extrême simplicité et son enfantillage a répondu à tous les desseins pour lesquels la religion est destinée. Puis suivit, dans les universités de Leipzig et de Berlin, le traitement purement historique et scientifique de la religion qui, bien qu'elle expliquât beaucoup de choses et détruisit beaucoup de choses, n'interféra jamais avec mes premières idées sur le bien et le mal, ne troubla jamais ma vie avec Dieu et en Dieu, et semblait satisfaire tous mes besoins religieux. Je n'ai jamais été effrayé ni ébranlé par les écrits critiques de Strauss ou d'Ewald, de Renan ou de Colenso. Si ce qu'ils disaient sonnait honnêtement, j'en étais ravi, car j'avais la certitude qu'ils ne pourraient jamais me priver du peu que je désirais vraiment. Ce peu ne pourrait jamais être assez petit ; c'était comme une forteresse sans fortifications, sans tranchées et sans murs autour. Supposons qu'il me soit prouvé que, d'après des preuves géologiques, la terre ou le monde n'aurait pas pu être créé en six jours, qu'est-ce que cela m'importe ? Supposons qu'il m'ait été prouvé que Christ n'aurait jamais pu permettre aux esprits impurs d'entrer dans les pourceaux, qu'est-ce que cela m'importe ? Que Colenso et l'évêque Wilberforce, que Huxley et Gladstone se battent sur de telles questions ; leurs vagues turbulentes ne pourraient jamais me déranger, ni même m'atteindre dans mon port sûr. J'avais peu de choses à transporter, aucun obstacle érudit pour sauvegarder ma foi. Si un homme possède cette perle unique et de grand prix, il peut se sauver lui-même et sauver son trésor, mais ni les vêtements ornés d'un cardinal, ni la triple tiare qui couronne le chef de l'Église, ne serviront de ceintures de sauvetage dans les tempêtes de l'Église. doute et controverse. Mes amis d'Oxford ne savaient pas que, bien qu'avec mon seul joyau je paraisse extérieurement pauvre, j'étais en réalité plus riche et plus en sécurité que beaucoup de cardinaux et de nombreux docteurs en théologie. Une confession de foi, comme une prière, peut être très longue, mais la prière du publicain a peut-être été plus efficace que celle du pharisien.

Après un certain temps, j'ai fait une découverte encore plus douloureuse : j'ai trouvé des hommes qui étaient considérés comme tout à fait orthodoxes, mais qui étaient en réalité sans aucune croyance. Ils me parlaient très librement, parce qu'ils s'imaginaient qu'en tant qu'Allemand je penserais comme eux et que je ne serais pas surpris s'ils ne me considéraient pas tout à fait sincère. Ce n'était pas seulement le doute honnête qui les dérangeait. Ils en avaient fini avec le doute honnête, et ils se contentaient d'une sorte de philosophie voltairienne, qui finissait par aboutir à un pur agnosticisme. Mais même cela, même l'agnosticisme déclaré, je pouvais le comprendre, car cela ne signifiait souvent rien de plus qu'une confession d'ignorance à l'égard de Dieu, ce que nous confessons tous, et qui ne signifie pas nécessairement la négation de l'existence de la Divinité. Mais cette légèreté voltairienne qui se moque de tout ce qui touche à la religion était certainement quelque chose que je ne m'attendais pas à rencontrer à Oxford et qui me laisse encore perplexe. Bien sûr, je ne devrais jamais songer à citer des noms, mais il me semblait nécessaire de le mentionner, pour compléter la curieuse mosaïque de pensée théologique et religieuse qui existait à Oxford au moment de mon arrivée.

CHAPITRE IX

UNE CONFESSION

C'EST UNE confession que je dois faire, et dont je peux difficilement espérer l'absolution, que ce soit de la part de mes amis ou de mes ennemis. Je n'ai jamais rien fait ; Je n'ai jamais été un homme d'action, un solliciteur, un tireur d'informations, un manager, au sens ordinaire de ces mots. J'ai également reculé devant l'agitation, les clubs et les cliques, même les associations et sociétés les plus respectables. Beaucoup de gens me traiteraient d'homme oisif, inutile et indolent, et bien que je n'aie pas perdu de nombreuses heures de ma vie, je ne peux nier l'accusation selon laquelle je n'ai ni mené de batailles, ni aidé à conquérir de nouveaux pays, ni rejoint aucun syndicat pour accumuler une fortune. J'ai été érudit, *Stubengelehrter*, et *voilà tout* !

Même si j'admirais Ruskin lorsque je le voyais avec sa pelle et sa brouette, encourageant et aidant ses amis de premier cycle à tracer une nouvelle route d'un village à l'autre, je ne me suis jamais mis moi-même à creuser, à pelleter et à charrier. Je ne pouvais pas non plus être tout à fait d'accord avec lui, heureux comme je l'ai toujours ressenti en l'écoutant, lorsqu'il disait : « Ce que nous pensons, ou ce que nous savons, ou ce que nous croyons, n'a finalement que peu d'importance. La seule chose qui compte, c'est ce que nous faisons. Ma vision de la vie a toujours été à l'opposé ! Ce que nous faisons ou ce que nous construisons m'a toujours semblé sans importance. Même Ninive n'est plus qu'un simple désert de sable, et la nouvelle route de Ruskin est elle aussi usée depuis longtemps. La seule chose qui compte, à mon avis, c'est ce que nous pensons, ce que nous savons, ce que nous croyons ! Aux oreilles de Ruskin, un tel sentiment était carrément une hérésie, et je sais très bien qu'il serait condamné comme extrêmement dangereux, voire carrément méchant, par la plupart des gens, particulièrement en Angleterre. Mon ami Charles Kingsley prêchait un christianisme musclé, c'est-à-dire qu'il était toujours actif. Un autre de mes vieux amis, Carlyle, a prêché toute sa vie que « cela ne servait à rien de parler si l'on ne voulait pas le faire ». Il y a aussi un vieux proverbe en allemand :

« Die nicht mit thaten,
Die nicht mit rathen » ;

niant en fait le droit de donner des conseils à ceux qui n'avaient pas pris part au combat.

Cependant, même si je n'ai pas été un faiseur , comme diraient les Français, je ne souhaite pas me présenter comme un simple drone oisif pendant les longues années de ma vie tranquille. Je n'étais pas non plus tout à fait seul à considérer la vie d'un érudit — même lorsque je vivais dans un mansarde *au cinquième* — comme un paradis sur terre. Emerson n'a-t-il pas écrit : « L'érudit est l'homme de son époque » ? Même Mazzini, qui certes était constamment debout et essayait de faire, n'a-t-il pas même avoué que les hommes doivent mourir, mais que la quantité de vérité qu'ils ont découverte ne meurt pas avec eux ? Et Carlyle ? A-t-il déjà essayé d'entrer au Parlement ? A-t-il déjà accepté des directions ? A-t-il rejoint les chartistes ou les agents spéciaux à Trafalgar Square ? De même que dans un concert il faut des auditeurs aussi bien que des interprètes, de même dans la vie publique, ceux qui regardent sont tout aussi essentiels que ceux qui crient et portent des coups violents.

La nature n'a pas doté tout le monde des muscles nécessaires pour être un chrétien musclé. Mais on peut dire que même si Carlyle et Ruskin étaient dispensés de faire du travail musculaire à Trafalgar Square, quelle excuse pourraient-ils invoquer pour ne pas marcher en procession jusqu'à Hyde Park, grimper sur l'une des plates-formes et haranguer les hommes, les femmes et les enfants. ? Je suppose qu'ils avaient le sentiment qu'a le rasoir lorsqu'il est utilisé pour tailler des pierres : ils auraient l'impression que ce n'est pas exactement leur *métier*. Discuter quand la raison rencontre la raison est des plus délicieux, que nous gagnions ou perdions ; mais argumenter contre la déraison, contre tout ce qui est par nature épais, dense, impénétrable, irrationnel, m'a toujours paru l'occupation la plus décourageante. Les majorités, de simples majorités numériques, par lesquelles le monde est gouverné aujourd'hui, me semblent n'être que de la force brute, même si argumenter contre elles est sans doute aussi insensé que d'argumenter contre un train de chemin de fer qui va vous écraser. Gladstone pouvait haranguer des multitudes ; Disraeli aussi ; tout honneur à eux pour cela. Mais pensez à Carlyle ou Ruskin qui le font ! Caresser la carapace d'une tortue ou la coupole de Saint-Paul ne leur aurait pas été plus attrayant que de s'adresser aux mécontents, alors que par centaines et par milliers ils descendaient dans les rues. Tout ce que je prétends, c'est qu'il doit y avoir une division du travail, et aussi peu que Wayland Smith était inutile dans sa forge, lorsqu'il durcissait le fer au feu pour fabriquer des épées ou des fers à cheval, Carlyle était-il un homme qui pouvait être épargné, tandis qu'il était assis dans son bureau, préparant des pensées qui ne se plieraient ni ne se briseraient.

Mais je ne peux même pas prétendre avoir été un homme d'action au sens où Carlyle l'était en Angleterre ou Emerson en Amérique. C'étaient des hommes qui, dans leurs livres, enseignaient et prêchaient constamment. "Fais ça!" ils ont dit; "Ne faites pas cela!" Les prophètes juifs ont fait à peu près la même chose, et ils ne sont pas considérés comme des hommes inutiles, bien qu'ils n'aient pas fabriqué de briques ni mené des batailles comme Jéhu. Mais le pauvre *Stubengelehrte* n'a même pas ce confort. Ce n'est que de temps en temps qu'il obtient une reconnaissance inattendue, comme lorsque Lord

Derby, alors secrétaire d'État pour l'Inde, déclara que les savants qui avaient découvert et prouvé la relation étroite entre le sanskrit et l'anglais avaient rendu un service plus précieux au gouvernement indien que plusieurs régiments. On peut appeler cela une simple affirmation, et il est vrai qu'elle ne peut être prouvée mathématiquement, mais qu'est-ce qui aurait pu inciter un homme comme Lord Derby à faire une telle affirmation, sinon le sentiment de sa vérité produit dans son esprit par une longue expérience ?

Cependant, je ne peux parler que pour moi et de ma conception du travail. J'étais satisfait lorsque mon travail me conduisait à une nouvelle découverte, qu'il s'agisse de la découverte d'un nouveau continent de pensée ou de la plus petite île déserte du vaste océan de la vérité. J'irais volontiers jusqu'à essayer de convaincre mes amis par un simple exposé de faits. Qu'ils suivent la même voie et voient si j'avais raison ou tort. Mais faire de la propagande, tenter de persuader en exerçant des pressions, faire du démarchage et de l'organisation, fonder des sociétés, créer de nouveaux journaux, convoquer des réunions et en faire rapport dans les journaux, a toujours été pour moi tout à fait contraire au grain. Si nous connaissons une part de vérité, qu'importe que quelques millions de personnes, plus ou moins, voient la vérité telle que nous la voyons ? La vérité est la vérité, qu'elle soit acceptée maintenant ou dans des millions d'années. La vérité n'est pas pressée, du moins il me l'a toujours semblé. Face à face avec un homme, ou un groupe d'hommes, qui ne voulaient pas être convaincus, je n'ai jamais eu envie de me cogner la tête contre un mur de pierre, ni de devenir avocat et d'utiliser les astuces d'un avocat. On m'en a souvent reproché, j'ai même parfois regretté mon indolence ou mon bonheur tranquille, quand je sentais que la vérité était de mon côté et à mes côtés. Je suppose qu'il n'y a aucun mal à faire du démarchage personnel, mais autant je n'aimais pas être sollicité, autant je trouvais dégradant de solliciter les autres. Je sais très bien combien de fois il arrivait, au cours d'une assemblée au cours de laquelle une mesure ou un candidat devait être adopté, que les électeurs, manifestement interrogés au préalable en privé, aient, en conscience, promis de voter. Les faits et les arguments présentés lors de la réunion elle-même penchaient peut-être tous en faveur d'un côté, mais la majorité était en faveur de l'autre. Des hommes dont le temps était de peu de valeur avaient circulé de maison en maison, la majorité avait été compactée en une masse inerte et irraisonnée ; et qui se sentirait enclin à utiliser son bout de raison contre tant de déraison ? Certaines personnes, plus honnêtes que les autres, disaient, une fois le mal commis : « Pourquoi n'avez-vous pas appelé ? pourquoi n'as-tu pas écrit de lettres ? Je me trompe peut-être complètement, mais je peux seulement dire que cela m'a semblé comme prendre un avantage injuste, injuste envers nos adversaires et presque insultant envers nos amis. Pourtant, d'un point de vue mondain, j'avais sans aucun doute tort, et il est certainement vrai que j'ai souvent été laissé en minorité. Mes amis m'ont répété à maintes reprises que pour porter une bonne mesure ou un homme bon, les hommes bons doivent faire un sale boulot. S'ils ne peuvent pas le faire, ils ne servent à rien, et je ne doute pas que j'ai souvent été considéré comme un homme très inutile par mes amis politiques et universitaires, parce que je faisais confiance à la raison là où il n'y avait aucune raison de lui faire confiance. On me demandait d'écrire des lettres, d'adresser et de poster des lettres, de promettre des frais de voyage ou même des divertissements conviviaux à Oxford, de faire insérer des dirigeants et des leaderettes dans les journaux. Je détestais tout simplement cela et j'ai finalement refusé de le faire. Si une mesure est prise par une promesse et non par un argument, si une élection est prise par une influence personnelle et non par la raison, ce qui se passe est très souvent la même chose que ce qui se passe lorsqu'un fruit est arraché d'un arbre avant qu'il ne soit mûr. On s'attend à ce qu'il mûrisse tout seul, mais il ne devient jamais sucré et pourrit souvent. Une mesure prématurée peut être adoptée par la Chambre par un ministre disposant d'une forte majorité, mais elle n'acquiert pas de vitalité et de maturité en étant adoptée ; il reste souvent lettre morte dans les statuts, jusqu'à ce qu'il doive finalement être aboli avec d'autres ordures.

Cependant, j'ai appris à admirer l'assiduité infatigable des hommes qui ont lentement et partiellement assuré leurs convertis et leurs recrues, et ont ainsi finalement emporté ce qu'ils croyaient juste et raisonnable. Je l'ai vu particulièrement à Oxford, où les étudiants étaient endoctrinés par leurs tuteurs jusqu'à ce qu'ils aient obtenu leur diplôme et puissent voter avec leurs supérieurs. J'assume tout le blâme et la honte en tant que membre inutile de la Congrégation et de la Convocation, et de la société en général. J'avais tort de supposer que les murs de Jéricho tomberaient sous le souffle de la raison, et j'avais tort de m'abstenir de me joindre aux braiments des cornes de béliers et aux cris du peuple. J'ai eu cependant la chance de compter parmi mes amis les plus intimes certains des réformateurs les plus actifs et les plus influents de l'Université, de l'Église et de l'État, et il est fort possible que je les ai souvent influencés lors de douces conversations ; bien plus, étant au deuxième rang, j'ai peut-être aidé à charger les canons qu'ils ont tirés avec beaucoup d'effet par la suite. Je sentais que mon partenariat ouvert pourrait même leur nuire plus qu'il ne pourrait les aider ; car mes adversaires n'avaient-ils pas toujours la possibilité de dire que j'étais allemand et que, par conséquent, je ne pouvais pas comprendre des questions purement anglaises ? Il y a d'ailleurs une autre particularité que j'ai souvent observée en Angleterre. Les gens aiment faire ce qui doit être fait par eux-mêmes. Il me semblait parfois que j'avais offensé mes amis si je faisais quelque chose par moi-même et sans les consulter. D'ailleurs, ma situation, même après avoir passé tant d'années en Angleterre, était toujours particulière ; car, même si j'avais passé presque toute ma vie au service de mon pays d'adoption, même si mon allégeance politique était due et volontiers accordée à l'Angleterre, j'étais et je suis toujours resté un Allemand.

Et à côté de l'Allemagne, qui était jeune et pleine d'idéaux quand j'étais jeune, il y avait l'Inde et la pensée indienne qui exerçaient sur moi leur influence apaisante. Très tôt, j'ai pris conscience de l'horizon étroit de cette vie sur terre et du caractère purement phénoménal du monde dans lequel pendant quelques années nous devons vivre, nous déplacer et avoir notre être. En tant qu'étudiants de l'histoire classique et orientale, nous venons admirer les grands empires avec leurs palais, leurs pyramides, leurs temples et leurs capitoles. Qu'est-ce qui aurait pu paraître plus réel, plus grandiose, plus susceptible d'impressionner le jeune esprit que Babylone et Ninive, Thèbes et Alexandrie, Jérusalem, Athènes et Rome ? Et maintenant, où sont-ils ? Les noms mêmes de leurs grands dirigeants et héros ne sont connus que de peu de gens et doivent être appris par cœur, sans nous apprendre grand-chose sur ceux qui les portaient. Beaucoup de choses pour lesquelles des milliers d'êtres humains étaient prêts à donner leur vie, et l'ont effectivement fait, ne sont pour nous que de simples mots et rêves, mythes, fables et légendes. S'il y a jamais eu un homme d'action, c'est bien Hercule, et maintenant on nous dit qu'il n'était qu'un simple mythe !

Si l'on lit la description des campagnes babyloniennes et égyptiennes, telle qu'elle est enregistrée sur des cylindres cunéiformes et sur les murs des temples égyptiens antiques, le nombre de personnes massacrées semble immense, les enjeux écrasants ; et pourtant qu'est devenu tout cela ? Les incursions des Huns, les expéditions de Gengis Khan et de Timur, si bien décrites par les historiens, ont ébranlé le monde entier jusqu'à ses fondations, et maintenant le sable du désert, bouleversé par leurs armées, reste toujours aussi lisse.

Ce que l'Inde nous enseigne, c'est que dans un État qui avance vers la civilisation, il doit toujours y avoir deux castes ou deux classes d'hommes, une caste de brahmanes ou de penseurs, et une caste de Kshatriyas, qui doivent combattre ; peut-être aussi d'autres castes de ceux qui doivent travailler et de ceux qui doivent servir. De grandes guerres se sont déroulées en Inde, mais elles ont été livrées aux guerriers de profession. Les paysans de leurs villages restaient silencieux, acceptant les conséquences, quelles qu'elles puissent être, et les brahmanes continuaient à vivre, pensant et rêvant dans leurs forêts, satisfaits de régner une fois la bataille terminée.

Et ce qui s'applique aux luttes militaires me semble s'appliquer à toutes les luttes : politiques, religieuses, sociales, commerciales et même littéraires. Que ceux qui aiment se battre se battent ; mais laissez ceux qui aiment le travail tranquille poursuivre sans être dérangés leurs propres appels particuliers. C'était, autant que nous puissions le constater, la vieille idée indienne, ou du moins l'idéal que les brahmanes souhaitaient voir se réaliser. Je ne défends pas l'oisiveté ou la paresse totale, pas même les drones, bien que la nature ne semble pas condamner complètement même *un genre spécifique* . Tout ce que je réclame, en tant qu'érudit et penseur, c'est la liberté de faire du démarchage, de lire et d'écrire des lettres, de comités, de députations, de réunions, de dîners publics et de tout le reste. Cela semblera très égoïste aux oreilles des hommes pratiques, et je comprends pourquoi ils devraient considérer des hommes comme moi comme ne valant guère leur sel. Mais que diraient-ils à l'un des plus grands combattants de l'histoire du monde ? Que diraient-ils à Jules César, lorsqu'il déclarerait que les triomphes et les couronnes de laurier de Cicéron sont d'autant plus nobles que ceux des guerriers que c'est une plus grande réussite que d'étendre les frontières de l'intellect romain que les domaines du peuple romain ?